In the Wing

風雲際會

英倫人文記事25年

諾拉・沙耶（Nora Sayre）著

溫力秦／譯

宜 高 文 化

國家圖書館出版品預行編目資料

風雲際會——英倫人文記事25年/諾拉・沙耶（Nora Sayre）著；溫力秦 譯. -- 初版. -- 台北縣新店市 ： 高談文化, 2004【民93】
面； 公分
譯自：On the Wing: a young American
ISBN 986-7542-18-5 （平裝）
1.沙耶（Sayre, Nora）-傳記

785.28 92022941

風雲際會——英倫人文記事25年

作　者：諾拉・沙耶（Nora Sayre）
譯　者：溫力秦
發行人：賴任辰
總編輯：許麗雯
主　編：劉綺文
編　輯：呂婉君
行　政：楊伯江
出　版：宜高文化
地址：台北市信義路六段29號4樓
電話：（02）2726-0677
傳真：（02）2759-4681
製版：菘展製版 印刷：松霖印刷
http://www.cultuspeak.com.tw
E-Mail：cultuspeak@cultuspeak.com.tw
郵撥帳號：19282592高談文化事業有限公司
圖書總經銷：成信文化事業股份公司
電話：（02）2249-6108 傳真：（02）2249-6103
行政院新聞局出版事業登記證局版臺省業字第890號

2004年1月出版
定價：新台幣280元整

序曲

雖然說是在意外的機緣下來到這個濕氣重的綠色倫敦，卻沒想到在這兒所邂逅的人物，對我來說個個都是精采絕倫的冒險體驗。叫囂不已又帶點偏執狂個性的匈牙利人、舌燦蓮花的大胖子、處處抵制表演的出色女伶、列在黑名單上的美國作家、好萊塢的過氣明星等等。在我過完二十一歲生日，雙腳離開家鄉紐約的那一刻，倫敦就捧著驚奇迎接我。這些風格迥異的人物算不上良師也不是益友，然而在我的青澀歲月中，對我而言，他們就像是強烈的刺激品，在接下來的二十五年不斷地推著我探索英國這塊土地。其中某些人的生活模式並不是好榜樣，彷彿在告誡我「不該」過那樣的生活，同時也警告我遠離複雜而難以捉摸的事物，不要受到阿諛諂媚和暴力文化的蠱惑。他們的建言到了我的耳中全部煙消雲散。不過儘管如此，聽他們述說那些精彩的見聞，看他們經歷人生的高低起伏，在在都豐富了我的人生。

這些男男女女就像我的家人，而他們在戰爭甚至是革命期間的生活則徹底顛覆我原有的認知，讓求知慾旺盛的我使出渾身解數去探索他們的種種。就在汲汲吸取他們生活故事的過程中，彷彿我也跟著再度體驗他們的遭遇，這讓我更加肯定自己的存在價值，似乎他們的記憶也深植在我的記憶中。潛移默化的力量實在是不容忽視的。在逐步成長的過程裡，我通常會刻意去忽略歷史與政治的因素。然而，遊走倫敦的我，所見所聞仍能感受到風起雲湧的二十世紀所帶給人們生活的衝擊，特別是二次世界大戰——這跟我在曼哈頓度過的童年時光有著十萬八千里的差距——和冷戰時期的影響。

很多美國青年扛起背包騎著腳踏車就能行遍萬里路，擁有同樣熱情的我也帶著渴望和護照踏上旅途。然而究竟哪裡才是試煉自己展翅高飛的地方呢？自我懷疑和堅毅的決心相互交纏著，透過自我剖析，可能因為害羞而讓我彳亍不前，但或許我原來的性格就是徹頭徹尾的膽怯。在旅途中我不斷地探索自己，發現自己是個輕率魯莽又充滿疑惑的人。我深信自由意志，相信人有選擇和決定的自由。不過「宿命」的念頭依舊撼動著我，想到在下個轉角處或許就會邂逅不知名人士，發生意想不到的事情就讓我莫名地興奮起來。我和其他哈佛的朋友一樣，自尊心強卻缺少自信。有個朋友帶著欽羨的口吻說我是個有「冒險傾向」的人，他說的一點也沒錯。索爾・貝婁（Saul Bellow），〔編註：1915-，美國作家，一九七年獲諾貝爾文學獎，《雨王韓德森》（Henderson the Rain King）〕筆下的奧吉馬常常順勢而為，這點讓我心有同感；在歐洲的我無論住與行都需要陌生人的協助。雖然我成長的年代離男女平等的潮流還有一段距離，但是在我的觀念中，女性沒有理由不能隨心所欲地做自己想做的事，而傻呼呼的我過了許久才體會到，很多男人可不是這麼想的。

法國是個迷人的國家，我在巴黎待了幾個月後就前往英國，但選擇英國的原因並非對那裡有什麼特殊感情，而是因為我在法國找不到工作。後來我才知道「前鋒論壇報」（The Herald Tribune）在我離開法國的隔天打電話到我在巴黎的住所，打算通知我已被錄用。若是我先接了那通電話，可能我的人生會全然不同，雖然不一定會更好。同時，我正和一個在牛津大學念研究所的美國男孩談戀愛；兩人就這樣辛苦地在牛津和倫敦之間來回奔波。離開最初墜入情網的新英格蘭來到異鄉，我們卻發覺彼此之間越來越不契合，在此地兩人腳步的紛亂雜沓愈發地突顯。其他從美國出來的情侶在旅途上的相處經驗也不盡如意：羅馬市場的爭吵、香榭麗舍大道上大打出手、特拉法家廣場上青銅獅前的激烈衝突——這些經驗我們都看在眼裡。

罩著神秘面紗的歐洲引誘發我離開紐約，同時也遠離我那患有躁鬱症，及有自殺傾向的母親，遠離我深愛卻無法走出失敗陰影的父親——跟他相處就像伴著一座不知何時會噴發的火山——遠離他倆那支離破碎的婚姻、憤怒和悲哀。這一連串的原因催促我必需賺足待在國外的費用，並開始我的寫作生涯。我的作家父親為「紐約客」（The New Yorker）和其他雜誌工作，他的朋友亦是如此，因此我想和他們保持一定的距離，開發自己的寫作風格。在不帶任何私人回憶的城市裡，我孤注一擲：努力自力更生，脫離父母親的陰影。

亨利・詹姆斯（Henry James）〔編註：1843-1916，美國文學家，著有《碧盧冤孽》（The turn of the screw）、《黛絲姑娘》（Daisy Miller）、《慾望之翼》（The Wings of Dove）、《仕女的畫像》（The Portrait of a Lady）〕將我這個年輕的美國女性當作他筆下女主角的化身，特別是在歐洲這段期間。詹姆斯筆下的女主人翁一直在我的眼前盤旋；雖然我並非像戴絲・米勒（Daisy Miller）那般天真，或像伊莎貝・亞契（Isabel Archer）〔編註：《仕女的畫像》的女主人翁〕（詹姆斯說她是個「聰明但放肆的女孩」）如此任性莽撞；也不如米麗・提爾（Milly Theale）〔編註：《慾望之翼》的女主人翁〕那樣高貴。不過我依舊認同並擷取她們追求獨立自主的渴望。在國外生活的我自認並非那麼天真無邪——我可是世故的紐約客呢——但是我深知有太多東西在前方等著我去學習。我要開發出那種詹姆斯所形容的「坦率的生活天賦」。

伊莎貝・亞契說過「我熱愛自由」、「我要決定自己的命運」。如果問她怎麼知道應往何處去，她一定會說自己渴望到人跡罕至的地方去探索：乘著飛快的馬車馳騁在伸手不見五指的黑夜裡，空氣中充滿著馬匹和車輪在路面奔跑的聲音—我認為幸福不過如此。這個念頭是相當刺激的，她的表哥賴夫就希望「看她自己能做到哪種境界」——詹姆斯在《仕女的畫像》（The Portrait of a Lady）的序言中寫道，「她會怎麼做呢？」——這和我的想法如出一轍，我也想知道自己會怎麼做。伊莎貝·亞契對自由的渴望，和她急於去看、去嘗試和去學習的願望，讓我對未知的人事物也抱持同樣的心情。就如狄倫·湯瑪斯（Dylan Thomas）〔編註：1914-1953，被譽為二十世紀最偉大的詩人〕在《毛皮商人的冒險故事》（Adventures in the Skin Trader）中主角說到的，「山繆告訴自己，『快樂的奧妙在於不知道自己會碰上什麼事。』」事實上我在某些方面是天真了些，天真到自己都沒有察覺到這點。

我是個沒有政治意識的唯美主義者，是個只想隨心所欲生活的浪漫派，所以才會頭也不回地離開美國，把當時如火如荼的反共運動浪潮拋諸腦後，將當時年輕一輩奉為宗旨的生活態度丟棄；這個時期在紐約興起的自由風潮，小心翼翼地避免和社會所謂的標準規範相互抵觸。在英國我卻發現持異議者，像新穎的小說家、劇作家，和五花八門的諷刺作家以及大眾媒體，正在塑造新的文化和氛圍。當權派充斥著舊有的伊頓派系人馬，他們的生活不外乎遊走於松雞獵場和女兒的社交舞會中，耳邊聽到的都是愚弄和嘲笑他們的話：他們所受到的批評是前所未有的。而那些激進份子又特別擅長對政府施壓，弄得政客們恨之入骨，卻也莫可奈何。一九五五年夏天，蘿絲·艾利斯（Ruth Ellis）因為槍殺拋棄她的負心漢而被判絞刑，反對死刑的運動於是激昂的展開。同時抗議違反人權的審問制度，爭取同性戀權益的行動也開始積極運作。

大家都說英國是個禮儀之邦，而我也這麼深信，然而當我向一位穿著粗絨呢外套的英俊男士問路時，他卻對我吼道，「煩死了，去你的討厭鬼！」（或許他被我的美國口音給惹惱了吧。）就連上流社會的晚宴也充斥著粗俗不雅的言詞，跟在曼哈頓的平民聚會聽到的沒什麼兩樣。可是這樣的言行舉止在英國都被當作正常，因為沒有人會因為這種粗鄙而遭到他人的批評。在一個連沙漠都被命名為「鬆糕」或「甜點」這類名字的國家裡，面對那些狂囂的抗議群眾、四處破壞市容卻獲利匪淺的觀光馬車、沈浸在酒精派對中罷工連連的英國報界記者，對大家來說一切都是那麼稀鬆平常。（看這些英國人喝酒的豪氣！連強壯的美國記者都自歎弗如。）我對英國的最初印象是詼諧、投機而知識淵博的，但這些特質卻超乎一個美國人的想像，再深入的去了解到他們淫穢骯髒的一面（關起門來，長凍瘡的人不在少數，煤氣爐渣弄得空氣污濁不已），以及對社會進步的存疑態度，更是讓我驚訝連連。空氣中瀰漫的濃厚污濁煙霧叫人難以招架；雖然郵政系統運作完美，電信服務則正好相反，通話時不但會有別的線路插進來，還會出現一堆人啃吐司或嚼芹菜的聲音，可是大家卻不怎麼在意。

也沒有任何人會在乎「日不落國的殞落」。美國權威學者認為英國人都在哀悼逐漸失落的帝國權勢，這些人實在錯得離譜，因為他們並不了解五〇年代晚期的英國大眾，最關心和在乎的是提昇生活水準和就業率，再加上完整的社會福利制度，讓大部分的人無須顧慮經濟問題。我到英國的時間正好是戰後蕭條結束的時候。保守評論家認為這種繁榮興盛，在自由市場競爭和企業積極活動的雙料影響下，一定會持續欣欣向榮。社會主義者認為完整的社會政策能為沒有保險的人提供保障，感到十分驕傲。對那些掙扎於困窘經濟的美國中等收入家庭來說，是多麼不可思議，就像我的父母，光是醫藥費就拖垮他們的日常消費和存款，因此我相當驚訝於英國人竟然可以過這麼舒適的生活。英國的國民健康保險制度不但可以增加國庫收益，任何依程序申請大學獎學金的學生都能如願以償。至於貧民，政府也有周全而強健的保護政策，讓這些窮苦無依的家庭免於挨餓受凍。

社會主義者對於戰後的工黨，未能有效修改英國的社會制度結構而大感失望。我花了許多時間才逐漸了解這種民主經濟中，異常複雜的階級體系及其優越主義的光環。有次我去參加工黨在下議院舉辦的大型晚宴，席間並沒有多少女性賓客，除了我的護花使者之外，我誰也不認識。在我手足無措之際，一位高雅的工黨黨員妻子親切地問我：是不是有英國親戚，我的答案是否定的。「喔？確定沒有盎格魯薩克遜的血緣嗎？」當我提到母親的祖先是愛爾蘭人時，她用一種愉悅、安心的笑容告訴我，「噢，我認為那也屬於盎格魯薩克遜的一部分。」到了英國一年以後，我才真正體會這裡的上層階級是怎麼看待其他階級的。通常上層階級會極力將其他地位的人士，排除在主流之外，因為攻勢凌厲的反對派已逐漸瓦解階級體制，這樣的危機意識，讓他們更加排斥非我族類。普契特（V. S. Pritchett）〔編註：1901-1997，英國詩人〕書中就曾提到，喬治・歐威爾（George Orwell）將二次世界大戰視為「對抗階級體制和納粹的戰爭」，愈來愈多的人再也不願意被以往的統治單位所箝制。一年一度的奧德麥斯頓大遊行總會聚集成千上萬的民眾，抗議核子武器的開發，高喊英國的民族大融合，素昧平生的群眾並肩在春雨中團結在一起。

誠如伊莎貝・亞契的叔父所說，「美國人的最大優點便是你不屬於任何一個階級。」可是無論如何我還是痛恨聽到別人說美國人既不成熟（我的確如此）又貪婪（我可不是）。我們美國人常被形容成「原始而未開化」、「企圖心過剩」；價值觀就是「愈大！愈貴！愈好！」我們的外交政策愚蠢無比，國家既沒有歷史文化也沒有藝術成就。有些英國人將我們定義為沒受過教育的土財主，只會用泡泡紗和可口可樂傾銷全世界，在各個國家推銷粗俗和醜陋的物品，再掠奪歐洲印象主義的畫作來妝點自己的門面。英國的演員和知識份子輕蔑地用鼻音學我們說話的口音。就算是美國的崇英人士他們也不假辭色，碰到那些身穿三件式西裝，左手拿叉子用餐、說起話來總是引用十九世紀英國詩文的年輕人，英國人也會同樣冷酷無情地冷落他們。

不過也有不少倫敦人對美國的現代文學十分感興趣，像海明威（Hemingway）、亞瑟・米勒（Arthur Miller）〔編註：劇作家，寫有作品「推銷員之死」（Death of a Salesman）〕、田納西・威廉斯（Tennessee Williams）〔編註：劇作家，寫有作品「慾望街車」（A Streetcar Named Desire）、「玻璃動物園」（Glass Menagerie）〕等人的作品是他們相當欣賞的（他們似乎並不理解福克納（Faulkner）作品的意涵：他既怨恨又熱愛的美國南方日益腐化，潰散的貴族勢力和無恥政客家庭的勝利，基督圖像的一再出現等等，對英國評論家來說這是相當怪異的作品，因為他們不能體會福克納筆下駭人的絕望心情。）初出茅廬的我竭力保護自己的羽毛，雖然英國式的語彙和生活豐富多變，讓我不禁沈醉其中，但我還是不願自己的寫作風格充斥英國味。

雖然我身在英國，心卻不由自主地飄向法國和家鄉紐約。不過我的英國是個生產力高，讓許多外國人前來探索的城市，像中歐人、北歐人、法國社會主義、美國人（特別是加州人）等。在這裡我並沒有認識真正道地的英國人；我大部分的朋友分布在肯辛頓區（Kensington）到漢普斯特（Hampstead）一帶，他們有些人自小在國外長大，因此在這片寄宿學校的划船比賽、花壇、英國教堂，甚至普遍支持保守黨的環境中，特別顯得格格不入。我的倫敦世界是一場接著一場的地中海式宴會，充滿異國風味的食物、紅得發亮的青椒和黑橄欖；也少不了美國民歌之夜和義大利電影嘉年華，東柏林來的布萊克特劇作巡迴表演；到了瑞典節聖露西亞日時，年輕女孩會將點燃的蠟燭做成的頭冠戴在頭上。感恩節時，幾位「新政治家」（New

Statesman）的作家朋友會在卻爾西（Chelsea）的酒館請我吃火雞三明治。我發現英國人喜歡陌生人，在倫敦重新做人的感覺真棒。長久居住於此的倫敦人對週遭的人事物過於熟悉，所以他們相當歡迎陌生的面孔。

倫敦依舊是個屬於白人的城市，沒有異國風情和多重文化的刺激，比如說亞洲、回教文化、加勒比海風情、或非洲文化等等，今日英國的文學作品、劇作、音樂和畫作都沒有受到異國文化的影響。英國的種族優越感雖然招致抨擊，但很少有相關的討論；他們認定種族問題非「心存偏見」的美國人莫屬。然而一九五五年邱吉爾（Winston Churchill）卸任前沒多久，正是「有色族裔移民」急速增加的時期，他建議內閣推出「英國白化」的競選號召，來鞏固保守黨的票源，這是當時一般大眾並不知情的內幕。

每當我回憶起在倫敦的往事，會不禁檢視自己私生活和時事之間的關聯性。再者，我也相當關心教育問題—畢竟這是個比自己國家還戲劇化的地方—當然我這害羞的年輕冒險家，也不會錯過這場國際文化逐漸混合的現況。不過基本上來說，我舊有的美式框架是不會隨著身處異地而改變的。每當我犯了思鄉病，就更覺得自己是美國人。

我也漸漸對英國和歐洲的中世紀歷史感到興趣，這是前所未有的事。當時正值赫魯雪夫清算史達林罪行，蘇黎世遭侵略和匈牙利革命的時期。這是歷史的轉捩點：美國阿肯色州的七名黑人學生遭到白人暴徒的恐嚇；人造衛星順利升空繞行地球；卡斯楚奪下古巴的政權。家鄉的年輕一輩因冷戰而與世隔絕，大部分校園對政治問題三緘其口，而學生身在其中卻毫無所覺。

在那段日子裡，年輕人追求流行不像現在是件會被欣賞的事，當時年輕的定義就是生嫩和不問世事。因此我急於想踏入至少比我長十幾二十歲的人的階層和領域裡，我認為那個階段是熱情與魔力綻放的所在；或者說我相信自己想爭取的東西就在那裡。生命將我推到二十六歲的年紀，叫人驚訝的是二十六歲的我和幾年前的我一樣的飄忽不定。在五○年代，二十幾歲的美國人已被認定是成年人了（三十歲前後的人還過那種自以為年輕的生活方式，只會招來非議，這種情況到六○年代還是如此）。「成熟」對我來說是個難解的問題，或許因為常年在國外的緣故，讓我和許多同鄉的心境比我們的實際年齡還輕：在聖日耳曼啜飲咖啡、走在卻爾西覆滿落葉的街道上，我們的確抓住了青春期的尾巴。

＊＊＊

最近在自傳和回憶錄上的定義與差別引起相當程度的困惑。前者通常指的是生平的紀事，從童年開始述及，焦點放在作者的特質與成就上。至於回憶錄——就像這本書——並不需要專注於作者本身，反而可以擴及其所見所聞的人事物。當然這兩種形式的結構有時候是互相連結的。畢竟，大部分的出版品除了電話簿之外，都包含部分自傳式的內容，而評論家和傳記作者通常會更加突顯自我。歷史學家亦是如此，像阿佛列・卡金（Alfred Kazin）[編註：1915-1998，散文作家，文化批評家，歷史研究家]就注意到吉朋（Edward Gibbon，1737-1794）所撰述的《羅馬帝國衰亡史》（Decline and Fall of the Roman Empire）」內容多在強調自己的重要性。再者，部分剛出爐的「回憶錄」重視擷取光榮的程度更甚執著於事實。

就目前來看，回憶錄被認定是記錄震撼人心或瀰漫哀傷等不幸事件的紀錄，女性作者更是如此。內容不外乎離婚、流產、意外遭到斷肢、殘酷的母親、拈花惹草的父親、自殺未遂、強暴、埋頭苦讀、暴飲暴食、毒品、癌症、不孕、私通、亂倫、婚姻暴力、肉慾、躁鬱症、皮膚病等等。我要強調我並不輕忽悲傷和受難的價值，我所接觸的生活就充斥著人性掙扎的種種。無論在書中或劇院裡，奧菲利亞、馬非夫人、亞哈、莉莉巴特和威利羅曼等等這些受苦的人都讓我們有所啟發，藉此反觀自己和社會之間產生的問題，同期的回憶錄作家亦有佼佼者，只是我認為不幸的人所說的故事並不一定有價值。

在這個網際網路暢通無阻的時代，祕密是不存在的，就連大腿上的痣或和配偶密友的私通情事都藏不住。若是回憶錄的筆調帶著懺悔的訊息，就會被稱為「躺椅作品」，意指被貼上了自我心理分析的標籤。有些特定的回憶錄在告解的著墨上比悲歎的成分多；這些作者鞭笞自己的行為舉止：誘拐孩童、偷竊東西卻將罪過推到別人身上、自我傷害等等。為什麼受虐的人說起話來還自吹自擂呢？或者是覺得自己比厭惡的作家更能感受到自身的重要性，如此一來便能喚起讀者最強烈的情緒和感情。這類的作家彷彿不停地高喊「恨我吧！這是我應得的報應」，當親朋好友都離他而去的時候，至少能沈浸在熱情讀者支持的景象中。

然而就像亨利・詹姆斯筆下某個角色所說的，「主題為何並不重要，重要的是如何表達！」文字主題或許不是關鍵，但述及不幸就容易落入俗套：枯槁鬆垮的用字常被用來表達痛苦。悲傷的深處往往暗伏陳腔濫調：「逝去的愛讓我心如刀割」、「我的心糾結在一起」、「我的天真就這樣死去」。就連幸福也可以讓心「氾濫滿溢」。當然「心」這個主題是最容易被傳記或回憶錄作家所忽略，以致於看起來總是那麼沈悶。

我不是這麼嚴苛的人。我也曾在別本書上寫到母親如何在浴缸裡割腕、劃破喉嚨和腳踝的故事—後來我們房間的天花板上還留有血跡，有人告訴我割腕的人通常會有將雙臂用力往上揮的習慣；還有我大學時墮胎的祕密，這在當時是駭人聽聞的（醫生擔心警察隨時會破門而入逮捕或勒索她），以及親朋好友精神崩潰的狀況。然而在這本書當中，我選擇記錄一個年輕探險家的初出茅廬之旅。希望讀者也能藉此喚起自己初次闖蕩的經驗—離鄉背井到一個可以充電的城市，或者是一個充滿異國風味的地方。盼望讀者也思索自己在某個充滿驚奇之地探索或接觸各類有想像和創造力的人。所以我可以大膽的說，這是一本結合機會和改變的書，讓我們的生命煥然一新。

格雷安・葛林（Graham Greence）〔編註：英國作家，長篇小說家，短篇故事作家，劇作家，新聞評論家，曾獲諾貝爾文學獎提名二十一次，著有《愛情的盡頭》（The End of the Affair）〕說自己撰寫傳記的動機之一是「期待滿足的好奇心」：他認為重回過去對詮釋過去有極大的幫助，也能將「紊亂的經驗」撥亂反正。因為回憶已在腦海中形象化，只要想起那牆上斑駁的壁紙或溪水上閃耀的陽光，就能間接使當時所發生事更加清晰，原本埋藏的感覺也會呼之欲出。就好像想起摩天大樓的影子，就會想起自己在陰影當中，和某個多年不見的人一起散步的情景。甚至蘋果或梨子掉落在泥濘地上的聲響，也會勾起自己逃離某人的暢快回憶。

葛林嚴詞批評朋友在寫傳記時，呈現出過度「自我防衛」的習慣：以諷刺筆法先嘲弄自己年輕時的熱血澎湃，以斷絕了別人的「冷酷批評」。我非常能體會這種心情；有時候諷刺會成為我的防衛盔甲。不過寫這本書時，我儘可能忠實呈現年少輕狂的感覺；即使那種感覺後來逐漸消逝，然而在它們還存在時對我的影響是相當強大的。雖然我對多愁善感的敘述頗有反感，但還是會有描寫浪漫愛情的渴望，當然在綺麗的夢幻中更增添幾許浪漫的色彩，但絕對不是虛構的；雖然並非天長地久，但卻真實無比。（伍迪‧艾倫（Woody Allen）說飄忽不定的愛情是唯一能與天地共老的。）

沒有手足的我習慣獨處，而且我認為獨處和自由同等重要，直到某人說獨處也該分享為止。矛盾與衝突之旅就要展開了（或許也可以說遊樂就要開始）。熱愛獨處的人選擇和陌生人分享他的所見所聞，他們相信這麼做可以激發對方，同時又能引人注目。強大的自我在撰寫這類故事時，則是不可或缺的元素。

死去的人不會以這種方式駐留：突然現身於的記憶，以他們的生命力驚嚇我們。在本書裡我會以文字向他們表達我的尊敬之意。每當我回憶起這些在我二十幾歲時豐富我生命的人時，就會自然而然寫下人性當中令人迷惑又感動或驚駭的情境，這是在任何國家都可能發生的。透過整理信件和筆記的過程，那些讓我大笑或顫抖的回憶又歷歷在目，就像彈簧一樣來來回回地跳著。誠如導演兼劇場評論家哈洛‧克魯曼（Harold Clurman）〔編註：1901-1980，美國導演，演出經理，也是戲劇評論家〕對自己的回憶錄《凡人皆名人》（All People Are Famous）〕所下的評語，那是「透過別人所看到的自己」。將聚光燈對準其他人，或說探索他們內在的同時，自己一定也會有所啟發。

第一章

聽到他的聲音讓我驚慌不已。亞瑟·克斯勒（Arthur Koestler）〔編註：匈牙利小說家，著有《午時黑暗》（Darkness at Noon）、《創意的行為》（The Act of Creation）〕的聲音從門廊上的對講機混著嘶嘶聲傳了出來時，我真希望自己立刻就地蒸發掉——或者說是渴望他蒸發吧。佇立在他位於騎士橋（Knightsbridge）的幽暗街上，我突然希望自己不在這裡，我非常後悔踏上旅途，來到這個地方。

＊＊＊

除了這個在牛津念書的年輕人，在倫敦苦尋工作、開創寫作事業的我可說舉目無親。然而在諸事不定的情況下，我對這趟旅程卻充滿期待：恣意沈浸在古老文明藝術的洗禮與滋養中，藉由歐洲的文學、劇作、繪畫和雕塑來陶冶我的心智、性格和敏感度。「我現在是否該定下心好好地學習呢？」葉慈在一九六一年寫下這句話，而這句話卻對只有二十二歲的我產生了推波助瀾的作用。因此我的海外之旅不但具有自我創造的涵義，同時兼具探索世界的目的。輾轉來到倫敦之後，便在南肯辛頓區租了一個地板嘎嘎作響的小房間，睡在卡其布的床單上（這是戰後的剩餘物資），醒來首先映入眼簾的是Z型的盥洗台、煤氣爐，一個裝有一先令的黑色金屬盒，這是暖氣和電燈的費用（只要使用期限到了，聽到喀嚓一聲後，電燈和電暖氣就會停掉。），等著我的是某個朋友稱之為「卡利班」的早餐：油膩膩的炒蛋配枯乾的番茄。

***

我們家的好友艾德蒙・威爾森（Edmund Wilson）〔編註：1895-1972，美國作家，電視節目主持人，文學批評家，著有《為國家流血》（Patriotic Gore）〕寫信給他的朋友席莉亞・派吉・古曼（Celia Paget Goodman），告訴她我才剛抵達倫敦。這位曾在戰爭期間於外交部資訊研究部門工作的朋友，現在在某家雜誌社擔任編輯，而我並不知道艾德蒙曾和她的孿生妹妹談過戀愛，而她的妹妹後來嫁給了亞瑟・克斯勒，一直到去世之前都沒有再見過他的面。二十出頭的我正在長輩複雜糾葛的關係中掙扎，有時候對這種剪不清理還亂的情況真是難以理解。席莉亞是個嬌小、直爽又迷人的女人，她那頑皮的眼神迅速地瞄了我已經磨損的衣服後，就知道我非常需要工作。她說我應該去找她的妹夫問問；我說我沒辦法，對我來說克斯勒就像個難以親近的巨人一樣。（我和當時的美國學生都都念過他所寫的《午時黑暗》（Darkness at Noon）；他在蘇聯被整肅的種種，在當時幾乎像教科書一樣廣為流傳，這本小說在冷戰時期成為好幾代教育的重要指標。）席莉亞．古曼忍不住對我的反應笑了起來，安慰我說雖然他在許多方面的確叫人害怕，但是對於急欲自力更生的年輕人卻是充滿同理心的，因為他也是這樣走過來的。隔天她打電話告訴我，她已經替我安排好與他見面，因為她知道我一定不會主動和他聯絡的。她非常開心地告訴我別想取消這次的會面，因為她不打算將對方的電話號碼告訴我。

當時我正好感冒，渾身發抖，吃下大顆的紅色藥丸（奎寧和阿斯匹靈的混合藥物）後覺得四肢無力，所以當我來到亞瑟．克斯勒位於蒙波利廣場的家前面，發現裡頭沒有任何燈光時不禁鬆了口氣。不過我還是應該按按門鈴，才能對席利亞有所交代。按下門鈴後是一片寂靜，沒有任何回應。就在我打算離去時，聲音從門邊的對講機吼了出來——「是誰啊？」那說話的口音含糊不清。緊張的我報上名字後，那個聲音便指示我按下門兩旁各種按鈕和控桿，經過一番折騰門終於開了。接著那人又要我自己走進玄關，在一片黑暗當中。我伸出我的雙手往前摸索，直到碰到欄杆為止；我緊緊攀住欄杆，憑「感覺、感覺、再感覺」地走上樓；我摸到牆在我的左側，於是又用「感覺、感覺、再感覺」沿著牆壁繼續走，直到摸到門把，轉開後走進一個幽暗的房間，打開燈等著人來招呼我。那種等待的感受就像是人身牛頭怪在迷宮當中埋伏，伺機出來偷襲我一樣。

感冒加上緊張的緣故，我冷汗直流地在黑暗的空間中蹣跚而行，緊抓欄杆又攀著牆壁，千辛萬苦才走到這個房間來。沒想到打開燈光後，眼睛所看見的真叫人驚訝：舒適愜意的棉布印花沙發和壁爐上的克爾柏乳牛裝飾。這間房子依舊純然的靜默，彷彿這裡沒人住似的。恐懼感漸漸消退了，克爾柏乳牛給了我安心和鼓舞的力量，我寬心地坐進沙發。

屋子裡還是一點聲響也沒有。半小時後，我開始心浮氣躁起來。等待許久後終於聽到沙沙作響的聲音，伴隨一陣濃郁的香味，和走廊裡傳來的腳步聲。門開了，一男一女走了進來。男的身材矮小，頭大肩寬；他坐下後看起來反而比較魁梧，肩上披著的衣服讓他顯得更加高大。至於他身邊的耀眼女性則身著黑絲花邊的衣裳，一雙有神的大眼睛，俐落的短髮閃閃發亮，顴骨雅緻，唇邊一抹優雅的笑容。她看起來比他年輕多了。我當下就知道自己按門鈴時，他們可能還沒起床，所以需要時間整裝。

眼前的克斯勒看起來親切溫和，不像對講機裡那樣地嚇人。他身旁的伊莉莎白・珍・哈沃（Elizabeth Jane Howard）〔編註：美國女小說家〕帶著鼓勵的意味對我點點頭，我後來也愛上了她寫的小說。克斯勒將杜松子酒和奎寧水遞給我們兩個，並詳細地問我想找哪方面的工作，以及我在學校所學的東西等等。我告訴他在學校做過許許多多歷史研究報告，還有新鮮人必選的人類學科時，他更是眉開眼笑地頻頻發問。他似乎相當熱中於檢視文化定義和清晰度並加以整合歸納：「十七世紀的人沈浸於科學和哲學中；十八世紀則是理性當道；十九世紀以感性為特色；二十世紀則是以上所有的綜合體（zynsezis）。」他用獨特的口音說「zynsezis」這個字時，彷彿就預告了他日後會娶一位叫「辛西亞」（Zynsia / Cynthia）的女人。他盛讚倫敦是個國際化的都市，認為我在這裡一定會有所成就，並補充說「倫敦是美國人的救星」，接著我們走下燈火通明的樓梯間，他倆便開著車衝進夜色之中。

我彷彿經歷了一場共濟會的入會儀式般：在神秘、黑暗和恐懼的處境下接受考驗，接著又在光明復甦的氛圍裡得到救贖。之後沒多久就有人告訴我，他家之所以會裝設那麼複雜的保全系統，全是因為他曾在佛朗哥（Franco）統治下的西班牙被監禁的緣故。當時在監獄裡被單獨囚禁的他，不時聽到其他囚犯在執行死刑前的哭聲——這些囚犯大部分都是年紀輕輕的農民。身為知名共產黨員，按理說他應該被槍斃的，不過沒有人清楚佛朗哥究竟有沒有簽下死刑執行令。在塞維亞（Seville）監禁九十六天後，克斯勒終於被釋放。優秀的英國政客利用另一名犯人交換了他的自由。然而重見光明的他在《午時黑暗》出版後多年，卻又深信自己名列蘇俄的狙擊名單中。

＊＊＊

我開始找事情做，大部分著眼於美國歷史的研究。雖然居住的環境並不愜意；不時得和漢拉罕先生在樓梯間爭電話用，還有一個失業的愛爾蘭記者用他的大腿劃火柴—但我還是在那小小的房間裡研讀了關於我國第二慘烈的內戰施洛（Shiloh）戰役的長篇大論。這是為了替亨利・摩頓・史丹利（Henry Morton Stanley）〔譯著：1841-1904，生於英國的非洲探險家，著有《如何找到長春石》（How I found Livingstone）的作者〕的傳記作者撰寫詳細的報導。有人說史丹利是個不折不扣的騙子，他曾經為「紐約前鋒報」（The New York Herald）採訪施洛戰役的新聞，但是那位傳記作家並不確定史丹利是否親臨現場，而依情況看來他似乎出了一些差錯。

在研讀施洛戰役相關文獻期間，文藝學者同時也是主編的約翰・海沃（John Hayward）曾邀我一起喝杯茶。他是艾略特（T. S. Eliot）的朋友兼樓友，兩人在卻恩步道（Cheyne Walk）合租一層公寓。海沃因罹患肌肉萎縮症而不良於行，坐在輪椅上的他看起來實在令人印象深刻：雙手變得畸形，歪斜變形的嘴巴卻可以說出異常清晰準確的句子，浮腫的下唇彷彿獨立於他的短小下巴之外。有人告訴我他長得像鴨嘴獸，而且因為本身不能人道而特別喜歡談論性話題。他跟我談到女性黃色雜誌裡，年輕女性在海德公園遭到強暴後的陳述：「『他把我丟到草地上後，便開始對我性侵害』──為什麼總是在草地上呢？我覺得很奇怪。」；也說到雪弗市場上娼妓的種種，還有約翰・喬治・海伊（John George Haigh，留著小鬍子的謀殺犯，佯裝賣假指甲，以達到接近被害人的目的，當時就住在我住處附近的安史洛宮旅館（Onslow Court Hotel））這個人物，還有那位一直陪在福克納身邊，而且被認定還保有處子之身的年輕美國女子：「你相信福克納那老小子真的是個柳下惠嗎？」

約翰・海沃沒有工作可以提供給我，不過就在跟他喝完茶的第二天，漢拉罕先生興奮地猛敲我的房門，告訴我亞瑟・克斯勒來電。電話那頭傳來他清脆的語調，「我還沒替你找到工作，不過替你找到不錯的公寓。」（他不贊成我住在當時這個擁擠不堪的小套房裡。）接下來的後續動作還真像推理小說的情節：他不直接了當說出屋主的名字，只告訴我複雜得不可思議的地下鐵和巴士路線，要我到小威尼斯的布隆路六號。他指示我打開那棟房子的木頭門，但千萬別按那上方紅色大門的門鈴，直接往下走進小路，但別進去花園裡，然後找到樓梯下的門，「就會有人來應門」。結果那位神秘的屋主便是伊莉莎白・珍・哈沃。珍一直想把那間看得到雷貞西運河景致的大房間，以每星期兩鎊半的租金分租出去。夏天的傍晚特別長，屋外的陽光在水面上躍起，穿透楊柳而閃閃動人。屋內的書籍則整齊俐落地排在書架上，好似這間屋子的骨架一般。珍的客廳鋪著緋紅色的地毯，襯托著米白色的牆壁；當那扇法式風格的門打開的時候，有一面鑲金邊的橢圓形大鏡子會反射出花園鮮綠的景致。真希望那面鏡子再往後挪一點，讓我可以看到屋內更多神秘的房間。餐室則貼著深紅色棉絮花樣的壁紙，窗架頂端放著一個金色的小飾品（大概是個半獅半鷲的小東西）。這是一棟我見過最美麗的房子之一。

珍有時候和克斯勒住在一起，而我很快地也變成她家的一員；她那聰明幽默的弟弟柯林（Colin）剛在劍橋拿到學位沒多久，有時候也會回到家裡來住。珍住在蒙波利廣場時，柯林和我兩人會從花園摘些大麻葉來抽，或是品嘗一大壺的小蝦和半熟的冷牛肉，有時還會聽珍收集的史卡拉第和莫札特的音樂。他的手腕強而有力，珍開玩笑地說我們應該把他拴在廚房裡，哪天我們要開些瓶瓶罐罐的時候就非常需要他這個「開罐器」。珍喜歡用玫瑰花來妝點屋內，冰箱裡永遠塞滿鵝肝醬、烤雞和乳酪。她在家的時候，各類型引人注目的男性川流不息地進出這裡享用午餐或晚餐。其中我最喜歡的是一位高瘦憂鬱的辯護律師，我和柯林管他叫「敗訴先生」；他無可救藥地愛上珍，而珍這個完美的女性對他毫無情意，所以他只能在她種夾竹桃和飛燕草時，替她將草地上的小石塊清理乾淨，也只能默默地聽她訴說和克斯勒之間的相處問題。

比我年長十歲的珍打扮入時，所到之處總是能吸引眾人的注目。她所寫的小說詼諧諷刺，頗受好評；大部分在描寫複雜曲折的婚姻生活和短暫銷魂的場景。就是在這種光環的蒙蔽下，過了許久我才發現真實的珍其實缺乏自我。她書中的女性經常被她們的浪漫性格所害而受到懲罰；在逐愛的過程中，她們在性愛上勇於冒險，但是卻對那些享受她們身體，而對她們的感情嗤之以鼻的男人十分失望。這些女性算得上是「高雅的受虐者」。珍的頭兩本小說《美麗之旅》（The Beautiful Visit）和《長景》（The Long View）就被拿來和羅沙蒙德・李曼（Rosamond Lehmann）〔編註：1901-1990，二十歲時寫下第一本小說《Dusty Answer》〕的作品相提並論，不過對我而言，她似乎更屬於伊莉莎白・波恩（Elizabeth Bowen）〔編註：英國女小說家，著有《心之死》（The Death of the Heart）〕和伊莉莎白・泰勒（Elizabeth Taylor）的那個領域，跟艾弗林・渥（Evelyn Waugh）〔編註：英國小說家，著有《重訪布萊斯赫》（Brideshead Revisited）、《一掬塵土》（A Handful of Duet）〕有異曲同工之妙。她的作品裡同時透露悲觀和荒謬可笑的訊息。我想珍・奧斯汀或許會欣賞她的書：因為她們兩個都擅長藉由苦樂參半的喜劇手法，描繪角色生嫩的談吐舉止。

珍同時也是溫和的保守黨員，而且相當堅持司法正義的重要性—這並非是因為她的社交或政治立場，而是出自於她本身正派誠實的觀念。某位仰慕者便指她「說話言簡意賅」，不過我覺得說她直截了當更為恰當。此外，我也注意到這位魅力十足的女性其實焦慮成性；她的外表看起來很有安定感，但其實不然。她在十九歲時嫁給生物學家又是鳥類學家彼特・史考特（Peter Scott，他的鳥類畫作（尤其是飛翔中的猛禽）被轉印在餐桌墊布上，流傳甚廣），育有一女。離婚後的珍周旋在那些活力十足又花言巧語的男人間；她相繼愛過肯尼斯・泰南（Kenneth Tynan）〔編註：英國評論家〕和何蒙・蓋瑞（Romain Gary）〔編註：一九七五年以《來日方長》（La Vie devant soi）得到法國龔固爾文學獎，著有《狼嚎的冬天》〕；她的第三任前夫是金斯利・艾米斯（Kingsley Amis）〔編註：1922-1955，英國小說家，詩人，評論家，著有《幸運吉姆》（Lucky Jim）〕。她其實是個對愛情忠貞的女性，只不過外表誘人罷了。雖然掙扎於痛苦的荊棘中——拜克斯勒所賜——但是她卻比其他人更能欣賞與品嘗生命中的喜悅：音樂、花園、蔚藍海岸、薩克斯郡（Sussex）、弟弟的笑話、鮭魚肉、柳橙蛋白奶酥等等，都是她苦中作樂不可或缺的元素。幾年後當我讀到詩人菲利普・拉金（Philip Larkin）〔編註：1922-1985，英國詩人，小說家，反浪漫主義運動的領導人之一，運動派詩派的代表〕曾說過不幸與悲哀是他創作的泉源：「失落於我，有如黃水仙之於渥茲華斯（Wordsworth）」——讓我不禁想起珍。

屋簷下有珍，生活是充滿戲劇性的：與其說我們過著像小說般的生活，不如說我們就是住在一本小說裡。然而當珍離開時，再精采的情節也得隨著章節的轉換而稍微停頓。她不在家時，我就跪在客廳緋紅色的地毯上，攤開所有的報紙和舊剪報——數量之龐大已不是書桌所能應付—為前來倫敦的瑟伯（James Thurber）做有關尼斯湖水怪的研究。我們兩個都對這個騙局相當好奇，他還特別提出一個理論，認定幾乎無人親眼見到尼斯湖水怪的原因，在於水怪在牠第一眼瞥見人類後便被嚇壞了，所以寧願永遠待在水裡面，也不願意出現在世人面前。傳說在四世紀時，塞爾特族在見到水怪浮出水面後便改信基督教。（一九四〇年義大利某法西斯黨派的報紙宣稱水怪在一次猛烈的突擊中被殺死。）由於我每隔六個月就必需重新登記我的外國人身份，而且需要充分合理的理由才能繼續留在英國，因此瑟伯為我寫了一封信，內容陳述我忙於替他做馬克白之前的蘇格蘭國王相關研究——他認為這樣的研究必需持續數年以上。

後來我又受雇於英國廣播公司（BBC），工作內容為蒐集美國人犯罪的真實記錄；面試我的製作人在我倆之間的桌子上放了一盒覆盆子，還問「你吃這個嗎？」。為了記錄達屈・舒茲（Dutch Shultz）和艾伯・里斯（Abe Reles）的犯罪記實節目，讓我每天得熬夜研讀謀殺企業的相關文獻，儼然成為這個死亡小組的專家，以提供編劇們所需要的資源。他們會問我什麼是「抓耙子」，我告訴他們那是「告密者」的意思。

舒茲是紐約彩票犯罪集團的大頭目，一九三四年被艾德加・胡佛點名為頭號公敵。一九三五年他計劃刺殺曼哈頓的檢察官湯瑪斯・杜威（Thomas E. Dewey），然而集團內部認為此舉必會引起全國的反彈，而要求舒茲下台。舒茲後來在紐渥克（Newark）的男廁所被槍殺；

這個部分對英國廣播公司的編劇和技術人員造成很大的困擾。首先演員的台詞是這麼說的，「我要去……」，接下來我建議用「撇尿」兩個字；可是行不通，因為英國觀眾可能會看不懂。「盥洗室？」也有同樣的問題。最後決定用「男廁」兩個字。這樣一來舒茲不會看起來像在小便一樣，而廁所裡的對話是這樣的：「可以把肥皂遞給我嗎？」可是水龍頭嘩嘩的流水聲讓他彷彿置身傾盆大雨之中；即使後來水流聲較小，聽起來還是像在淋浴一樣。當那槍聲響起，表示戲已落幕，我心中只有感激，可是演員們卻依依不捨：他們對自己模仿布魯克林口音的能耐相當自豪。記錄片的第二部份則鎖定里斯這個舉發謀殺企業不法事實的關鍵告密者；他在一九四一年從柯尼島飯店的窗戶「失足跌落」致死，又有一個說法是是被人丟出窗外而摔死。而這個節目的名稱就叫做「會唱不會飛的金絲雀」（The Canary Who Could Sing But Could't Fly）。由於我並沒有工作許可證，國家經營的英國廣播公司不能明目張膽地付我薪水：他們趁四下無人之際偷偷將揉成團的紙鈔塞在我的手裡。

在為英國廣播公司工作的同時，我亦自修研讀了許多沙特（Sartre）和卡繆（Camus）的作品；克斯勒說他們是「賣弄聖日耳曼風情」。我猜想他們一度是他的朋友，所以當我熱中於他們所寫的戲劇和小說時，克斯勒的輕蔑反應實在讓我相當不解。對於五〇年代沙特與法國共產黨的和睦關係（一直到一九五六年蘇俄入侵匈牙利後便宣告中止），他更是毫不客氣地嚴詞批評。後來我轉而讀起克斯勒的第二本自傳《隱匿的字跡》（The Invisible Writing），重新溫習他的背景來歷。他於一九〇五年出生於布達佩斯，父母皆是猶太人。在他九歲時，舉家遷至維也納，他就是在那裡長大成人的。大學時專攻工程學，並成為錫安主義（Zionist，猶太復國主義）的佼佼者；之後為柏林某家報社雇用在巴勒斯坦當了兩年記者，接著又在納粹勢力日益擴張之際搬到德國。由於他認為社會主義已無法抵制法西斯主義的潮流，便開始研讀馬克斯主義，並在一九三一年的十二月三十一日成為共產黨員，將共產黨視為「唯一能與納粹抗衡的勢力」。

一九三二年至三三年，他在蘇聯逗留期間，親眼見到烏克蘭因共產主義而衍生出來的糧食嚴重缺乏問題。然而他還是接受官方的解釋，認為那些數以百萬計的挨餓農民，都是拒絕共產化的反動份子，因此必須被逐出他們的農地。而此時希特勒的勢力愈來愈龐大，克斯勒在無法回到德國的情況下，便轉而移居巴黎。後來他又到西班牙三次，為英國的「新聞記事」（News Chronicle）報導西班牙內戰；他就是在第三次去西班牙時遭到逮捕的。回到巴黎後，他於一九三八年退黨，被蘇聯肅清行動以及第三國際於西班牙針對獨立左翼份子的攻擊影響，戰爭爆發後，他被法國以「不受歡迎的外國人士」的藉口監禁四個月，後來受到國際輿論的壓力才獲得釋放。德軍的腳步愈來愈近，他受到尚恩・嘉賓（Jean Gabin）〔編註：導演，作品有「贓款勿動」（Don't Touch the Loot）」電影的激勵，加入外籍兵團，也藉此獲得逃離法國的機會。沒想到隨著部隊開拔到英國之後，卻立刻被關進外國人士的集中營區。雖然他在英國有這麼一段不堪回首的過去，可是卻不影響他日後的崇英傾向。

《午時黑暗》於一九四〇年出版。他在書中暢談自己被監禁、審問、舊布爾什維克的判決，是第一本將史達林恐怖手段公諸於世的書籍。到目前為止的五十年來，幾百萬人能知道大屠殺的事實，我們應該可以想像這本小說造成了多大的影響，尤其是在當時許多人依舊以為蘇聯是朋友而不是敵人的情況下。《午時黑暗》能詳實描述這個不惜屠殺自己子民的體制，可以說是冷戰形成時，在政治風景上重要的里程碑。對於那些在一九一七年掀起俄羅斯革命的人士，克斯勒也有話要說：「他們夢想惡勢力減弱；夢想控制這些人民脫離被統治的習慣。他們的思想落實為豐功偉業，他們的夢想獲得實現。他們在哪兒？那足以改變世界秩序的智慧，讓他們走在領導的階層。」

這本小說有喬治・歐威爾在「新政治家」所寫的評論，以及該雜誌主編金斯利・馬丁（Kingsley Martin）的全力護航。篤信馬克斯主義的英國人約翰・史塔奇（John Strachey）則認為這本書「破壞友誼、分裂家庭」，是激進的左派風格。可是英國的銷售數字卻不甚理想。相對於英國不振的銷售量，這本小說於一九四二年在美國出版後，立刻成為暢銷書，在法國的成績也相當亮麗。據說法國共產黨持續收購這本廣為流通的小說，並加以銷毀，以致於小說一刷再刷，靠著共產黨的收購資金讓他填滿了荷包。

克斯勒寫的回憶錄作品，其中包括在《無用的上帝》（The God That Failed）裡發表的文章，揭露自己到了三十五歲時的世界，必是地雷鐵絲網滿布，間諜刺客環伺，自殺與嚴刑拷打層出不窮，還有毒氣室和槍擊部隊隨時候教的樣子。希特勒和史達林到那時候已經把他大部分的朋友都殺光了。在德國和淪陷的法國境內，五花八門的面具和詭計，是歐洲共產黨員的必備工具─祕密革命運動的參與者─而他只得留在西班牙暗自同情那些托洛斯基派份子。

他的經歷在四〇年代中期某些英國評論家眼中看來，是十分「不尋常」的，不過他對此反駁說「我所描繪的生活，直到一九四〇年為止，在那個極權主義的年代來說，是典型的中歐知識份子都會接觸到的。對作家、藝術家、政治家或教師來說，能僥倖逃離希特勒和史達林的魔掌，過著被追捕的日子和流亡生涯，都是相當尋常普遍的事情……然而在三〇年代早期，將法西斯主義視為畏途，反而在各種不同程度上被蘇俄的社會實驗運動所吸引，對他們本身來說卻不太尋常。」即使後來實驗結果讓他大失所望，他還是這麼寫著「三〇年代皈依共產主義完全出自真誠和內心自發的表現，只是結果由樂觀轉為失望，感歎神聖的精神革命不幸夭折，新文藝復興就此失敗……我依然相信，被這種新式信仰所吸引的，是個崇高的錯誤。雖然結果是錯的，但我們的出發點是正確的，這點毋庸置疑。」

我和同樣出身中產階級的人們一樣，對邪惡的體會並不實際與真切。戰後被保護得宜的美國人，對邪惡的觀念是相當抽象模糊的：這樣的觀念似乎並非與生俱來，或原本就是自然存在的，而依阿高（Iago）〔編註：莎士比亞劇「奧賽羅」中的惡徒〕所謂的「無動機敵意」更是顯得陌生。對我們這些在戰爭結束時還是個孩子的人來說，眼中只有希特勒和「日本人」是明確的邪惡象徵；更確切地說，他們已經精神失常，完全沒有人性—而蘇聯當時還是我們的同盟國。我們非常清楚納粹如何摧殘糟蹋猶太人，也知道世上有許多人想幫助他們。可是真正的噩夢並沒有隨著戰爭結束而停止；大屠殺的影響依舊烙印在我們父母那代的腦海中。他們會將刊有集中營報導及照片的雜誌藏起來，不讓小孩接觸；許多跟我同輩的人就是這樣被保護著，以致於並不真正了解近代歷史。（青少年都了解「受苦」是什麼，但鮮少有人體會悲劇的真義。）不過再度研讀克斯勒的書，再配合格雷安・葛林的《布萊登棒棒糖》（Brighton Rock），「邪惡」就會活生生血淋淋的展示於眼前，清楚地告訴我它的確是存在的，而且不分國籍。

克斯勒對史達林以及戰後東歐政府的控訴是不容反駁的。但就像歐威爾提到的，克斯勒和共產黨決裂後，除了加入反共產主義的行列外，卻無法找到明確的「政治立場」。他只能積極熱中於批評那些獨立的激進和自由主義份子；他和非共產黨左派人馬的關係逐漸惡化，在此同時他也揚言那些反共產主義不力的人，會到處破壞自由思想。身為熱情的冷戰勇士，他試圖在布爾什維克主義和自由主義間取得平衡點，聲明感性和自由主義者所抱持的「烏托邦思想」已賦予共產主義在西方世界擴張版圖的勢力。同時他也認為獨立個體，比如說國家單位，必須在共產主義與反共產主義間做出明確的抉擇，所謂的「中立」只是孳生問題的溫床罷了。許多人發現他隨著年紀的增長，對反共產主義的著迷，有益發不可收拾的趨勢。

我和克斯勒接觸後—這個經驗是同代的美國人難以想像的，發現蘇聯曾經許下怎樣一個人心嚮往的社會形態。許久之後，我猜想他對後共產主義的政治熱情，是否因本身的罪惡感而更為旺盛：因為他曾經對共產主義是這麼的虔誠，幾近盲目的程度，甚至有「蓋棺論定」的信心。三〇年代中期，他告訴自己一切都是為「人類的福祉」奮鬥。到了一九四一年，他的書充滿了對共產主義的背叛，以及伴隨著這種背叛所帶來的苦澀。不過我也料想得到，他會珍惜這種罪惡感，因為他的動力就是來自這種罪惡感。

他最大的天賦其實是在新聞寫作、論文和回憶錄，並非小說，這些類型的作品我也都一一接觸過。尤其是科學和哲學方面的領域，對他更是意義重大。《午時黑暗》當中表露的灼熱倫理觀和歷史見識，讓這本書產生強大的力量，但與其說這本書是文學作品，不如將之歸類為通俗誇張的劇本。普契特在「地平線」（Horizon）評論這本小說「應該算悲劇作品」；但是說它是「知識份子的恐怖小說」並不為過，因為克斯勒缺乏假想筆法可以憑空創造角色，要不然將更為成功。不過克斯勒的最後兩本回憶錄式的傳記《箭》（Arrow in the Blue）和《隱匿的字跡》就相當出眾，真切描繪一個冒險家對二十世紀劇烈變動的親身體驗，深知個人生活和公共事件之間相互交錯影響的過程。在海法（Haifa）街頭販賣檸檬蘇打水的二十歲錫安主義者；為威利・明森柏格（Willy Munzenberg，共產國際的瑞士暨德國指揮）工作的青年共產黨員；替那些專門在柏林酒館刺殺納粹份子的共黨殺手開車的司機；追蹤調查史達林犯罪事實的國際刑警；四處流亡的政治犯：這些人物隨著高潮起伏的情節在書中穿梭來去。

在我認識克斯勒的前幾年，「文化自由議會」在他的協助下成立於一九五〇年，以顯現「自由世界」的知識份子都是堅不可摧的反共產主義者，他們會努力保衛西方文明免遭蘇聯政府的政治宣傳所污染，特別是那些攻訐美國「種族歧視」和「法西斯主義」的文宣。他斷言「社會主義」與「資本主義」、「左派」與「右派」等相對的字眼會變得毫無意義，所以有時候西方的生死存亡似乎就是仰賴這個議會的力量和效率。當然也有人認為他的所作所反而是在抨擊知識份子的自由思想，因為他並不尊重那些他不欣賞的觀念想法。就像史學家克里斯多夫・拉許（Christopher Lasch）後來所寫的，「所謂的文化自由一直和美國的政治文宣牽扯不清。」——因此當美國中情局祕密資助文化議會長達十六年的事實曝光時，大家並沒有太驚訝。（克斯勒早就知道這個資金的來源，並說他對這並無異議。）

克斯勒曾沈浸在美國的「甜美噩夢」好幾年。他警告過共和黨麥卡錫（Joseph McCarthy）在歐洲毀謗美國反共產主義的活動，而他則宣稱自己「只是對美國的自由主義份子感冒」而已。美國日益嚴重的商業本位主義和貧瘠的文學世界，讓他感到相當迷惑。這個國家究竟是處於正在發展的青春期還是逐日走向衰退之路？是掙扎於成長過程的痛苦還是老態龍鍾的窘境？他並不喜歡首相艾德里（Clement Attlee）主導的工黨政府，不過在他再度移居英國，前邱吉爾又重掌政權。可是他相當欣賞英國在兩黨執政下所進行的解放殖民地政策：一九五四年他寫道，「這是史上第一遭泱泱帝國帶著榮耀與高貴的姿態，讓國土分離。這個日不落國的西沈比它的崛起更具啟發意義。」

＊＊＊

我初識克斯勒的一九五五年，他對外宣告自己的政治活動已經結束，正著手寫新書《夢遊者：人類對宇宙見解的變動歷史》（The Sleepwalker: A History of Man's Changing Vision of the Universe）。柯林和我被告知別去打擾他。珍留在布隆路住家的時間愈來愈多，我只得急忙把客廳地板上那些尼斯湖水怪和謀殺企業的剪報資料收起來。顯然是克斯勒慢慢逼她離開蒙波利廣場的住處。（那年夏天他在筆記本裡寫道，「我既不能孤獨生活，又不能和某人長久生活。」）多次被拒於門外而傷透心的珍發現自己懷孕了。克斯勒似乎猜到了，每當珍想單獨見他時，他總是有意無意地逃避。

六月時一個愛好文學的律師在伊頓廣場舉辦大型宴會，珍利用這個機會安排兩人會面，而克斯勒並沒有打算帶她出席。我也受邀參加這場盛會，席間還有機會和以撒・柏林（Isaiah Berlin）〔編註：1909-，英國哲學家，社會歷史學家，著有《人類的研究》（The Proper Study of Mankind）、《自由四講》（Four Essays on Liberty）〕談艾德蒙・威爾森談得很盡興。柏林說，「他是我中年時的偶像！」柏林說話的方式真叫我著迷；艾倫・班尼特（Alan Bennett）〔編註：英國劇作家，演員，作品有《瘋狂喬治王》〕就將他說話的模樣比喻成約克郡一處叫做「進退兩難之泉」的噴泉，「這個噴泉向上湧出大量的泡沫，然後又掉下去」，這就像柏林的用字遣詞，「不斷地從他的嘴裡滿溢出來，又像嬰兒般將食物猛吞回去。」聊得正起勁得當兒，克斯勒走了過來，在我耳邊悄悄地說我得和他一起去跟我尚未見過的亨利・約克（Henry Yorke，也就是小說家亨利・葛林（Henry Green）共進晚餐。我婉轉地拒絕了，因為我知道珍會找機會和他單獨相處。他又招招手要我跟他到一旁，嘴裡咕噥地說我下次還有機會見到「這個波羅的海小猶太人」，要是我現在不「立刻」跟他走的話，他會發飆的。他已經有點醉意了。想到珍根本就沒有機會和他密談，我只好迫於他的淫威離開了。

亨利・葛林的長臉有著憂鬱的神情，但是深陷的眼眸則散發一種溫柔和煦的光采；我發現他的小說《愛》（Loving）瀰漫著一種不經意的風趣氣息。他並不知道珍等會也抵達蒙波利廣場。而克斯勒為我們倒好飲料後，便蹲在他的高傳真音響前面埋首調整音響系統。所以當珍踏進客廳時，只看得見他的臀部和腿——她帶著怒氣和絕望銳利地掃了我一眼，我只能用嘴形無聲地告訴她「我是逼不得已的」。她穿著一件藍綠色的絲質襯衫，這可是相當大膽鮮明的顏色。喇叭傳來砰砰聲，克斯勒依舊不為所動地蹲在機器前。好不容易等他抬起頭來看到她，只見他故做驚訝狀，說他都忘記她要過來的事了。

珍不顧一切地將他拉到樓梯上，而這當中一直處於緘默的葛林突然打破沈默開口說話了。他說克斯勒是他相當要好的朋友，但是就是特別殘忍，尤其是對女人的態度。他並不認識珍——「美麗又可憐的美人魚」——但是卻似乎能體會她的處境。很明顯地克斯勒根本不希望私下見她，所以他堅持拖著我們同行；似乎打算把場面弄得很僵，還要我們當見證人。不過葛林告訴我他不會讓事情這樣發生的。他會說一連串好笑有趣的故事——大概是他最近到蘇俄旅行的趣聞——「然後你，親愛的，要開口大笑。」他說雖然我們素昧平生，以後也不見得會再見面，但是今天晚上我們是最佳拍擋，共同阻止克斯勒做出不智之舉。他又說如果我們兩個現在就離開的話，克斯勒一定會馬上拋棄珍的。

於是我們四人一行前往南肯辛頓的「伊莉莎貝珊」餐廳用餐。儘管侍者再三推薦，但葛林還是拒絕點蜂蜜酒，他猜想這種飲料一定非常噁心。我們點的菜上得晚，而且份量多又黏膩，食物碎屑一直塞在我的牙縫裡。那天我穿著米白色的棉質碎花衣服——克斯勒拿著酒杯的手不停地晃動，杯裡的酒滴都濺到我的膝蓋上，留下永遠也洗不掉的斑點。葛林眉飛色舞地說著，克斯勒則不停地喝酒，而珍（臉色非常蒼白）聽著葛林的如珠妙語，臉上也露出憂鬱的微笑。克斯勒說了一個關於高爾夫球和性方面的爛笑話——大概是「進錯洞」那一類的黃色笑話，葛林則誇張地模仿一本正經的牧師大驚小怪的模樣。

回到葛林位於騎士橋的家後又喝了一點睡前酒。我只要跟這三人當中的任何一個單獨相處，他或她都會迫不及待談到其他人，並指示我要怎麼做。珍在樓梯上要我別走；克斯勒在她離開房間後偷偷地告訴我再待一會，等到他示意我可以離開時，他會給我一英鎊的計程車費，我拒絕拿他的錢。他刻意降低音量說他太了解我了，知道我是個獨立自主的人——「這是好事。但是沒有錢你就不能獨立自主！」他的指尖相互摩擦，手舉得高高的，一副只有錢才是最重要的模樣，然後捏著把一英鎊紙鈔推推我的大腿說「拿去！拿去！」我收下了。

珍和克斯勒終於分開，劍拔弩張的氣氛暫時紓解。葛林得意洋洋的，因為他成功化解克斯勒原本打算讓我們目睹的難堪場面。現在克斯勒已經醉得一塌糊塗，不再有精神去折磨珍了。我告訴葛林那一英鎊的事情，並把錢擱在他的咖啡桌上；這張桌子被摺疊成青蛙的形狀。葛林看著他的咖啡桌說要是克斯勒有孩子就好了：孩子會喜歡這隻青蛙的。（我並不知道克斯勒不想生孩子的事——他知道有了孩子後他的工作必定會受到干擾——也不知道有個已婚的女人生下他的孩子；他不只一次拒絕去看他剛出世的女兒，雖然他把一些孩子的快照收在書桌抽屜的底層。）葛林突如其來地說起他的兒子塞巴斯提安（Sebastian）——「就像一隻箭，你知道嗎？」——說時用食指指著自己的心窩。

那天晚上葛林和我談了許多。有個朋友說他的聲音像「絲緞又像銀湯匙般光滑」，我不知不覺沈浸在他說話的韻律當中；不過我也注意到他其實也是個很好的傾聽者，尤其從他書裡的對話就可以獲得驗證。漸漸的，這美妙的聲音也疲倦了；他說他再喝一杯就要送我去坐計程車，因為之後「我就會醉茫茫的，每天晚上都是如此」。他解釋說有些人認為喝酒有助於寫作。（他的最後一本小說在三年前出版。五〇年代他特別喜歡在酒館耗上幾個小時，耳朵豎得高高的竊聽別人的對話，不過後來他的朋友都說他是離群索居的動物。葛林去世後，安格斯・威爾森（Angus Wilson）〔編註：1913-1991，英國同志作家，文學評論家〕在他的訃文中寫道，他就像維吉尼亞・吳爾芙（Virginia Woolf）「遊走在最稀薄的冰層，和絕望的懸崖之上。」）他用溫柔又有點誇張的舉杯法喝下最後一杯，彷彿知道再喝一杯的話他就會不支倒地了，然後先替我向司機付了計程車費，並要我把克斯勒給的一英鎊收起來——「拿這錢去看展覽也好」他說——我坐上計程車揚長而去，心中想著這位全倫敦最親切的男人。

第二天我醒過來後心情十分沮喪；我所習慣也唯一知道的情緒暴力是來自生病的母親，然而這是第一次看到別人如此堅決地要折磨另外一個人。我開始相信——現在依舊如此——當受虐狂的人數多時，有虐待狂的人就變少，他們有太多的犧牲者供他們這輩子使用。我當時還不知道克斯勒是個有躁鬱症的男人，情緒爆發和高低起伏的強烈落差，所意味的並不只是情緒失控而已。（之前他曾在日記中坦承自己有時候被「酒精作用下的精神分裂」所奴役。）

《午時黑暗》裡的魯柏修夫察覺到，「或許理智至上就像失靈的指南針，讓人失去方向而在扭曲的航道上盤旋，以致於目標終於消失於迷霧裡。」當然克斯勒也不放過在書中談到自己的機會。然而他很少將理智當作自己的指南；過多猛烈的爭吵破壞了他和別人的友誼——顯然他特別享受爭吵的感覺，也能夠煽動對方到發狂的境界。對他來說，戰鬥就像運動一樣，他不能理解為什麼其他人這麼厭惡這種運動。和他交惡的朋友都認為他差不多瘋了。不過嚴格說起來他大部分的行為舉止是從容謹慎的，有時候也會逗弄別人的反應。後來有人告訴我他曾求助兩位心理醫生——一個是佛洛伊德學派，一是容格學派——但兩位醫生並不知道對方的存在。克斯勒跟其中一個醫生談到另一個醫生的觀點，他要等著看誰會先受到影響。我想他能夠將殘酷的事情寫得這麼好，一定是因為他已經認同自身的殘酷了。

上午十點左右，克斯勒打電話過來說他快到了，珍和我有幸可以大聲朗讀他最新力作《恐龍的形跡》（The Trail of the Dinosaur）的部分校樣；他希望大家能一起討論編輯的問題。珍退回自己的房間。他的宿醉讓別人不自在地正襟危坐，對任何聲響都異常敏感。我打賭他的眼球一定也醉了。他討厭珍的暹羅貓小毛，而那隻聰明的小動物相當清楚這一點：牠蹲伏在他的椅子旁，邊盯著他看邊發出粗嘎的叫聲；他緊緊抓住自己的額頭。我讀完他的校樣後，他問我要什麼作報酬。我拿不定主意的當兒，他嚴肅地說我不應該免費替別人工作。突然他又笑著說：「昨晚我給了你一英鎊！那就是你的報酬！」

這次以後他就幾乎再也沒來過布隆街；他寄了一張支票給珍作為墮胎的費用。可是幾個星期以後，我們全都受邀參加在貝斯瓦特（Bayswater）舉行的夏季宴會，而珍也要柯林和我好好盯著他，以免花名在外的他有機會去追求別的女人。雖然柯林——上個月正混亂的時候他正好不在——說克斯勒是個「好人」，也希望珍能嫁給他，「這樣一來我就可以開他的車了」但這個監督的要求對我們來說實在太沈重。到了宴會現場，克斯勒從會場的另一邊向我們招手：「怎麼樣？孩子們，玩得愉快嗎？」接著他就對主人家的身材豐滿的保母擠眉弄眼的，我們突然覺得如釋重負。（最後他和珍變成了好朋友；友善的關係能夠在他的生命中長久維持。）

我未來的先生當時就已經出現在那場宴會的某個角落——舉辦宴會的房子曾是彼得潘的創造人貝瑞（J. M. Barrie）過去的家）——只是我們當時還無緣見面。兩年半後我和他的婚宴就設在這裡：這預料之外的婚禮後來因為一場不該發生的外遇而脫軌了。某些場所應該會透露預見未來的訊息：我在那充滿陌生人的地方感受到未來給我的暗示——那些後來常常碰到的陌生人都是我未來丈夫的朋友。可是命運在我初次見到克斯勒的那個傍晚卻保持緘默，穿著樸素服裝的我在那年夏天緊張兮兮，背脊僵硬地站在那兒聽著哈利・貝拉凡特（Harry Belafonte）的歌曲：

我憂傷低述
已踏上旅途
不再回頭

這是我第一次聽到「京斯頓城」這首歌，而我在法國阿爾卑斯山度蜜月，邊學滑雪時就邊哼這首歌。

在克斯勒搭上保母的前幾年，西瑞爾寇諾尼（Cyril Connolly）〔編註：1903-1974，英國作家，評論家〕在寫給艾德蒙威爾森的信上就提到，「滿嘴仁義道德的人（克斯勒）不會真正相信他的妻子、好友、手稿或酒商……他那無可救藥的偏執狂。他鄙視每個人，而且只要喝醉了連這個事實也都藏不住。」威爾森則回說，「你知道沒有人會壞到那種程度，而他其實是非常脆弱敏感的，假使他是的話，他一定不會這麼做的。」

三年後我又見到克斯勒，他興奮地驚叫，「怎麼會這樣？諾拉，你長大了！」沒錯；已經二十四歲的我長高了一英吋。他的評語似乎把我貶的像個小孩，不過我希望在他面前表現得圓滑世故一點。當他扯到荷爾蒙分泌跟成長關係的理論時，我開了個玩笑，說自己是得了思鄉病，整天巴望著回紐約所以多長了一吋。他的性格活潑但誠懇、好辯、親切——我很難討厭他，雖然我覺得自己應該這麼做。我甚至會喜歡他，因為我從來不是他的目標。踩著高跟鞋的我比他還高，他還是像以前一樣說話的時候總是不由自主地點頭，而我卻感受到奇特的安全感，因為我知道不會再有別人像他一樣在我生命扮演舉足輕重的角色。

＊＊＊

一九八三年克斯勒和辛西亞．克斯勒雙雙陳屍在蒙波利廣場住處的客廳裡。克斯勒坐在椅子上，手裡握著一杯白蘭地；辛西亞倒臥在沙發上，半杯威士忌和一瓶蜂蜜就擱在一旁的桌上。他倆將大量的巴比妥酸鹽摻在蜂蜜裡吞了下去。

七十七歲的克斯勒罹患了帕金森症和血癌；他的醫生最近發現他的癌症病情已逐漸蔓延。所以朋友們對於他的自殺並不感到特別驚愕。身為安樂死自主協會的副會長，他極力爭取生命末期自主的權利——他說這是「自我解脫」——就像他在五〇年代抗議資本社會的刑罰時的猛烈程度一樣。（他和出版家維多．高蘭斯（Victor Gollancz）發起抵制絞刑的號召，終於讓這種死刑被廢止。）他說沒有人有權利殺死另一個人——而一個人罹患絕症的時候則有權結束自己的生命。

克斯勒的朋友認為他並不畏懼死亡；他既不是正統猶太教徒，而且自四〇年代晚期他就迷上了神秘論。（我從沒聽他談過這件事。但是他對超自然的熱中程度，讓他以前在科學和政治領域的同好相當困惑。）對他來說，死亡就像「融入於無垠宇宙的呼吸當中」。在他去世一年前，他曾寫下關於自殺的筆記，他說他「膽怯地希望度過一個無欲無求的餘生」——他不要一個清晰分明的靈魂，只想「超越時空、超越理智的限制」而存在。

多年來他的作品當中就透露出一種「海洋意識」，那是鼓勵他熬過痛苦悲慘時期（比如說被拘禁在塞維亞的監獄）的救命丹：所謂的海洋意識指的是「我仰躺在一條寧靜無波的河上，享受橋下的純然寂靜」——然後他就會「忘記自己的存在」，進而達到一種「精神絕對放鬆」的境界。雖然克斯勒的朋友，匈牙利作家喬治・麥可（George Mike）不能苟同他在超自然主義方面的觀點，但是卻帶著尊敬之心引用他的話「死亡的過程……如涓涓溪河融於汪洋大海之中」。與海水交融的溪河可以抓住光明，而克斯勒「含糊地希望可以留下一點活過的足跡，或許是河流上的水花，或是芬芳的氣息，或是一種光芒。」

他和妻子兩人的自殺並非突然，許久以前他倆就有自殺傾向。然而她的死——去世時才五十五歲而且身體健康——卻震驚了克斯勒的親近朋友。在他們死前他寫下一份聲明，而她僅補充短短幾句：「沒有亞瑟我活不下去，即使理智告訴我不該如此。」她對他的摯愛是毋庸置疑的。他的男性朋友說她無怨無悔地自我犧牲；他文學作品的遺囑執行人則說她是個「幸福」的「妻子兼廚師兼家庭主婦」。她曾在寫給克斯勒的信上署名「你的奴僕」。在他倆結束自己生命前，他倆花了數年時間共寫回憶錄；在這本尚未完成的回憶錄裡卻可以找到她敏感脆弱的蛛絲馬跡。他這麼寫著，「我一直喜歡某個類型的人：美麗的灰姑娘……具有逆來順受的傾向。」她則寫到，「我真希望亞瑟的影響力別這麼大；他會用他絕望和憂鬱的情緒來影響我。」

我和相當了解克斯勒的作家卡洛琳・布雷克伍德（Caroline Blackwood，1931-1996）思索這起自殺時，對於辛西亞克斯勒是否真的為愛自殺，我感到相當懷疑。畢竟，與他們十分親近的朋友都非常確定，就在事情發生的前幾天，她並沒有尋死的異樣。卡洛琳則提醒我，別忘了當年我目睹他和珍哈沃相處時，那種威逼惱人的家庭暴力氣氛。是否實際上並沒有媒體所說的「自殺協定」？卡洛琳認為這也是有可能的；或許他要求妻子一起赴死，但是她退縮了，想繼續活下去，於是他說沒有辦法一個人去自殺：如果她不陪他死的話，她就得眼睜睜看著他因為癌症和帕金森症痛苦又醜陋地死去，到時候她就會知道他垂死前的掙扎全是拜她所賜。他的折磨轉換成罪惡感加諸在她的身上。卡洛琳和我都認為辛西亞・克斯勒被逼得無處可逃又毫無選擇的餘地：她被一個死裡逃生多次、不讓命運主宰自己生命的男人徹底擊敗。不願拱手將生命交給命運，於是他反客為主邀請死神到家中作客——那個我曾在一片漆黑中在門街上徬徨不定的家。

第二章

我在吉普賽的流浪旋風中飛來盪去，直到落腳卻爾西文化區邊緣的柏恩街（Bourne Street）某間陰暗蕭瑟的地下室為止。我在這兒替米高梅電影公司（MGM）的倫敦分公司搜集並整理十四世紀的恐怖小說及傳奇故事——我還得使用這家電影公司專用的紙張，也就是獅頭圖案上方還有一排「ARS GRATIA ARTIS」字樣的標準用紙，做出他們指定的研究報告。除了米高梅委任的工作外，我也替「新政治家」（英國首屈一指的周刊）撰寫法國與美國出版書籍的書評。還有為艾耳與史巴提伍德出版社（Eyre and Spottiswoode）的小說潤稿；以及替頂尖的綜合雜誌「二十世紀」（The Twentieth Century）撰寫論文與評論，名為「十九世紀之回顧與前瞻」。有時候自己於忙亂中抬頭，看見地下室上方窗外行人來來去去的步伐，心裡總是有些氣餒。「旅人沒有回頭餘地」這句話讓我感觸良多，一如哈姆雷特對死亡的譬喻就像未知的國度。

我處心積慮要將過去抹去——主要是父母親相互折磨的過往——拒絕思索未來。活在當下是我的準則，而我也相信如此一來會有各式各樣的驚喜等著我去探索。我幾乎對自己沒有信心，這是害羞的個性使然。可是有幸發掘自己的民族特質倒讓我得意不已：因為英國的所見所聞，讓我知道自己是怎樣的一個美國人，促使我沈浸於費茲傑羅（Fitzgerald）和海明威的作品中。閱讀費茲傑羅的《大亨小傳》（The Great Gatsby）讓我的靈魂超脫於這陰冷的地下室，想到美國人可以做到自己想做的事，也可以自由地在世界各處展露身手，就讓我興奮不已。然而與我同一代的英國年輕人對自由意念卻不怎麼欣賞：我本來以為牛津和劍橋大學是以劃地自限的精神傳授課業。不過當我匆匆走過史洛恩廣場（Sloane Square），沿著國王路前進，經過香味四溢的咖啡館和維多利亞式的酒館，購買最便宜的蛋或一束含羞草，眼睛盯著皇家劇場（Royal Court Theatre）外花花綠綠的新劇作宣傳海報，或是商店街櫥窗裡的瑪麗・關（Mary Quant）新裝時，我感覺到任何事都有其發展之可能性：就算不在這個城市裡或這條街上，地平線的另一端或另一個國家一定有希望和驚喜等著我。

我從十五歲就開始交男朋友，一個接一個，沒有斷過。不過現在我慢慢地和曾在牛津大學念書的男友疏遠。我們曾經在國王路附近的伍德佛爾街（Woodfall）租屋同住；這間公寓的房間裡只有斑駁的傢具，浴室裡貼著一張粉紅色大象喝了香檳醉倒的海報：泡泡一個個從牠的耳朵裡冒出來，還有一句文案寫著「PICKLES YOU TINK」。我倆之間爭吵不斷——吵的內容包括劇院票價（他要包廂的位子，我反對）、何時做愛、康拉德（Joseph Conrad）〔編註：1857-1924，波蘭裔英國航海作家，著有《吉姆爺》、《颱風》〕所著《黑暗之心》（Heart of Darkness））的象徵意義，還有我穿錯鞋子去做休閒活動的事情——直到我開始質疑自己是否令人難以忍受，或這是他的問題。結果我們的感情隨著他加入美國陸軍而傷感地劃下休止符。沒有感情的羈絆——雖然我依然渴望——讓我的視野更加開放；生活和情緒不再繞著某個男人團團轉後，我對陌生人和周遭環境更懂得如何回應。走在卻爾西兩旁盡是梧桐樹和花團錦簇的杏樹的街道上，看到身旁都是穿著粗絨呢外套的男士還有腳上穿著黑絲襪的年輕女郎，我知道自己正在品嘗獨立所帶來的意外果實。

克斯勒說的沒錯：倫敦是個國際化的都市。為了尋找更多工作機會，我在形形色色、性質少有重複的團體中遊走：做廣告事業的非親英巴黎人因為工作的關係不得不留在倫敦，除了哈洛德百貨公司（Harrods）之外，沒有任何東西讓他們看得順眼；充斥於弗利街（Fleet Street）的文編人員和作家在傳播界打滾的同時，總是抱怨傳播的力量；名列黑名單的美國製片家等等。我不斷地在百家爭鳴之地探索再探索，對一個剛出道的作家來說是絕佳的練習機會。

頭條新聞報導反共產主義份子的革命運動正如火如荼地在我的祖國蔓延。然而在倫敦這個城市，我並沒有認識任何人把勢力薄弱的共產黨放在眼裡，即使有蓋伊・柏奇士（Guy Burgess）和唐納・麥克林（Donald Maclean）〔編註：這兩人和金姆・費爾比同屬於蘇聯在英國劍橋大學召募的「五人幫」〕這兩位於一九五一年消失，五年後現身莫斯科的英國外交官，也沒有改變共產黨於英國的現狀。接下來震驚各界的新聞便是牛津劍橋校方的當權派，因包庇兩位具有特權背景和關係（他們是英國公立學校及劍橋的畢業生）的酗酒共產主義份子而遭到舉發。畢業校友的醜聞熱度高漲，而外交部與英國駐美國大使館之機密遭竊的事件亦白熱化。柏奇士為同性戀和麥克林是雙性戀的事實顯然提供了護身符：以同性戀的罪名懲罰同事是沒有格調的事。（二〇和三〇年代某些英國學校的菁英份子視同性戀為某種年輕人的反叛時尚，藉以向古板的上一代挑釁。）

柏奇士習慣以白蘭地、葡萄酒和苯甲胺（中樞神經刺激劑）當早餐，麥克林則喜愛在夜總會拳打腳踢，打架鬧事；這兩人的行為不檢是出了名的。據說他們的種種行為也可以證明他們並非間諜，因為政府內部還是把這兩位當作「自己人」，認為他們依舊屬於領導階層的核心集團人物。（無論是邱吉爾還是安東尼艾登主政，他們都沒有興趣解開這個間諜案的謎底。）就在麥克林頻頻於開羅吸毒酗酒的事情發生後沒多久，美國副部長斷言麥克林「幾乎優異的不太真實」。政府部門以史學家所稱的「官方集體緘默」的方式企圖封鎖這個醜聞，沒想到此舉反而使新聞界沸騰起來；媒體紛紛責怪保安部門和外交部的無能，而非嚴斥共產黨的作為。金姆・費爾比（Kim Philby）的間諜身份於一九六三年被揭發後，產生的餘震效應反而更為驚人；他以蘇維埃小隊長的身份潛伏在英國保安部門，而且早就已經被政府懷疑卻無人重視。他比柏奇士和麥克林還要危險許多；在他的主導下，幾十個人在阿爾巴尼亞送死，連與他共事過的同事或他徵募的屬下也不能倖免。）柏奇士和麥克林叛逃後，許多同性戀人士遭到逮捕，以愛情小說家芭芭拉・卡特蘭（Barbara Cartland）所稱的「墮落性反常」罪名將他們起訴。五〇年代中期，同性戀依舊屬於犯罪行為。

我和部分英國知識份子日益熟絡之際——大部分是因為「新政治家」的緣故，認識接觸同樣為「觀察家」（The Observer）、「曼徹斯特衛報」（The Manchester Guardian）或英國廣播公司寫稿的作家——發現很少有人信賴進步的效用，即使社會福利已趨完善，再加上五〇年代後期的繁榮盛況。現在我所談到的對象年紀大約在三十或四十歲左右；他們曾經和納粹對抗過或在空襲中劫後餘生。現在是他們準備好好享樂的時候。戰爭結束後十多年，原本陰鬱的嚴苛的戰後生活轉而被快樂的享樂主義氣氛所取代。倫敦人——包括許多薪水微薄的人——購衣買車，將他們經歷過戰爭摧殘的房子大肆整修，在窗台上的花箱種滿花朵，一窩蜂擠進新穎當紅的法國和義大利餐廳，在地中海節日盡情狂歡；大眾媒體亦慶祝這一片「繁榮的消費景象」。

當時的英國並沒有足以吸引年過二十或三十歲國民的特殊文化。當然，對爵士樂的喜愛則是不分年齡的。不過我所指的是那段在披頭四和滾石樂團，還有迷幻藥、大麻、聚酯、迷你裙這些東西出現之前短暫的時期。年輕人的流行風格尚未定型，無論是衣服樣式或舞蹈花招等等。然而在這團尚摸不清方向的迷霧中，卻透露出奔放快樂的氣氛；有些人的青春歲月在戰爭的支配下無法盡情施展，於是他們變得比年輕一輩的人更加活潑且年輕。

然而我所認識的那些人似乎並不期望社會進步或拓展國際友好關係。他們以實用主義自豪，對意識形態的空論沒有興趣，雖然他們多少相信社會主義的理論。或許他們認為社會已經不可能在繼續進展，因為它已經發展到極限了。比起犬儒學派，他們大部分更像無神論者，厭惡唾棄一切虛偽矯飾之事。他們熱中對社會文化提出強而有力的批評，讚賞約翰・奧斯朋（John Osborne）〔編註：作品「湯姆・瓊斯」（Tom Jones）獲一九六三年奧斯卡改編劇本獎〕的反叛劇作，對金斯利・艾米斯和約翰・維恩（John Wain）〔編註：1925-1994，詩人，評論家，小說家。〕大膽的喜劇作品更是喜愛。除此之外，他們也喜歡多切分節奏的爵士樂、比波普爵士樂、迪克西蘭爵士樂和美國電影：「黑岩喋血記」（Bad Day at Black Rock）是其中特別受到青睞的。肯尼斯・泰南將他的熱情投注於反叛劇院；這位高雅的反聖像崇拜者堅稱重組整體社會結構是必要的。然而反聖像崇拜主義已經成為當代藝術家的生活重心，批評福利制度的左翼人士似乎也無法提出合理的替代藍圖。無論如何，至少藝術活動——特別是劇場——在五〇年代的後半段逐漸成長茁壯。雖然對抗審查制度的運動相當繁重吃力，但幾年後終究贏得了勝利。在這個激進自由主義當道的文化圈裡，任何的刊物或出版品幾乎都可以挑戰既有規範的觀點，而作家一方面將自由表達意見視為理所當然，一方面又可以為文諷刺那些提供自由權利的人。

反對死刑和核子武器的運動年年皆吸取更多的支持者，將在其他方面觀點迥異的人融合成一體。然而這不能算是一種進步的象徵，應該說是理智社會的徵象較為正確。吊死人民或冒著核子意外或戰爭的危機是相當「不智」的，而這點是任何有常識的人都不會加以反對的觀點。在武器設備急速擴張的事實刺激之下，幾年來解除核子武裝的運動的確日益熱烈，特拉法加廣場（Trafalgar Square）上靜坐抗議陣勢亦愈發龐大。許多英國知識份子在堅持他們受到理智驅使時所展現出的熱情激昂，只有使他們矛盾的天性更加明顯。普契特替這些人取了一個最恰當的專有名詞：「橫衝直撞的理性主義者」。

經驗老練的理性份子對宗教抱持鄙棄的態度，並將之歸類為無異議的空談。簡而言之，這十幾年屬於後基督教時期；我認識的大多數作家都是狂熱的無神論者。格雷安‧葛林和艾弗林．渥的小說大部分被尊為經典之作，似乎對英國讀者來說作者的信仰為何並不重要。雙重標準在這兒是行不通的：「你『究竟』是什麼意思？」這句話常縈繞在我的耳邊（或有時候更明確地問「你『這麼說』是什麼意思？」）這種尖銳精準的問話方式，源自於倫敦的布隆貝里文化住宅區（Bloomsbury），這是我從連納德．屋爾夫（leonard Woolf，維吉尼亞．吳爾芙的丈夫）的自傳裡得知的。他提到哲學家摩爾（G. E. Moore）〔編註：1873-1958，著有《倫理學原理》（Principia Ethica）〕就是以這種「追求真實、明確和常識的獨特熱情」灌輸在他的朋友以及劍橋特里尼大學的學生身上，再加上凱因斯（Maynard Keynes）的主張「了解別人的意思與感覺的義務」，因而產生這種影響。他們的概念是蘇格拉底式的，至於目的則是要拋棄「虛假做作」和「無關緊要的內容」，而摩爾的子弟也深受「人應當只說真實與必要之話」的教誨。不過屋爾夫也記得在二〇年代末期吳爾芙在一個小型的晚宴裡詢問一個小說家「你說的『聖靈』（Holy Ghost）指的是什麼意思？」，而那位小說家悻悻然地答道「我並沒有說『聖靈』，我說的是『海岸（the whole coast）』。」三十幾年後情況有了改變，這種咄咄逼人的問法，對那些理念尚未完全成熟定型的人來說一種刁難。

儘管理性的重要性不斷地被強調，但是我大部分的倫敦朋友——無論單身與否——都在複雜的男女關係中打轉。一對對伴侶分開又重組，有些人認為這是變動的時代，似乎他們的私生活也反應了周遭環境的變遷。許多保守黨員和社會主義份子認為階級系統正逐漸溶解，這點在某方面來說是正確的——階級系統的確處於鬆綁的狀態——但另一方面卻是錯誤的假象，因為很多人依舊渴望追求社會優越感。

主張君主政體必須廢止或至少令其退職的人士——有此主張的人以為愚蠢的皇室只會花費納稅人的錢，對一般大眾來說並沒有實質的象徵——承認的確有許多平民視君權為重要的象徵。而中產階級的英國人則受到約翰・奧斯朋對皇室家庭的定義而感到厭煩：「塞滿黃金的腐爛之嘴」。但即使如此，還是不斷有人告訴我工人階級對女王依舊十分敬仰，雖然我也記得當時女王陛下從倫敦直播電話到愛丁堡的新聞畫面出現時，一位藍領階級的觀眾發出難以遏抑的狂笑場面。女王緩緩地將她的食指伸進旋轉式電話機的孔中，呼吸有點困難，而且因為用力而皺緊眉頭，顯然她以前很少播過電話，或許這是她的第一次。菲利普親王則一臉尷尬的模樣。接著畫面便切到愛丁堡現場，穿著正式禮服的市長僵硬地站在一個尚未鈴響的機器旁，而等的有些不耐的觀眾開始大聲喊叫。終於女王播完電話以尖銳的嗓音對著電話筒說道——「喂？……這是……女王來電。」聞者莫不立刻倒地狂笑，笑聲震耳欲聾甚於之前馬克斯兄弟搞笑的節目。伊莉莎白女王二世榮登各年齡層茶餘飯後的最佳消遣話題。

＊＊＊

我熱愛倫敦，但對家鄉紐約還是止不住的想念，所以和那些四處遊歷的美國人相處時總是感到特別愉快，而他們大部分都是我父母的朋友。每當我急欲知道家鄉的消息時，他們都會不厭其煩地滿足我：哪些新劇作開始上演了？他們見我如此渴求大西洋彼岸的種種號外消息莫不覺得有趣。

雖然我走路的速度一向非常快，但是碰到賴伯寧（Aeneas J. Liebling）〔編註：1904-1963，美國新聞記者，著有《熟練的技術》（Sweet Science）〕我還得使勁跟上他又急又搖晃的步伐，走過聖詹姆斯街（St. James's Street）往他最愛的餐廳之一享受食物；他的最愛還包括歐林吉街的傑克俱樂部和威爾頓等等。或許他加快速度的原因就是那誘人的美食。（他同赴戰場的同事都說他是唯一在閃電戰時，還不忘在黑市餐廳吃盡各種美食而得到痛風的人。）「多吃點」他習慣性叫著，要不然就是「再來一點」，我只好埋頭努力跟盤裡的冷鮭魚肉，或嫩牛肉片，或黑奶油魟魚切片戰鬥。他最痛恨年輕人流行不吃東西的想法——後來他聽到小說家珍・史塔福（Jean Stafford）〔編註：1915-1979，美國女小說家，一九七〇年獲普利茲小說獎。〕獨自用餐時，只吃蔬菜三明治時，簡直就被嚇壞了——而且常常送我好幾罐瑞士酒味乾酪醬和佛特努&梅森餐廳（Fortnum

& Mason）的青蔥湯：還有松雞配和蘇格蘭菲蔥雞肉湯、龍蝦濃湯配酸酪湯，這些套餐就像美國援外組織的包裹一樣，被送到我在柏恩街的地下室住處。

賴伯寧是出了名的沉默寡言：他的仰慕者通常提到他驚人的面談技巧就甘拜下風：他會凝視對方卻不問任何問題，使對方不知所措進而喋喋不休地胡亂說著，反而自己揭露更多事情，到頭來卻無法從這位始終不動聲色的紐約佛陀身上得到相等的回應。他在生命即將結束之際寫道，「一個好的記者只要選對途徑和方法，他甚至可以了解一隻貓或一個阿拉伯人在想什麼。選擇就是重點，一旦他的選擇錯誤，他面臨的只有遍體鱗傷和徒勞掙扎的下場。（哪種貓或哪個阿拉伯人的分別又決定了不同途徑的選擇。）」。他深信「最糟糕的面談者莫過於談太多關於自己的事情」，因此十分瞧不起那些「拋頭露面，到處向別人展現自己強大的個性，回家關起門後又絞盡腦汁捏造別人期待他會說的話，等自己有機會說話時準備大放厥辭。」他對自己為賽馬師艾迪・阿加洛（Eddie Arcaro）準備的人物簡介相當滿意。「我首先便問『你賽馬時重心放在左邊或是右邊較多？』美國賽馬比賽的騎師通常以左側騎馬較久。這個問題讓他輕鬆地侃侃而談將近一個小時左右，在這當中我只適時插入大約十二個字，他說『我相信你一定相當了解賽馬師。』我的確如此，但只不過是在見他的前一個星期才開始熟悉的。」

賴伯寧在「紐約客」的走廊上對迎面而來的同事只會親切地點頭招呼，極少開口說些問候的話。或許惜言如金的他是為了把所有的精力都投注在寫作上。（對體格和生產力有幻想的瑟伯曾對我說，「賴伯寧是我唯一見過寫作速度驚人的胖子。」）然而賴伯寧的沈默也是因為個性害羞的緣故。不同於表面上對作品和成功所展現的耀眼和自大，私底下的他是極為不同的。他有沮喪消沈的傾向，這或許是他沈默寡言的原因。

然而在英國——當他和第二任妻子分開，尚未認識珍・史塔福之前——他健談的模樣著實嚇壞了他那些紐約來的朋友。他並非親英派的人馬，所以極度渴望在倫敦看到祖國的同胞。他在這兒總是能侃侃而談，盡情談論自己的寫作和生活，以及到世界各地旅行的經驗。他對於新手特別同情，他想起自己早年為事業打拚，只能賺取微薄薪水的生活，他總是樂意與人分享他的菜鳥點滴。（從別處他發現哥倫比亞大學的普利茲傳播學院——他因為忘記參加禮拜式而被達特茅斯學院退學後，便進入這所學院——「是一個知識份子匯集的職業學校，是未來通訊社與出版社員工的大本營。」除此之外，他常常提到「幸運的邂逅」，意指那些在他生命中來來去去的人或冒險者。不過談到機會這個話題，他就毫不留情了：他強調幾乎所有的作家都應該將自己永久曝置於足以激發他創造力的驚奇中，而這種驚奇必須對適時適地的直覺有所助益，無論是日正當中時走在皮卡迪利大道（Piccadilly），或在歷史的轉捩點前往異國等等。

他不但對自己的成感到相當自傲——當時我對法國興衰史相當著迷，於是問他應該閱讀哪些書時：「我寫的是最佳讀本」，嘴裡塞滿了豆悶肉的他快樂地咕噥道。——對那些剛起步的新手亦有認同感。（他的作品出版的同時，他也揶揄那些在法國的朋友們：他們之中有些人認真地學習作畫，卻沒有人嘗試「寫作」，因為原本應該自然而來的二〇年代，卻突兀地降臨。）他向我敘述起他二十三歲在巴黎時猶豫不決又優柔寡斷的心態，認為自己維繫在一個無法達成的的決定上。當時他正在寫一本關於二十三歲的年輕人在巴黎闖蕩，對未來充滿的不安定感。最後連這個書中人物的腳步也亦步亦趨跟上賴伯寧的日常生活：在那個關鍵的下午時刻，他和自己所寫的內容已經合而為一了。現在，也就是三十年後回想起年輕時的挫折，他忍不住笑得全身抖動，只得放下手中的刀叉，抹抹眼睛，才能繼續吃他盤中的幾內亞雞肉。

在倫敦逗留期間他曾多次前往法國諾曼第，追溯當年他當戰爭記者的路線，並憶起他在索柏（Sorbonne）的學生生活。《再訪諾曼第》（Normandy Revisited）是他寫的好書之一，結合戰地的回憶和二〇年代的巴黎采風，兩者皆是以五十幾歲的觀點和視野為出發的：歷史與個人經歷所激出的火花。堪稱是普魯斯特（Proustian）式倒敘專家的他，他憑著強烈的嗅覺、視覺和味覺回到過去：桑樹的花粉、蜜思卡岱（Muscadet）白酒、西克爾梨或鯡魚的香味等等。他甚至藉由自由社交生活回顧紐約的童年：法國聖米歇爾山（Mont-Saint-Michel）周圍退潮時露出的泥地，聞起來就像牙買加灣（Jamaica Bay），那是他小時候挖蚌的地方。

二次世界大戰盟軍進攻西歐的那天，他跟隨美軍第一師通過海峽，乘坐鐵絲網圍起的傷兵運輸登陸艇前往醫務船。他的臉上流滿鮮血，而甲板上的爆破筒撞到一箱煉乳，結果沒多久血和煉乳流的到處都是。巴黎解放的那天是「我這輩子最開心的日子之一」：一輛雪佛蘭老車載著他通過張燈結彩、喜慶歡樂的街道，來到一間咖啡館為林白於一九二七年成功駕駛飛機抵達巴黎的壯舉乾杯慶祝。賴伯寧的層層經驗──戰爭前、中、後──透過歷史的脈絡，無不擴大讀者對法國的認知理解。我未來的丈夫──大我八歲的英國人──覺得很奇怪，因對他意義重大的戰爭幾乎和我沒有什麼關聯。這時候我便會引用賴伯寧的話，來證明我並非完全置身事外。

一九五六年秋天，賴伯寧正忙著研究他特別喜歡的英國老牌搞笑綜藝節目「瘋狂四人幫」（Crazy Gang）的資料。此時以色列、英國和法國因為總統哈馬・阿德・納瑟（Gamal Abdel Nasser）將蘇伊士運河收為國有而群起進攻埃及。既然無法阻止戰爭發生，賴伯寧便拍電報給「紐約客」說他必須立刻前往埃及一趟。可是「紐約客」的主編威廉・修恩（William

Shawn）要他專心做「瘋狂四人幫」的東西，至於蘇伊士危機則交給「紐約客」駐巴黎和倫敦的記者珍娜・弗萊尼（Janet Flanner）和莫利・潘特-道恩斯（mollie Panter-Downes），他快氣死了。他顯然比較想到埃及，而且把所有的戰事都當作私人地盤，不斷重複強調修恩如此盲目，無法認清只有無敵賴伯寧的報導功力，才不會浪費這場戰爭了。沒多久他就一直處於某個朋友說的「低盪情緒」之中，這種心情或許和先前二次世界大戰爆發時，他渴望身處法國「分享前線的戰事和危險」，卻又恐懼自己沒有機會可以這麼做的心態是一樣的。

不得不留在倫敦的他，為了那段時間英國計程車司機老愛說的雙關俏皮話「納瑟六便士」而更加生氣：因為蘇伊士運河封鎖，造成石油和汽油短缺，跳表機上的數字只得飆漲。「每日掃描報」（The Daily Sketch）上「老虎就要發威！英國將再現雄風！」這類的頭條標題已經引爆話題，而一般英國大眾似乎也相信納瑟很快就會被擊敗了。我大部分的倫敦朋友強烈反對政府舉動的同時，他們也發現自己正以激烈的方式和親朋好友戰鬥；猛烈的程度甚至傷及彼此原本友好的關係：而我直到越戰爆發時才又見識到這種狂暴場面。賴伯寧在寫給珍・史塔福的信上，提到英國人「正面臨前所未有的分崩離析」。

十一月六日，當賴伯寧的怒氣達到最高峰的時候，我陪他前往由工黨在亞伯廳（Albert Hall）舉辦的大型聚會。這裡聚集了七千人，公然抨擊首相安東尼・艾登和保守黨的戰爭政策。（賴伯寧後來在文章中提到贊成戰爭的保守黨員被舊有的滿足感所迷惑，就像感性的南方人想多要一個奴隸來虐待，以享受往昔的時光一樣。）抗議人士高喊「艾登下台！」口號，但臉上神情是歡欣無比的，因為聚會前的幾個小時就已經宣布停火協議。現在他們正大肆慶祝自己成功的強迫政府扭轉立場的理念。（他們並不知道是因為華盛頓施壓和英國貨幣擠兌風潮，才決定撤退：英國政客對這兩點皆矢口否認。）那個星期賴伯寧亦密切注意匈牙利反蘇聯暴動和美國大選。在那群歡欣莫名的英國社會主義者中，他是鬱鬱寡歡的，內心不停思索布達佩斯的屠殺行動——蘇維埃軍隊於十一月三日回到當地——而史蒂文生（Adlai Stevenson）一如預期於當夜慘遭敗北。不過賴伯寧也說，能處在凱旋勝利情緒沸騰的人群中是很棒的事。（相當欣賞史蒂文生的他，曾在介紹記者亞瓦・強森（Alva Johnson）的文章中提到，始終相信「笨總統就是好總統」的強森，一定「很遺憾不能活到艾森豪總統的出現」。）

蘇伊士之戰結束後，賴伯寧還是在十一月底抵達埃及，到蘇伊士運河勘察，並帶著滿滿一口袋從計程車上聽來的蘇伊士運河笑話回來。雖然他對英國入侵埃及的行為和占據埃及長達七十二年之久的行為感到不齒，但卻忍不住帶著羞愧向「紐約客」的作家艾蜜莉・哈恩（Emily Hahn）抱怨他並不如自己期待的那樣喜歡埃及人。從他自埃及傳回「紐約客」的訊息來看，可以過濾出他不旦厭惡開羅的醜陋，對「埃及人對西方世界根深蒂固的恐懼和懷疑態度」更是感到不耐——即使他也認為他們這麼做有充分的理由。他非常擔心持有法國或英國護照的埃及猶太人會遭到排擠，也為那些謠傳為「以色列、英國或法國工作而妨礙國家安全」的人憂心，更替那些無國籍沒護照的猶太人煩惱。

賴伯寧相當痛恨以脾氣暴躁聞名的艾登，所以幾年後我向他描述英國官員在聯合國的故事時，他狂笑不已；有位仁兄在一九五五年於艾登抵達紐約在聯合國安全理事會演講時，把他耍得團團轉。艾登抵達會場前在電梯裡還一副親切友善的模樣，不斷猛拍身旁那位年輕人的肩膀。在發表完一段冗長的演說後，是大家發問的時間。沒想到聽眾的第一個問題就讓他感到威嚴掃地，憤而離開會場。之後他搭乘電梯下樓時，裡頭的氣氛就像結冰似的。當時正好有一對開心的男女和心情同樣不錯的黑人電梯操作員。那位女士也察覺到空氣中凍結的氣氛，於是便開口問道，「發生什麼事啦？你們打架還是怎麼了？」賴伯寧後來常常要求我說這個故事給他聽；他說他願意做任何事只求當時在那個電梯裡。

危險似乎碰到他都得退避三舍，而他顯然也不把它放在眼裡。保持平靜是他最強大而堅定的防護，——儘管出現不可預料的緊急狀況時亦是如此——所以他可以在二次世界大戰用平常心跟隨第一步兵團通過北非，在梅塞西密特戰鬥機的轟炸和地雷縫隙間求生存，又在一九四四年跟著砲兵部隊在諾曼第四處打仗，在滿是狙擊手埋伏的果園中前進，而且常常跟裝甲部隊一起行動。在此之前，他還曾在北大西洋敵軍潛艇活動的領域航行，在好幾個國家躲過空襲，也在砲火隆隆中全力奔跑，心裡還思索著「許多為求自衛的動作只是自己安慰自己罷了，這點說起來也是挺有道理的。因為處於危機狀況中的人會覺得如果不做些什麼來表示關心自己的身體髮膚的話，就一定會招來惡勢力的報復。」

***

某個倫敦夜晚，攝影家沃克・艾凡斯（Walker Evans）——我父母親那一輩，同時也是我的朋友——和我一起在威爾頓餐廳用餐時，格雷安・葛林走了進來，身邊還有一位矮小的男人，他的臉上有疤，儀容又邋遢，還穿著鮮豔的夾克，活像《布萊頓棒棒糖》裡爬出來的主角。艾凡斯立刻就認出葛林：他的書皮上都有一張嚴肅的臉，看起來就像個挑剔的美食主義者。我早已將葛林大部分的小說讀過了，而且每讀完一本就更迫不及待想探索其他的書。我最喜歡是《英國於我》（England Made Me）、《布萊頓棒棒糖》、《恐懼牧師》（The Minister of Fear）和《心》（The Heart of the Matter），都是探索背叛欺瞞的各類故事。（我並非基督徒，因此《榮耀的力量》（The Power and the Glory）以及《愛情的盡頭》這類關於信仰方面的故事我並不怎麼喜歡。）艾凡斯和我點了烤鰈魚後沒多久，就看見賴伯寧也走進這家小餐廳點了一份套餐。

兩個月前「紐約客」才出版他為了諷刺葛林的《沈默的美國人》（Quiet American）而寫的長篇評論。雖然這篇評論實在不太公正，但其滑稽好笑的內容只為博君一笑。賴伯寧在文中提到頑強世故的英國人和天真樸實的美國人，這兩國人的特性是正好相反的：英國人其實是海明威／鮑加筆下人物的「模型」，而眾所周知美國的特質——包括性方面的笨拙，愛吃垃圾食物，以揶揄的態度說法語——只是英國人的地方色彩罷了。賴伯寧也認為「英國作家嘲笑美國食物，就像全盲的笨蛋恥笑獨眼龍一樣」；同時他亦揶揄海明威／鮑加沈迷於瘦骨嶙峋的越南女性，她們總是喜歡在「他的床上咯咯亂笑」。此外，他亦宣稱這本書是以「偽美國人的角度所寫——一針見血的筆觸和諷刺的語調，使得字字句句更加鏗鏘有力。」並憤慨地駁斥他沒能活著分享的思想：美國對越南的居心不良。中情局在越南的祕密間諜活動極盡保密之能事；因此葛林的小說具有預言的性質。依照賴伯寧的政治理念，若是越戰在他有生之年發生，他一定是全力反對的。

那天晚上在威爾頓餐廳，賴伯寧開開心心地享用他的晚餐，一點也沒發覺到，葛林和同伴在他進門的那一刻就相當不自在：他們怒氣騰騰地瞪著他，還一邊交頭接耳地討論些什麼。那種場面像極了黑社會正在展開報復行動。（顯然賴伯寧先前沒和葛林打過照面。）致命的敵意瀰漫在空氣中揮之不去，幾道菜過後，賴伯寧轉而加入我們享用莓子和咖啡。現在，我們三個人都在怒目瞪視的範圍內了。帶著圓頂禮帽的他，沒多久便先離開去和「瘋狂四人幫」會談，自始至終都不知道那道直直射向他的銳利眼光。就像他幾年前所寫的，「一個人如果看多了戰爭，就知道有太多眼前的危機是來不及擔心的。」（幾個月前我曾見過葛林，不過當時我總是避著他，所以我想他現在應該不記得我是誰才對。）

艾凡斯和我步上聖詹姆斯街後，忍不住對剛剛在餐廳見識到的默劇笑了起來，就在此時忽然聽到後方傳來鞋跟敲著路面的聲音。葛林和那位看起來有些陰險的朋友迅速地從後方超越我們，然後又轉身瞪著我們看。一路上他們不是亦步亦趨地在後頭跟著，就是跟我們並行：他們其中一個會眉頭深鎖地出現在某個明亮的出口，然後另外一個就會快步超越我們，沒多久他倆的腳步聲又高聲迴盪在我們身後。這是我第一次嘗到社交的罪惡感——似乎和賴伯寧同坐一張桌就表示跟他一樣厭惡《沈默的美國人》。我們再也受不了這種精神折磨了，於是搭上一輛計程車，心中不免懷疑這位偉大的小說家是否喝醉了——又或者戲弄美國人讓他覺得很有趣吧。後來葛林的一個朋友告訴我，他就是這種人，喜歡玩這類的遊戲，讓別人感受到荒謬可笑的威脅感。（他曾述及自己童年時老是喜歡在黑暗中玩捉迷藏，因為這種遊戲「帶著恐懼成分的娛樂效果」。）陰謀——他的書都有精闢的描述——在他的娛樂活動中扮演極重要的角色。簡而言之，他把我們當作他的假想敵。因為恐懼可以激勵他，所以或許他以為別人也是如此。

第二天我告訴賴伯寧昨晚的事，他那雙凸眼倏地張大，接著肥胖的肩膀開始抖起來。他忍不住狂笑，喘著氣說他早聽說葛林相當不滿他的評論，只是他萬萬沒想到一篇批評的文章可以讓作家原形畢露。出於對口音和字尾變化的熱情，他遺憾沒有人聽到葛林那位威脅力十足的朋友的聲音。我強調那個男人看起來就像個流氓，不過賴伯寧幻想他其實應該是個作家，或甚至是詩人。他還引用朋友，也是研究葡萄牙和荷蘭殖民地國的史學家查爾斯・巴瑟（Charles Boxer）的論點：「寫首詩給我看看，我也以狗屎回報。」

＊＊＊

我收到一張突尼西亞寄來的明信片：「我現在在迦太基，但別叫我黛朵（迦太基之建國者和女王）」，署名是伊尼亞斯・賴伯寧。在尚未遇見珍・史塔福前，孤獨的賴伯寧在倫敦衝動地追求過一大票女性：在計程車裡突然熱情地向對方告白，或是長椅上貿然表白。但是他還是渴望自己的婚姻起死回生。他對我說過，他的妻子要求分居六個月後，再「考慮」延續這個婚姻。六個月後他回到紐約見她，她又勸他再離開六個月，以便她再仔細地「考慮」。他試著把這件事當玩笑說，可是一點也不成功。於是他才會不顧一切、毫無保留地追求其他女人：其實表面上唐突無禮猛追異性的男人，心中是期待被對方拒絕的。有一次他和一個相當年輕的英國女人擦身而過，而她的父母都是他的老朋友。這個女孩驚訝地不禁往後跳開，因為她認識他很久，也把他當作德高望重、親切友善的叔叔。（他當時五十三歲，不過看起來比實際年齡老多了。）她擔心會傷了他的心，於是她開始不停地為自己的無心大聲道歉。他輕拍她的背制止她，並說「就像他們賽馬時說的，那是誰也攔不住的。」我的回應是立刻給他一個女兒的擁抱，表現出我好像誤解他的模樣——迅速的撤兵能保住雙方的尊嚴。

由於賴伯寧相當欣賞珍・史塔福的文筆，他倆在倫敦見過面後，就經常愉快地說「真是好球！」幾年後他們兩位結了婚，我們全都回到了紐約，他告訴我他希望她用整個夏天的時間多寫幾個故事和小說。他抱怨說她花太多時間在裝潢他們的房子，而且認為一個具有如此天份的作家不應該浪費心力在傢具套上。「傢具套！」他惱怒地搖頭重複道。他是我唯一見過被熱中家事的妻子搞得心煩意亂的人。

賴伯寧喜歡送禮物給他的妻子：他出國回來後，口袋裡會出其不意地出現價值非凡的古董珠寶。某天午餐時，我正在研究他給我看的耳環和項鍊，他正在桌子另一邊製作一個精美的十八世紀風格的琺瑯瓷胸針：橢圓形的亮釉面上，雅各與天使爭鬥著。我把東西遞還給他，不過他的手指又慢慢將東西推過來，並喃喃地說那是給我的。他把天使比喻成作家，而雅各是主編：在這個小小的畫面中，天使確定會得到最後的勝利。他建議我永遠別給編輯好日子過：而且絕對不要寵壞他們！」（話雖然這麼說，可是快六十歲的他，顯然已經比十年前成熟不少，以前的他對那些本身不會寫作的編輯總是嚴厲批評：「那些非作家所掌握的權力，讓我們的報紙讀起來就像「紐約時報」自助餐廳裡的食物品味。又好像足球賽，只有糟糕的球員才能成為教練。對語言漠不關心只會導致階級化。」他又補充說，他希望我有一天也可以像他一樣製造「麻煩」丟給編輯，而我保證我會盡力。不過他也警告我，「別依附在某人門下」；在這個派系和心結交錯的世界，我深深感受到這的確是該奉行的良心建議。

此後，我便別著這個胸針去和新的編輯面談，暗自思索這些編輯是否聽過賴伯寧的格言「只有自由的人才有真正的傳播自由」，或大眾傳播是「民主床下薄弱的支架」。不過中年的賴伯寧依舊對同行人士相當有信心，他就曾寫道：「新聞記者是一群渴望追求真相的人，就像吸毒者不自覺地尋找海洛因一樣……有些不肖的新聞記者昧著良心走到這個世界，不過這個世界自然也會反擊他們。而我從沒見過哪個不正直的記者是快樂得意的混蛋。」

英國新聞界的文化氣氛並不怎麼熱絡，這裡有一間酒吧叫做「葡萄酒」就號稱是「天賦的墳場」。或許那兒的創作人才比我們時代廣場還多，雖然我懷疑那是否會困擾那些編造者。

而我認識的「新政治家」編輯們，似乎並不怎麼在意那些足以讓大部分美國作家蒙羞的實質錯誤；洶湧的校正來信淹沒雜誌社時，那些心虛的人卻只會愉悅地回信道，「請原諒一時筆誤」或「等我發現時——已經來不及更正了……」。

我寫信向父親報告這種狀況。父親是個準確度完美的高手，他回信說「讓贗品流竄卻無人聞問，似乎是他們的傳統」。在偶然的機會下，他曾於一九四三年和另外三名記者共赴德黑蘭會議。這四位當中有一個是合眾國際社（United Press）的英國記者（「英國新聞界的頭號爛報」），他寄了一篇報導給報社，宣稱會議期間史達林對馬歇爾（Marshal Semton Timoshenko）極度不滿，於是拿起伏特加酒瓶砸對方的頭。馬歇爾當時根本不在德黑蘭，可是這篇報導卻傳遍整個「基督世界」。其他三位記者還因為沒有搶到這則新聞而遭主編大加撻伐。俄國人憤怒不已，因為莫斯科到處有流傳著英國人與德國外長李本托普（Joachim von Ribbentrop）（編註：1893-1946，他在一九三九年八月二十三日代表德國在莫斯科與蘇聯外長簽署「德蘇互不侵犯協定」，替希特勒打開了攻擊波蘭的大門）——這完全都是杜撰的消息。美國記者群起逼問這個合眾社的記者，他到底知不知道自己在做什麼。他說會議發布的官方消息實在「沈悶無聊」，所以他只好設法妙手回春。

***

和賴伯寧的談話讓我學會如何欣賞倫敦報界的新聞標題。一個妓女被她的客戶謀害，於是「每日快捷報」（The Daily Express）便以「狗目睹女主人（DOGS SEES HIS MISTRESS，mistress亦有情婦之意）遭害」為題報導；這個故事似乎透露出動物與愛人間的絲絲快感：「女主人」這個字又有點在憐憫那隻在女人房內的狗。「泰晤士報」（The Times）似乎擅長不動聲色的荒謬手法：「艱苦烏干達的雙重災難：祭神殺牲與土壤腐蝕」（TWO SCOURGES OF RUGGED UGANDA:RITUAL MURDERED MURDER AND SOIL EROSION）。英國試射氫彈事件在畢佛布魯克的報紙活潑地露面：「砰！砰！砰！砰！」（BANG!BANG!BANG!BANG!）菲利普親王到直布羅陀看足球賽，女王留在英國看賽馬時，「每日鏡報」（The Daily Mirror）力勸，「快飛回家吧，菲力普！」（FLY HOME, PHILIP!）；白金漢宮否認女王夫婦「失和」，於是報紙便懇求親王趕緊回到妻子身邊，以破除「皇室家族失和的傳言」。

賴伯寧在國內和國外的工作室裡，到處都堆著一疊疊搖搖欲墜的日報和周報：彷彿他特別熱愛報紙似的，或許他喜愛的程度一如他回憶起到卡恩（Caen）旅行時享用的烤雉雞、牛排、蛋白奶酥馬鈴薯、山羊起司，和烤果凍心蘋果時甜蜜滿足的感覺。受到「歷史求知慾」

驅使的他自稱是「積習難改的記者」。我衷心希望他能活的夠長足以揭發水門事件，沈迷於尼克森總統的每捲錄音帶中，就好像這些帶子是為老饕準備的美食。賴伯寧對紐約下層人物的感情——在賽馬場邂逅的，或拳擊手、摔角手、騙子，還有沿著百老匯街——可能都會成為激發他同情尼克森幕僚的原因，或許甚至會同情這位有汙點的總統。

那幾年英國歷史動盪不安：英國與肯亞毛毛黨爭戰多時；邱吉爾在年老力衰的傳聞中下台；賽浦路斯（當時依舊在英國統治之下）游擊戰；蘇伊士運河問題；指揮官萊諾・克萊柏（Lionel Crabb）這位奉特勤處命令前往樸資茅斯港的俄國巡洋艦上當間諜的蛙人離奇失蹤；穿著愛德華七世時代衣服的泰迪幫混混，沈迷於少年犯罪小說《黑板森林》（The Blackboard Jungle）〔編註：作者為伊凡・韓特（Even Hunter），他擁有許多筆名，其中最有名的是Ed McBain〕的情境中；棕黃的狄更斯化學噴物（煙煤被列為非法物品後即不再使用）盛行。留在倫敦的賴伯寧顯然和在家鄉紐約一樣怡然自得；他和紐約中央車站一樣，是個道道地地的美國產物，隨時攜帶著他的靈魂。和賴伯寧相處的時間和過程，重建家鄉對我的重要性——而他的精神依舊在異國間飄來盪去。

再回到法國一處熟悉的房子，他寫道，「我感覺回到了其中一個家。（飄泊的男人四處為家。舉個例子來說，一艘挪威運油船的某個小房間就是我的家之一，雖然我已有十四年不曾回到那裡睡覺。)」飄泊的人實事求是，而且尊重改變。他的觀點讓我了解到損失不一定是悲慘的，當我讀到「每個城市或許都有偉大氣派的時期，就像波士頓、紐奧良或舊金山，但是它還是需要不斷更新直到過去被恆久遺忘為止。」這對我來說是全新的概念，現在我了解轉變可以像誕生或起點一樣，有其價值和意義，是同樣值得慶祝的一環。

第三章

「肥胖」是我朋友的重要特徵——我父親的身材肥壯，他那啤酒肚總是叫我反感；因為他是我父親，所以不得不接受。但是我和那些發福的父執輩朋友倒是相處愉快，因為胖男人會讓人聯想到幽默慷慨的個性、滔滔雄辯的口才（無論是說或寫方面）與出其不意的驚喜——這和我對不可預知的體驗是相互呼應的。我不需要刻意尋找那些發福的身軀：幾乎我到異鄉沒多久就會有胖子找上門來了。

賴伯寧就是頭一個報到的，第二位是約翰・戴分波特（John Davenport）。這個英國人不但是文學評論家、審美專家、編輯，而且還是重量級拳擊手的開山祖師。關於他的傳聞多不勝數；但他不但不被這些傳聞所困擾，反而樂在其中。據說艾略特曾直言他的詩作最具潛力，當時未滿三十歲的他，還是劍橋的學生。還有一個讓人肅然起敬的事跡流傳再三：戴分波特因不滿宗教理論中的部分不合理論，憤而將某位主教抬到壁爐上，而被野蠻俱樂部（Savage Club）驅逐。當時他把主教丟到壁爐上並宣判，「你那張嘴如嗜血的時鐘，為免你分分秒秒鑽入人心，就好好待在這個地方吧。」（幾年後我輾轉聽說那位被扛到塞維爾俱樂部（Savil Club）壁爐上的是錢塞勒主教（Lord CHancellor），但誰又知道真相呢？）還有人想起戴分波特曾怒擲湯碗，砸向那些穿著潔白襯衫的俱樂部會員，就因為他們對普魯斯特（Proust）的看法惹惱他。而他對文學的熱愛則是毋庸置疑的，那是他充分表達熱情的方式。

戴分波特和我素昧平生，在我發表幾篇文章之後，他的一通電話使我倆結緣——輕聲細語又帶點沙啞的嗓音——，「你已經不記得我了，我以前在好萊塢時常陪你玩玩具熊。」他稍做停頓後繼續說道，「我還幫妳洗過一次澡。」（他在好萊塢寫電影劇本時，就在比佛利山莊結識我的父母，當時我才三歲，而我的父親當時大概在為芭芭拉・史丹奇（Barbara Stanwyck）寫《安妮・歐克萊》（Annie Oakley））接著他又快活地指示：「你最好中午出來跟我在史洛恩廣場的國王之手（King's Arm）餐廳碰個面。」但是我要怎麼認出他呢？他說他的臉非常紅潤，頭髮灰白，中廣身材配五短身高。「簡單地說，我看起來就像個過度向橫發展的侏儒。」心想他根本只是在說笑，所以我笑著說不會前往赴約。「喔，你最好來，」他輕快地說道，「你來會『比較好』！」煙霧瀰漫的陰暗酒館中，我立刻就認出他的身影，果真如他描述一般。同時，也不難想像他和狄倫・湯瑪斯之間的情誼。戴分波特最近在文章中說起他過世的摯友時，不忘提到他倆去看欣賞《失落的周末》（Lost Weekend）時的情景：

「我們從電影院出來的時候，堪稱是兩個世界上臉色最蒼白的胖子，對看後忍不住同時放聲大笑，兩個人再去酒吧喝一杯。」

他的個性鑲嵌神話的特質：縝密挑剔的心思和暴戾的脾氣，堆砌出他非凡的人生。他和湯瑪斯於一九四〇及一九四一年合寫《國王金絲雀之死》（The Death of the King's Canary）。這本內容滑稽幽默的書描寫新任桂冠詩人的抉擇；艾略特、奧登（Auden）、史班德（Spender）、西特威爾兄弟（the Sitwells）、薩松（Siegfried Sassoon），以及一群三〇年代的傑出文人的諷刺詩文盡收其中，標榜「嚴肅笑話」的訴求下，可以同時為個人賺得「財富和敵人」。他們共同在戴分波特位於格洛斯特郡（Gloucestershire）的豪華宅邸所舉辦的文人音樂饗宴裡集體創作——戴分波特不但是鋼琴好手，同時也是出色的語言學家，並善於模仿——，而如湯瑪斯所說的「夏天就在滔滔不絕地談論中過去了」。這本書直到一九七六年大英誹謗法律解禁，才得以在英國出版。原稿內容並不完整，或許是根本沒有寫完；一百四十五頁的內容裡穿插一百四十五個角色，想要在這種超現實情節當中解讀出所以然，實在很困難。這種諷刺文雖然並不成功，但眾多作家樂在其中的表現是毋庸置疑的，湯瑪斯就說「這是最佳特質與非特質。」

戴分波特曾是「觀察家」（The Observer）首屆一指的小說評論家——普契特在給他的信

上就提到，「你的見解和眼光是獨一無二，無人能及的。」——，同時他也是「目擊者」（The Spectator，此刊在他過世的訃告上稱頌他是「當代小說評論家之佼佼者，無人望及項背」）的評論常客。他的學識遠遠超過那些學院教授，而且對於讀過的東西大都能過目不忘。他與好友詹姆斯・史登（James Stern），這位愛爾蘭籍的短篇故事作家推薦他閱讀派崔克懷特（Patrick White）〔編者註：澳洲小說家，一九七三年獲頒諾貝爾文學獎〕的小說，從此以後懷特的小說成為他愛不釋手的作品之一）熱中挖掘寫作新秀，並替他們將作品傳閱出去。（為了陌生人的前程他們不知寫了多少報酬微薄的評論。）凱倫・布利森（Karen Blixen）〔編註：1885-1962，丹麥女作家，著有《遠離非洲》（Out of Africa）、《芭比的盛宴》（Babettes' Feast）〕發跡的前幾年，戴分波特就已經十分讚賞她的才華天賦。只要有了新發現，他總是能說服你立即沈浸在他發掘的作品當中。由於他曾在美國住過數年，因此對於美國文學具有相當程度的認同感，因此不斷地敦促他的英國讀者閱讀梅爾維爾（Melville）〔編註：1819-1891，小說家，詩人，著有《白鯨記》（Moby Dick）〕（特別是《巴特比》（Bartleby）這本書、福克納和康拉德・艾肯（Conrad Aiken）〔編註：1889-1973，美國詩人〕。不過對於海明威的作品他則是敬謝不敏：在給史登的信上他寫道，「我無法忍受那種感傷的氣氛，對我而言最糟的莫過於『無法無天』的美式多樣性。」他對海明威的評價是，「可憐的蠢老頭，連徒手勒死一頭犀牛都沒有辦法」。

挖掘初出茅廬者的天賦是他眾多成就當中的一項。這位劍橋大學的肄業生和麥爾肯・勞瑞（Malcolm Lowry）〔編註：英國作家，著有《在火山下》（Under the Volcano）〕相當親近的好友；一九三二年他建議勞瑞將《青》（Ultramarine）的原稿寄給倫敦著名的恰圖與溫杜斯出版社（Chatto and Windus）。一九三六年勞瑞在墨西哥監獄服刑時，在監禁的恐怖氣氛下絕望的他也只有寫信給戴分波特求助。（勞瑞信中提到他害怕自己「就要精神崩潰……這不是小男孩在喊狼來了，而是那頭狼在呼喊救命。」）戴分波特也是最早發現並賞識狄倫・湯瑪斯天賦之人。勞瑞和湯瑪斯皆是戴分波特一生的摯友，他亦數度伸手將這兩位摯友自經濟窘迫的泥沼中拖救出來。他曾經過著還算富裕的生活，但是後來變得兩袖清風，一無所有；在他飛黃騰達的時候，依舊不忘提攜資助那些新進作家和畫家。

不可諱言的，他給予作家的鼓勵產生了刺激的動力。從三〇至六〇年代間，他扮演著獨立於體制外的編輯與教師角色：適時予以讚美教誨，激發他寄望茁壯的新手展現最佳狀態。無論在卻爾西的某家酒館，或某家的客廳，聆聽他的談話讓許多作家茅塞頓開——特別是「新政治家」的眾作家們——獲得相當大的啟發。評論家康拉德・尼克巴克（Conrad Knickerbocker）猶記得「他輕柔又豐厚的聲音，在培植新人、劍橋、文學和文明的話題裡，產生極深的共鳴與迴盪，但又帶著一絲絲的威脅訊息」。長期暴露在他的用字遣辭下，耳朵也達到潛移默化的教育效果：他的字字珠璣不但能加強一個人對語言的敏銳度，同時又賦予其發展潛在價值的高度知覺。服下一帖戴分波特，對古典文學和當代散文的理解，將有如撥雲見日，甚至對川流不息的街道都會有新的體會。他的談話讓人聽了恨不得立刻回家提筆寫作。因此他所給予的是一種衝勁；他一反那些挫敗文藝家的作風，渴望其他人能達到自己常常力不從心的境界。

而我則算是戴分波特協助孵育的最後一代作家。他常常會出其不意帶著培根、凍四季豆和書籍到我那柏恩街的地下室住處，命令我：「吃點這個……讀點這個……寫寫那個」。這種文編課程迅速地成為我每周必做的功課之一：在我交稿之前，他會先行閱讀，仔細挑出那些需要再加以修飾的段落，但卻從不會建議我該使用哪些字彙或陳腔濫調；還把我介紹給最佳的編輯之一，後來我一直和這位編輯合作無間，又訓練我如何妥善對付那些漏洞百出的編輯。關於最後一點他會急切地詢問我，「要不要我去扁他？」我可是反對暴力的。不過戴分波特很快就找到藉口，讓那些卻爾西區只敢動口不敢動手的作家們心服口服的藉口——「他把福克納說得一無是處，我不得不揍扁他。」至於另一個我也認為相當難纏的編輯，他則高傲的宣布「那個人一定不能勃起」——好像陽痿是編輯能力差的原因。

某天我正要前往米高梅辦公室時，他瞥見我的外套上垂著一個鬆落的鈕扣，便忍不住大驚小怪地念起我來；「那樣看起來很糟。『現在』就把釦子縫起來怎麼樣？」沒有線。「天啊，『為什麼』美國人連條線都沒有呢？」他不禁喊著，趕著我到烏爾臥斯店（Woolworth's）去買縫線。這個插曲讓我不禁想起在美國的相關經驗：住在好萊塢時不知是家裡的門簾破了還是吊帶襪；夾克和袖子被扯爛的記憶，讓我回憶起在加州時某個晚上家中的騷動不安。買完線後，他又催著我到國王路上他最喜歡的「商業主義」酒館（The Commercial），我乖乖地縫著釦子，他則在一旁大談兩性特質的荒誕觀念——以「我會縫紉」作為題目——，並批評那些依舊守著傳統性別角色觀念的人士。

***

寫到關於友情的東西時，戴分波特總會展現出某種讓朋友深受吸引的特質：「一個人不需要違背自己的心意，去欣賞別人身上的叛逆。我一向以結識許多反叛人士而感到幸運；我指的是那些從傳統保守社會的沾沾自喜中反叛的人物，這些人忠於自然和創造力，肯定分享生命的價值，而不願分食傳統的碎屑，叼回自己的洞穴貪婪地大快朵頤，就像牢房裡的蝨子一樣。「友情是意外得來的？」不純然如此：「某個人就這樣撞了一個在這世上注定要他認識的人」。戴分波特在肯亞時來到凱倫・布利森過世愛人丹尼斯・芬奇-哈頓（Denys Finch-

Hatton）的墳上摘取野花，然後將之帶回哥本哈根送給她。「她對這種緣分欣然接受……彷彿他們的友誼模式是來自上帝巧妙的安排，也是某人生命紋理中的一層。不交朋友的人想要擁有快樂的生活——這可是不可能的冒險任務啊。」

幸福是戴分波特無緣擁有的東西；雖然他有引以為傲的子女，但是他的生活卻在悲慘中沸騰騷動。第一任妻子跟他離婚，第二個妻子自殺；這兩位都無疑地讓他痛苦萬分。因此他對女性的態度大致說來，是以施恩的角度自居，有時甚至令人啼笑皆非：我有個朋友就曾聽他呻吟著說，「喔，那些女人，像教堂一樣討厭——『為什麼』她們非要當作家不可呢？」不過一九五六年春年在羅馬邂逅瑪莉・麥卡錫（Mary McCarthy）〔編註：1912-1989，美國劇作家，劇評家，先後替「新共和」和「國家」寫稿，尤其反對越戰〕之前，他就相當欣賞她的小說。這點我可以作證，他向我借去的那本美國出版的《迷人生活》（A Charmed Life）正是瑪莉・麥卡錫所寫，但尚未在英國出版的作品。我並不喜歡她的小說某情節為了角色鋪陳而枯燥地長篇大論，大致是針對拉辛的《貝勒耐西》（Berenice）、《哈姆雷特》和其他古典小說發表囉唆冗長的看法，不過戴分波特卻堅稱只有這種大篇幅的論述，才能真正揭露一個博學者的心靈活動；這比她簡單說句「那天晚上他真的很傑出」就帶過去要叫人印象深刻。

麥卡錫和第三任丈夫還有婚姻關係時，就情不自禁和戴分波特一見鍾情，兩人攜手共創作家法蘭西斯・基南（Frances Kiernan）所說的「她偉大的歐洲浪漫愛情傳奇之一」。戴分波特在給詹姆斯・史登的信上說道，「是她讓羅馬變得美侖美奐。奇怪的是我們竟然能如此合的來。」至於她在寫給漢娜・鄂蘭（Hannah Arendt）〔編註：1906-1975，德裔美國人，著有《極權主義的起源》（The Origins of Totalitarianism），《女哲學家與她的情人》就是在說她與老師海德格五十年的糾葛〕的信上提到，「我們兩個都陷得很深。」鄂蘭以為這段感情會持續二十年。然而事與願違，這段轟轟烈烈的愛情只維持至一九五七年，他停止回信給麥卡錫為止——這是謎般難解的撤退行徑——，她得知他將這件事都告訴倫敦的朋友之後更是錯愕不已。撇開他的婚姻問題不談，她一度希望能與他共結連理。在悲傷痛苦無以宣洩的情況下，她寫信給鄂蘭，「說實話，我還是非常在乎他，像以前一樣。」想到他將彼此關係「公諸於世」，而使得兩人復合無望，她在這種苦惱的情緒下得了心絞痛，這都是因為「心碎」的緣故。麥卡錫於一九八九年辭世，她在過世前沒多久才向某位傳記作家透露，這段感情對她而言是多麼重要而滿足。

我該說他從未對我獻過殷勤；畢竟他也算得上我的家人。他曾在給一位老朋友的信上抒發，「活到五十歲發現自己五十歲的感覺和十六歲時無異，這實在驚人。」有人認為他是不老的長青樹，永遠都活力充沛，而這個特質也是賦予他時時學習，懂的東西連那些年紀只有他的一半或更年輕的人都自歎弗如。雖然我不曾向他吐露心事，他卻似乎猜得到我的心思；

有一次他告訴我別擔心生活的問題，除了錢之外我已經擁有所需了。接著他那有點超然於世的嗓音補充道，「去煩惱外頭世界上的任何事，就是別只想著你自己，這一點用也沒有。」我把他的話牢牢地寫了下來。他也說一個人真正必須做的事其實不多：假如破產了，那就去掙錢；假如親友病了，就張羅照料他們。拿起矛劍將年輕的焦慮殺個片甲不留，他認為無須浪費視線在那些不喜歡的人身上，無須贈送負擔不起的禮物，亦無須在不想要的愛撫下委曲求全。他要灌輸我的是「其實我比自己想像的還要自由」，這是二十三歲的我，唯一需要聽的建言。

戴分波特常常想起我父母在比佛利山莊家，那個裂縫處處、幾乎空無一物的游泳池；那裡頭頂多積了一英吋的雨水和一堆齊聲高唱的青蛙。「吵死了，」他說，「一個空空如也的池子裝滿了噪音。當然我並不是刻意意有所指。」（他當時想的是好萊塢的景況。）他非常清楚我家的收入全都耗在母親身心方面的疾病上。某天我和他一起用過午餐後，發現皮包裡莫名其妙地多了三鎊。一頭霧水的我懷疑自己是不是算錯錢了。那天晚上我聽說一個我們兩個都認識的朋友大發雷霆，因為早上去拜訪戴分波特回去後發現她的皮包裡有三鎊不翼而飛。幾年來我都沒有勇氣向她坦承我那小小紅利的來龍去脈。

二十世紀的卻爾西因戴分波特和多菲而聞名遐邇；全身都是棕色捲毛的多菲走在主人戴

分波特的前方，一狗一人間沿著國王路走著——因為愛犬的拖力，拉著狗鍊的主人不得不往後傾斜。每當戴分波特在卻爾西某家酒館落腳，身邊圍繞著一群朋友時，多菲通常會選擇那個主導談話的人物腳邊趴下（這個人通常也是牠的主人）。一旦發言人失勢，這隻聰明的捲毛狗便會起身從容走到那位贏得群體焦點的人身邊。那些被托菲拋棄的人總是一臉自信心受傷的模樣。

戴分波特和西瑞爾·寇諾尼一樣——體積龐大、才華洋溢、思維出眾、擁有迷人的特質、對年輕作家深具影響力、肌肉鬆垮和債台高築——，不過寇諾尼某小說的部分摘錄出現在「接觸」（Encounter）後，他便毫不留情地在「新政治家」大肆批評批評寇諾尼。戴分波特或許是藉由這個舉動鞭斥自身的瑕疵，因為他不得不承認寇諾尼的文學力道的確比他強勁許多。他總是嘲笑寇諾尼結合快樂主義和唯美主義的特有文風，「他一定想當沒有梅毒纏身的波德萊爾（Baudelaire，法國詩人及散文家）。」

寇諾尼那尚未完成的小說名為「桂冠之影」（Shade Those Laurels）；而戴分波特的評論題名則是「枸杞之皮」（Peel Those Medlars）。拉拔不少寫作新秀的戴分波特指責寇諾尼是天才的剋星，他所寫的評論足以讓其餘作家畏懼寫出他並不欣賞的東西：「寇諾尼先生實在是個大恩人。因他而停擺的文作多不勝數，活著的人無法抵抗。除了拜倫以外，他寫的書實在太多；還有王爾德（Oscar Wilde），他的創作數量非一般人所能想像，而能夠被如此廣泛討論的文學人物就非他莫屬，無人能出其右。他喚起的可是恐懼？羨慕？還是敬畏？……珠璣妙語，這是一種訴諸美感、恰到好處的語言組合，如果當中缺了點刺痛感就會顯得過於軟弱無力；同時也是一種凌亂與整潔折衷的心智，又是好整以暇等待死亡的一天……。」末了戴分波特指控寇諾尼統治著一個「本末倒置的非世界」。

戴分波特雖然沈浸在發表評論的興奮餘熱中，但聽聞我尚未讀過寇諾尼的《承諾之敵人》（Enemies of Promise）和《不安的墳墓》（The Unquiet Grave）時，還是相當驚訝。幾個小時後，兩本破舊的書就被丟入我的信箱中。戴分波特品嘗寇諾尼最佳散文之餘，強調這個作品值得徹底尊敬——以他對寇諾尼其他作品的低劣評價做為比較。詹姆斯史登稱戴分波特是「現世唯一能公平無私鑑定『真才』的靈魂，只須一個眼神便能從泛泛大眾之中精準辨識何種人屬於何種資質！」。

複雜標準下的罪趨於無形，埋伏其中而招致痲痹癱瘓的危險亦是難以預料的。寇諾尼對於諾言敵人的解析反應出他與戴分波特和戴思蒙・麥卡錫（Desmond MacCarthy）之間的重重問題。麥卡錫在一九二〇年至一九二七年間擔任「新政治家」的文學主編，這位吳爾芙認定是「我們之中最具天份的人」被賦予亨利・詹姆斯的繼承者。不過吳爾芙也寫道，「他『偉大經典的作品』（可能是現在所稱的哲學或傳記，那年春天在幾次長時間的漫步過後開始提筆的）還在成形之中……就在下午茶和晚餐之間的空檔，諸事顯得潛力無窮。」劇作家兼小說家艾尼德・貝格諾（Enid Bagnold）遺憾地指稱麥卡錫「過於橫衝直撞，卻什麼也沒留下」。他深入解釋道，「並非戴思蒙不能創新發展，而是他不能妥善將錯用的能力專注在創作上。」寇諾尼是這麼寫的，「無論上帝要摧毀什麼人，那個雀屏中選之人首先會做的事就是『承諾』」。他將承諾和罪惡感配成對：這是無法符合別人殷殷期盼而產生之情緒。再者他亦認為不能滿足個人天賦是一種「罪」，或許這種罪正是反映寇諾尼和戴分波特兩人出身牛津與劍橋的文學階段的精神。「作家僅有的職責」為生產經典著作，而非「其他因果關係」所衍生的任務。鮮少人注重訓練或初步的嘗試和試煉：承諾者似乎在編織文字的開始就只想著要立刻創造一鳴驚人的作品。然而鑑定一個偉大創作的方式卻相當簡單：「它能不能把賀瑞斯（Horace）、斯威夫特（Jonathan Swift）〔編註：1667-1745，著有《格列佛遊記》〕或利奧帕底（Leopardi）逗得發笑呢？福樓拜會不會想讀它呢？」除此之外，承諾者也跳脫不了「文學之永恆生命力」的桎梏：藝術家必須「寫出能恆久流傳的書」。無法達到目標便向下修正為「至少一個世代」，然後是「半個世代」，最後只要「流傳十年」便心滿意足。

最後寇諾尼悲哀地想像一本書或許只能「活得比一隻狗或一輛車長命，或勉強超越房子的租約和一瓶香檳的壽命。」年屆耳順之年的他不禁自問，「難道五十多年來的自我思辯卻無法肯定什麼，我的一隻腳已經踏入棺材，難道除了割草、獵雉雞和砍棵樹之外，這個世界沒有什麼可以回報給我嗎？」今日當我們惋惜那些未能好好利用天份大展身手的人，卻沒有人質疑作家本身的問題；就如寇諾尼所提到的，「大家寧願做最糟的小說家，也不願當最優秀的評論家！」這種論調在紐約藝文界掀起詭異的反應，因為當時大多數傑出的評論家本身比優異的小說家更具才華。然而寇諾尼就是缺乏某種衝動，而這種衝勁正是普契特對寫作的描述：「欣喜莫名的苦幹勞役，讓人不禁狂熱盲目。」

有些人懷疑為何寇諾尼、戴分波特和麥卡錫並沒有如一般人所預期創作出經典的小說和詩作。除此之外，這三位在寇諾尼定義為「自我消耗之儀式」的談話藝術上皆有非凡卓越的表現。寇諾尼斷言「擅於說話的人……是悲慘的；他們明白這是在拿取擁有自我生命的原料，利用噪音傳播於空氣中的自我背叛行為。」若是處在這個視訊發達的年代，他們的文字可以轉化成電視節目呈現在大眾面前；他們說的話透過電視傳播所得到的重視程度，可能遠遠勝過他們的文字。

＊＊＊

雖然不能明確指出何種原因扼殺天賦的壯大，但可以確定的必是寫作方面的挫折促使戴分波特這幾年來不但沮喪地摔壞不少傢具，還失去些許鑑賞的敏銳度。小說家繆麗兒・史巴克（Muriel Spark）在作品《單身漢》（The Bachelors）中就以他作為角色的藍本。在她的書中他被塑造成體型龐大的文藝評論家，隨便挪動身體就會不小心撞破易碎的瓷器，動輒公然批評他人是「庸才」或是「平凡不過的生物」——這些都是戴分波特對平庸之人的一貫評語。這位小說評論家為自己的繪畫天份不能盡情發揮而深感遺憾，於是失望挫折的情緒進而轉變成肆意昌覺得暴戾脾氣。

我聽過沮喪的戴分波特在過世前沒多久到鄉下拜訪朋友，朋友們積極地要振奮他的精神的事情。當時他就睡在一個放置許多名貴古董時鐘的房間（或是隔壁），那些鐘都是相當寶貴的收藏。怎知早晨醒過來，他發現大部分的時鐘都被砸爛了：碎玻璃和精密的金屬零件散落四處。聽說他對自己瘋狂破壞的行為毫無記憶：他完全不記得自己絕望的衝動。他和其他人在餐桌上碰面用早餐時，神色莊嚴地告訴大家這瘋狂行徑是「搗蛋鬼」做出來的；他又強調這個郡的許多古老宅邸常會有這種災難發生。朋友們看著一地精心收藏的的時鐘現在只剩殘骸躺在地上，只能開口緩緩重覆他的話「是啊……是搗蛋鬼做的……當然嘍……只有這樣解釋才合理。」他們心痛如絞卻還是巧妙回應戴分波特，這顯示大多數朋友對他的忠貞感情——

因為幾十年來，他的朋友們都是在他親切和藹的支持與鼓勵下成長茁壯的。

我在英國住了五年之後回到家鄉紐約，直到一九六五年我再訪倫敦時才又見到戴分波特。當時我們都在劇院欣賞鮑爾溫（James Baldwin）的劇作《查理先生的布魯斯》（Blues for Mr. Charlie），我趁著中場休息時間跑去找他。我見到他後立刻感謝他對我的文筆所做的訓練，笑顏逐開的他說，「喔，胡說八道。別說了！」我抱抱他，他大叫「還要！」我又試著表達我的感激之意。「別說了！還要！」當時他就住在布來頓（Brighton）附近，因此我提議或許會和他另一個朋友一起開車到南部去找他野餐。可是他覺得這個主意糟透了：「難道我們不能就地在哈洛德百貨公司的野餐用品區解決嗎？」最後他還是決定，「好吧，我們可以一起去麥爾肯・勞瑞的墳上吃水煮蛋——他一定會喜歡的」，這樣一來我可不敢再逼他了。不過我們還是決定送他一幅我們自己做的刺繡；上面繡著繆麗兒・史巴克的祖母說過的話：「心煩意亂沒好處。」但是他還是將自己隱藏在最後的病痛之中，我們的作品也來不及完成。他過世後，向他致敬的人絡繹不絕，而他一生對文學的奉獻屢受稱頌，我不禁希望有「戴分波特獎」的存在，可以鼓勵那些致力於挖掘並培養新進作家的稀有伯樂——因為他們為了人才花費太多精神，或許還得犧牲自尊。

***

在哈佛大學主修英國文學的我，主要將重點放在過去的文學，所以自然而然認定當代的英國文學必定像布隆貝里文化區一樣蓬勃發展。這實在是大錯特錯。在實際接觸過「新政治家」、「觀察家」和英國廣播公司之後，我才發現布隆貝里在現代英國的名聲早已直落千里。吳爾芙在藝文界的風評特別差，像金斯利・艾米斯這位反對派系鬥爭和實驗性文章，唾棄菁英主義和那些刻意與中上階層隔離的唯美主義者，就不屑與之為伍。布隆貝里高高在上地抨擊階級體系，而它的成員除了自身的文化素養之外，對外界世界的一切毫無敏感度可言。艾米斯的批評聲浪過後，誰會敬畏李頓・斯特雷奇（Lytton Strachey）〔編註：1880-1932，英國文學評論家、傳記作家。著有《維多利亞女王時代四名人傳》（Eminent Victorians）。〕或克里夫・貝爾（Clive Bell）〔編註：1881-1960，英國美學家。〕的聲明呢？有人說外界對布隆貝里的敵意是李維斯（F. R. Leavis）〔編註：英國文學批評家，著有《偉大的傳統》（The Great Tradition）〕起頭的，這位極具權威的劍橋文學批評家同時也是「追究」（Scrunity）的編輯，對好幾代的子弟投注相當驚人的影響力，特別是那些公立學校的學生；有些學子成為倫敦五〇和六〇年代的主要編輯者。

在倫敦無論是知己或宿敵，評論對方的作品是一種潮流——攻擊的砲火通常特別強勁—

一，我發現周刊和周日報有如罹患幽閉恐懼症充滿不安與攻訐，十分類似戴分波特的牢房蝨子論。而侮辱詆毀在批評性短論似乎是不可或缺的元素。新聞界精於尚武藝術：英國文學就像空手道殘酷，惡毒如德國於第一次世界大戰使用的毒氣。不過我喜歡為「新政治家」寫書評——當時我借機閱讀最新的美國小說、惠特曼（Walt Whitman）〔編註：1819-1892，美國浪漫主義代表的文學作家。〕的傳記和普魯斯特寫給母親的信件——，同時對於自己能夠登上「新政治家」的版面而感到光榮。「新政治家」在一九一三年由韋伯夫婦（Sidney and Beatrice Webb）〔編註：一八八三至八四年冬間，倫敦的一群知識份子，抱著以最高道德的可能，重建社會的雄心，慕羅馬大將費邊（Fabius Cunctator）主張謀定後動，以費邊為名組織社團。韋伯夫人（Beatrice）則是此一運動的主腦。〕、蕭伯納（Bernard Shaw）〔編註：1856-1950，英國劇作家。一九二五年時獲得諾貝爾文學獎，作品有《尼貝龍根的指環》、《賣花女》。〕和一些費邊社社員等人創刊，到了一九三一年與「國家」（The Nation）合併，由凱因斯加以統籌。沒多久這份雜誌便以「新眩暈之找碴發聲器」或「聚會雜誌」著稱（「眩暈」附屬於三〇年代的外交政策，特別是用在和蘇聯的外交關係上）。其固定合作作家包括阿諾・貝尼特（Arnold Bennett）〔編註：1867-1931，英國作家，著有《老婦人的故事》（The Old Wives' Tale）〕、貝羅克（Hilaire Belloc）〔編註：1870-1953，美國詩人。〕、赫胥黎（Julian Huxley）〔編註：1887-1975，英國生物學家。〕、連納德・屋爾夫、歐威爾、克勞德・卡克班（Claud Cockburn）、西瑞爾・寇諾尼和班傑明（John Betjeman）〔編註：1906-1984，英國桂冠詩人。〕等人。

「新政治家」的史學顧問愛德華・海安斯（Edward Hyams）將這份周刊視為英國「異議發聲」的重要先鋒，也是質疑和不妥協的燈塔。無論是三〇年代的反法西斯主義，或造成英國結束印度和其他殖民地統治權的反帝國主義，以及社會福利政策的的形成，這份影響大眾輿論深遠的雜誌扮演著相當吃重的角色。部分人士特別讚許它在瓦解帝國並建立新體制上推波助瀾的貢獻。幾十年來，主編們莫不希望強化社會主義的發展，而「新政治家」的政治立場屬於工黨的左派，社會主義經常成為其譴責的對象。（根本沒有所謂的政黨忠誠；這是工黨領袖時常抱怨的問題。）一九五七年普李斯特利（J. B. Priestley）〔編註：1894-1984，英國小說家、戲劇家、文學批評家。〕在「新政治家」執筆的文章措辭極具說服力，立即帶動並掀起解除核子武裝的運動。羅素（Bertrand Russell）〔編註：1872-1970，英國數學家、邏輯學家。〕的一篇「給艾森豪與赫魯雪夫的公開信」中，論及遏止全球戰爭的必要性，並標榜他們兩位是「最具影響力的人士」；而蘇聯領導人及美國國務卿杜勒斯（John Foster Dulles）於一九五八年在該雜誌上你來我往互相抨擊好一段時間。

「新政治家」是英國知識份子四十年來重要而基本的生活糧食，而其最大的成就便是文學；一本書背後包含多樣豐富的聲音和個人風格。（它不但擁有龐大的美國讀者群，早期更是「紐約書評」（The New York Reviews of Books）仿效的典範。）我開始為這份雜誌寫作時，當時的鎮社之寶是普契特；他對寫作的熱愛令人嘆為觀止，對其他作家像紫式部（Lady Murasaki）〔編註：全世界第一位小說家，著有《源式物語》，是日本平安時代（794-1192）中期的不朽名作。〕、斯威夫特、契訶夫（Chekhov）、巴爾札克（Balzac）、卡夫卡（Kafka）和葉慈（Yeats）等人獨到的賞識亦是無人能及。

「新政治家」對文學的奉獻是慷慨激昂又熱情奔放的——這種文學熱愛是在今日的報刊雜誌十分罕見。對當時熱切的倫敦讀者來說，這些出刊的文字是神聖而值得崇敬的。再者，當紅一時的崇法熱潮（謔稱為「法國流行感冒」）逐漸冷卻後，美國作家的作品取而代之成為新興寵兒。而五〇年代中晚期的英國文學也朝多元化發展：新進作家如高定（William Golding）的《蒼蠅王》（Lord of the Flies）、艾莉思・穆多赫（Iris Murdoch）〔編註：1919-1999，是當代英語世界最重要的文學家與批評家之一，以多本小說知名傳世。〕的《網》（Under the Net）、安格斯・威爾森的《盎格魯薩克遜之見》（Anglo—Saxon Attitudes）、希比爾・貝德福（Sybille Bedford）〔編註：1911-，英國作家〕的《遺教》（Legacy）、桃樂斯・萊辛（Doris Lessing）〔編註：1919-，英國小說家，著有《金色筆記》（The Golden Notebook）〕的《激盪的一代》（Children of Violence）系列的第一冊、繆麗兒・史巴克的《莫利遺物》（Memeto Mori）、泰德・修斯（Ted Hughes）〔編註：1930-1999，英國桂冠詩人，與施維亞・普拉斯結縭不到七年，婚姻便告破裂，他為了向兒女解釋施維亞的死，寫了童話《鐵巨人》（The Iron Man），於一九九九年被改拍為動畫。〕、施維亞・普拉斯（Sylvia Plath）〔編註：1932-1963，美國著名的女詩人，詩風以艱澀聞名，一九六七年她將頭放在煤氣爐自殺身亡，《瓶中美人》（The Bell Jar）是她唯一的小說著作。〕、史蒂維・史密斯（Stevie Smith）〔編註：1902-1971，英國女詩人。〕、湯姆・甘恩（Thom Gunn）〔編註：美國詩人，1929-，已出版超過三十冊詩集。〕等人的詩作都是風格迥異的上上之作；其中部分作家的確得到應有的成功。至於勞倫斯・德瑞爾（Lawrence Durrell）〔編註：1912-1990，英國小說家，詩人，劇作家。〕的《亞亞歷山大四部曲》（Alexandra Quartet）和科林・威爾森（Colin Wilson）〔編註：1931-，英國作家。〕的《局外人》（Outsider）雖然是當紅的暢銷書，但前者濃重的異國風格以及後者狂熱的宗教信條並不符合「新政治家」大多數讀者的口味。

被普契特喻為「左派思想波瀾起伏的先知」的金斯利・馬丁，是當代最有智慧的主編；這份雜誌由他主持了將近三十年。他的「執政期」逐漸進入尾聲，因此我與他也只有數面之緣；其中一次是在「新政治家」和「國家」的二十五周年紀念日，我們在雷恩公園（Park Lane）倫敦德理屋（Londonderry House）的宴會上碰面的。猶記當時我們進入會場時還有司儀朗聲宣讀我們的名字；當香檳的軟木塞一個個被打開，大家舉杯互賀時，我聽到安格斯威爾森正大談性持久力的話題，設法和約翰・雷蒙（John Raymond）客套寒暄幾句，當時還是文學助理編輯的雷蒙還沒開始討厭香檳。

「新政治家」位於大十字門（Great Turnstile）的辦公地點寒酸破舊，處處可見沸騰的水汽從茶、咖啡或湯盤裡冒出來；這樣的環境實在無法顯現專業氣息，但這裡卻是我合作過最具能力效率的工作組織。這個辦公室的周遭建築物早在閃電戰時悉數被毀，目前新的建築尚未起建，所以我必須走過一條被瓦礫堆圍住的小橋，才得以抵達他們的辦公室交稿。約翰·雷蒙是個值得尊重的編輯，但也可以說是個相當難以應付的人。心情好時，收到作者稿件的雷蒙會相當熱心地、不厭其煩地打著一通又一通的電話，向作者提出詳細而精準的問題；他會指出文章中重覆出現的部分，或指明我的第四段篇幅的最後一句話和第二段的第三句話互相矛盾：「懂了嗎？既然是『你』的問題，『你』得解決。」十五分鐘後回覆我，記住『別多用一個不必要的字』。」我跟他學了不少編輯實務，對自己的寫作也相當有幫助。雷蒙自己本身也寫過相當出色的人物評論，而每周一至周四他心力全奉獻給這份雜誌。至於周五到周日他都喝得個酩酊大醉。三十一歲就禿頭的他身材發福、面色紅潤，而且老是滿頭大汗，尤其在女人面前沒有自信，這也是造成他好批評攻擊的原因。無禮的批評和威脅時常從他的嘴裡衝出來，常被人排斥抵制，他的脾氣又因此變本加厲。不過或許他頗感為欣慰也說不定：他曾企圖要實行投稿人「封建制」，不過並沒有堅持到底。所以很快地老煙槍基坦（Gitanes）到處彈著煙灰；他的同事們都說他的辦公室聞起來像除草劑一樣。

雷蒙身為天主教徒，加上帶點保守黨舊式色彩——除了對「狂熱膜拜皇室、以宮廷為精神支柱」的信念無法苟同外——，最後終於因為沒日沒夜的酗酒，清醒的日子寥寥可數，而被「新政治家」掃地出門。他在六〇年代中期離開，當時我已經成為這家雜誌的駐紐約記者。「新政治家」在編輯及文體自由上給予我的鼓勵支持，是美國雜誌不曾做過的，因此我和「新政治家」的關係是所有合作過的刊物當中最為愉快的。猶記得雜誌社請了一位親切可愛的夜間管理員；每年我到倫敦造訪，若是工作時間超過晚上九點，他會給我帶上幾杯濃茶，然後兩人再聊聊雜誌社同事間的八卦新聞。

＊＊＊

五〇年後半期，金斯利・艾米斯、約翰・維恩、菲利普・拉金、約翰・奧斯朋、艾倫・西利特（Alan Sillitoe）、約翰・布雷恩（John Braine）〔編著：1922-1986，英國小說家。〕以及其他當代人士，對被封以「血氣方剛之青年」的名號相當不悅。這個名稱始於「回首怒氣」（Look Back in Anger）在皇家劇場首映前的宣傳文宣。這些作家的作風獨鬥獨派，不願意被混為一談。不過他們的確在反對權威以及憎惡上流階級的排他性上，有相同的看法。他們不是在中下層階級的家庭中成長（艾米斯、維恩和奧斯朋），就是出身鄉下的工人階級（西利特、大衛・史托利（David Storey）、阿諾・威斯可（Arnold Wesker）），而且都在大學預科學校受教，其中有些後來拿到政府獎學金進入大學就讀。除此之外，有些則來自英國的北部。可是他們並非社會批評家那一類的人物：他們對這種角色也毫無興趣。除此之外，習慣日常語言的他們對文學浪漫主義和那些標榜崇尚「藝術」的人頗感不耐。他們相信詩作應當平易近人，不該以任何方式予以神秘化；他們對「詩體」散文尤其不屑一顧。他們的筆鋒挾帶諷刺的砲火，猛烈抨擊統治階層和私立寄宿學校傳統；剛開始時，他們還算具有民主精神。艾米斯和拉金的散文兼具流暢善辯和本土意識強烈的風格，在兩人魚雁往返的信件上，這種風格更是發揮到極致，從艾米斯列出所有足以激怒他的東西就可以證明：「你是知道的，藝術小說、歐洲思想、中產階級意識、電視、碩士課程和風平浪靜這一類的。」

「目擊者」的文學主編史考特（J. D. Scott）曾在文章中，提及新進作家「反贗品、反酒精；多疑、粗魯……早就定心在邪惡又商業化的世界盡情享受、安身立命」。他們對美國文化的愛好並未能延伸：克拉克的「神聖」就倒盡他們的胃口。其中大多數不喜國外旅遊，而這卻是布隆貝里熱愛的活動；他們認為身處異國不但會截斷作家和本土的關係，以及脫離自身的肉體。（拉金說過，「如果能夠當天來回的話，我不介意去中國看看。」）他們凶猛的注意瞄準英國這塊土地，和他們所抨擊與嘲諷的民族觀點。而其善辯的特質變成刺激的燃料：暗諷和謾罵似乎可以供給他們更多能量，又能增強他們的信念。語言同時具有歡樂宴和武器的功能，其本身幾乎可以算是一個終極目標。

「新政治家」六〇年代的文學編輯卡爾．米勒（Karl Miller）曾論及艾米斯與拉金為何被視為「玷污文學的流氓」；他們的文作一向和「高雅品味」保持對等的距離。暴發戶和亡命之徒這類不同於英雄形象的角色，腦子裡只想著啤酒和性愛，對於知識份子和君主主義則是嗤之以鼻。甚至連艾米斯的出版商維多．高蘭斯都認為他所寫的《幸運吉姆》（Lucky Jim）相當「粗鄙下流」。李維斯就說過艾米斯是個色情文學作家。然而厭惡這類作家的評論家，似乎並不理解他們的作品的意義就是消遣娛樂和逗人發笑。艾米斯就稱自己的小說是「半喜劇」。奧斯朋則寄望「回首怒氣」能激起「無法遏止的笑聲」：主角吉米．波特爆炸威力十足的「『激昂演說』應該以詠歎調的方式呈現。」；叛變者則「對著陰暗的世界唱獨腳戲」。由於我就住在皇家戲院的轉角附近，所以常常光顧這個對我來說有如街坊電影院的地方。我去欣賞「回首怒氣」第二場的演出，四天後的周日評論給予一致的好評。（當時的票價很便宜，連我這種經濟拮据的人也負擔的起。）先前時代雜誌的劇評刻板而不屑，所以沒想到此劇的機智妙語和活潑生氣真叫我驚訝，快樂歡欣的謾罵盡情地從演員的唇口湧瀉而出，說實在的，看得我相當興奮激動。

當時劇院在我和許多倫敦人的生活中，占有舉足輕重的地位，而劇場的文藝復興運動便在世人見證下展開。今天的觀眾早已習慣電影的節拍，因此可能難以想像現場演出的魅力。興趣強烈的觀眾成群結隊進入劇場欣賞，花上許多時間討論劇情，也會為了劇情詮釋和表演方式而爭論不休：這個城市有如一場不眠不休的戲劇嘉年華饗宴。一流的演出——像《提多・安得羅尼斯》（Titus Andronicus）的勞倫斯・奧力佛（Laurence Olivier）、季洛杜（Giraudoux）《門前虎》（Tiger at the Gates）的麥可・雷葛維（Michael Redgrave）、費多（Feydeau）的歡笑喜劇《帕拉迪索飯店》（Hotel Paradiso）中的艾力克・吉尼斯（Alec Guinness）和伊連沃斯（Irene Worth）等傑出演員——絕對是理所當然的事，而新穎又十足英國味的劇場文化也等著大眾隨時來享用。

幾年後，倫敦的評論家歐文・瓦德（Irving Wardle）觀察發現，奧斯朋「的確不負莎士比亞的箴言，『說出心裡的感覺，而非說應該說的話』。」他的首部劇作結合滑稽的憎恨、黃色笑話和些許的愛。一如奧斯朋所說的「極度坦率」，似乎可以把「回首怒氣」的場景給燃燒殆盡。吉米・波特譴責他那嗓音高亢的岳母「像孟買妓院的夜晚般粗野，又像水手的手臂一樣硬的咬不動」（當中連「屁股」這個字眼都在審查員的面前讀了出來），還說她死了最好：

「我的天啊！那些蛆在吃她的時候，得先準備上好的鹽巴配著吃才好！……她總有一天會死的，朋友們，吃了她的蛆還得排隊等著通便。」他希望妻子痛苦，他拉開嗓門大聲疾呼：「我要佇立在妳的淚海裡，快樂地潑著妳的淚滴，高聲歡唱。妳卑躬屈膝的模樣我絕不錯過……我要好好地欣賞那副景象，我要挑首席位子盡情享受。我要看到妳滿臉泥濘狼狽。」他批評戰後心性那尖酸刻薄的模樣，更是增加不少戲劇張力：「早就沒有善良勇敢的動機留下。如果大爆炸降臨，我們全都向死神報到，就算是老派華麗的東西也都不能倖免。就像漫無目的在巴士前步行一樣。」末了他陷入沈思：「難道相信活躍的心智精神會尋找與之契合的強大力量是大錯特錯嗎……並非只有懦弱的人才會號啕大哭，不是嗎？」英國人因戰爭而秉持的禁慾主義和緊閉雙唇，當場就獲得釋放了。

廣告文宣稱此劇作為「英文版的『反叛』(Rebel Without a Cause)」，而傳統老派的評論總是挑剔波特中下階級的出身，彷彿這是他怒氣的來源。不過我卻覺得自己好像早就認識他：他像極了我某個從康乃迪克州來的同學，是個家境富裕又有特權的暴躁小子。奧斯朋曾提及吉米・波特這個角色最初被視為「不太真實的怪胎」，後來卻被認定是「真有其人的原型」。我認為這個人物在任何環境、收入階層、時代和國家都可以找得到。儘管如此，同期的作家還是熱切地宣稱，奧斯朋是他們這一代的代言人。

波特譏笑狂叫了一個星期又一個星期，使得這個劇作在倫敦劇場掀起一波波興奮刺激的浪潮，為英國舞台注入新的實驗精神。人們常說奧斯朋徹底改革了英國的劇院。「回首怒氣」同時亦刺激劇場經理製作新型劇作，這是以前不曾有過的事。附庸風雅的沙龍劇作當下就遭到淘汰；戲劇的熱情張力徹底取代它們。那些倡導者多半貧窮卻饒富機智。奧斯朋的作品「充滿個人熱情」（如同他寫的田納西・威廉斯），其用意是授與劇迷「感覺課程」。吉米波特的後代子孫或許是那些熱愛猜火車的血氣方剛的蘇格蘭人；在貧窮和海洛因裡浮浮沈沈，誇耀他們的「赤子之心」——行為舉止表現得像十幾歲青少年的男人——盡現於奧斯朋開創的滑稽喜劇中。一九九〇年代的青年雖然受的並非一九五〇年代社會福利制度下的教育，但他們展現的機智風趣，似乎和他們的先人一樣銳利。

肯尼斯・泰南極為讚賞「回首怒氣」「下層階級世故老練、表達清晰」的語言，並稱其為「一針見血」。兩年後泰南觀察發現，這部劇作產生的「迴響不曾停歇」，拜自由教育與國家獎學金所賜，由此培養出來的新興知識份子成功挑戰刻板的私立寄宿學校文化，掌握足以與之抗衡的新力量。就連中上階層的觀眾以及牛津劍橋的校友，對於那些攻擊菁英份子所受的傳統價值觀的劇作，也都抱以滿堂喝采。

奧斯朋的青年劇迷大多來自於那些抗議入侵蘇伊士運河，以及特拉法加廣場反核子武器示威和奧德麥斯頓大遊行的群眾。遊行民眾的年齡層逐年降低，而且其中的許多人本身並非對政治感興趣；他們猛吸空氣中瀰漫的憤怒氣息，再將之拋向抵制保守黨政府的行動中。當他們將手中的選票投給工黨，表現他們向當權政府宣戰的強烈信念，並非藉此和某個策略或政黨結盟。倘若他們仔細傾聽的話，會發現奧斯朋的角色抱怨指責的是社會福利政策和下等的中產階級，而非上層階級。七〇年代，奧斯朋、艾米斯、拉金和布雷恩等人，是以極右翼份子的姿態現身；此時他們並非破壞以及革新主義份子的事實，已經獲得確認。然而經由他們所創造的氣氛，好幾部重要關鍵的英國電影因此產生，開始探索工人階級的情緒感受，而「巔峰之所」（Room at the Top）便是首部曲：這部電影的成功成為打開市場的鑰匙，相繼為後來的「星期六晚上&星期日早晨」（Saturday Night and Sunday Morning）、「比利・萊爾」（Billy Liar）、「長跑者的寂寞」（The Loneliness of the Long Distance Runner）和「冒險生活」（This Sporting Life）帶來龐大的觀眾。）

當然，還有許多不同的潮流沖刷倫敦劇場。布蘭登・貝安（Brendan Delaney）咆哮騷動的「人質」（Hostage）和十七歲劇作家謝拉・迪蘭尼（Shelagh Delaney）的「品嘗蜂蜜」（Taste of Honey）同樣引起劇界的沸騰，這都要感謝喬安・李特伍德在倫敦東區設立的劇場工作室；不少唱作俱佳的即興演說，如雨後春筍在此誕生，而激情份子的政見更完全取代皇家劇院的自由主義左派懷疑態度。李特伍德的抱負在摧毀中產階級劇場。（只是她那些熱情的觀眾大多還是來自中產階級。）而對於組織性宗教的廣泛鄙棄，則促成山繆・貝克特（Samuel Beckett）「等待果陀」（Waiting for Godot）英語版的誕生，使之成為重要的文化里程碑。（我還記得當時首演中場休息時，觀眾那高昂沸騰的情緒，但大家卻萬萬沒有想到這部劇作會永無休止地一演再演，成為劇場的長青樹。）顯然「等待果陀」也打動那些心靈飢渴不已的苦惱之人。儘管一般人對形而上學普遍反感，但是貝克特晃動的失職者和壓抑者，以及跳脫無聲喜劇模式的風格，著實迷住那些對艾略特劇作和格雷安・葛林「陶器小屋」裡的宗教情懷反應冷淡的觀眾。在「陶器小屋」中，牧師和上帝協議交出自己的信仰，以換取侄兒起死回生的機會。評論界對此劇作施以噓聲，使得葛林崇高的小說家地位差點不保。

在此同時，「荒謬劇場」（the Theatre of the Absurd）的開山鼻祖——尤內斯柯（Ionesco）〔編註：1909-1994，羅馬尼亞劇作家，以法文寫作，寫有《禿頭女高音》（The Bald Soprano）、《犀牛城市》（Rhinoceros）等劇〕、尚・惹內（Genet）〔編註：1910-1986，法國劇作家，寫有《竊賊日記》（Rhinoceros））、《繁花聖母》（Notre-dame des fleurs）、《女僕》（The Maids）等劇作。〕和貝克特——在喜劇界也相當受到歡迎。哈洛・平特（Harold Pinter）〔編註：1930-，英國劇作家，寫有劇作《生日舞會》（The Birthday Party）、《今之昔》（Old Times）。〕的首部劇作並沒有受到賞識，而泰南認為他的「生日舞會」充其量僅算巧妙靈活的劇作片段，再挾帶象徵性濃厚的內容撐起場面——，不過沒多久後平特受到觀眾重視的程度已經可以和貝克特並駕齊驅。）生命荒唐可笑特別在於其容易失去的特性，這種概念和原子時代的英國是十分契合的。泰南預測「冷嘲熱諷、四兩撥千金的幽默，以及其他詼諧精神的變種形態」都將在英國劇場蓬勃發展起來；相反的，「傳統上尊崇統治階級，並熱愛灑狗血式收場的悲劇，對被核戰高殺傷率所威脅困擾的這難以駕馭的一代來說，卻沒有發揮的空間。」在愚蠢的核子武器競賽過程中，泰南主張，最認真的作家一定最有幽默感，因此他譴責部分荒謬主義人士，老是彈奏「特許的絕望悲調」。

一九五六年貝托布萊西特（Bertolt Brecht）的柏林四重奏造訪倫敦；欣賞「高加索灰欄記」（The Caucasian Chalk Circle）時，我可以瞭解為什麼這部劇作排演了六個月，「揣摩練習每個走位、每個微妙的笑容，才有如此意義深遠，而令人震驚的演出。」劇中有腐化虛假的貴族和厚顏無恥又四肢發達的質樸鄉下人，這些非高尚之輩有些惹人憐愛，有些則是人面獸心之徒，其格式化的笑劇呈現方式讓我驚喜不已。一個年輕女人有節奏地繞著旋轉舞台踏步，背上用皮繩綁著一個嬰兒，手上拿著一根粗厚的木頭棍棒；可以感受到她的雙腳彷彿正在攀越高山，走過冰河，繼續她的長途之旅——她那長相普通且歷盡滄桑的臉龐在笑容綻放的瞬間，竟顯得如此美麗動人。不合邏輯的喜劇結局把每個興高采烈的觀眾送出劇院，只是我對政治過於冷淡，依舊無法領會布萊西特的馬克斯主義含義。

泰南同時也發覺布萊西特的劇作顯示其「欲改善人類景況的熱切渴望」。雖然奧斯朋並不以此為己任，但他的「藝人」（The Entertainer）卻佈滿布萊西特式的枝節細末，就像勞倫斯・奧力佛（Laurence Olivier）——聲勢日益下滑的綜藝節目藝人，自認是個「活死人」，早就失去感覺和情緒的能力——對著觀眾唱著那些自嘲挖苦的歌曲，叨叨絮絮又顫抖不已的身段顯示其自毀的傾向，這同時也是劇作家本身對純英國風格的寫照。奧斯朋說過他受到應許，擁有「上帝最偉大的天賦」之一：那就是身為英國人。或許他的同行也心有同感：他們並非執著於民族主義，也非愛國志士，只是對於國家能給予他們刺激憤怒的題材，並提供嘲弄的目標，讓他們的文字語言自由翱翔而感到歡喜感激。

＊＊＊

我來英國之前對英國人的概念是沈默含蓄，認定這是他們壓抑自己的結果。所以當我的雙腳踏上倫敦沒多久，所碰到的盡是坦率的英國人，這我可一點心理準備也沒有。某次在貝爾葛雷維亞（倫敦高級住宅區）的豪華宴會上，我仔細聆聽一位剛從劍橋畢業、面相溫和親切的年輕人，喋喋不休地談論酗酒成性的演員：「就拿羅柏特・紐頓（Robert Newton）來說吧——」

女主人（一臉燦爛，看不出任何不悅）：「喔！他是我哥哥。你見過他喝醉演戲的模樣嗎？」

年輕人：「沒有！沒有！我的意思是我看他演過一個「酒醉的角色」，我不是說他醉了，而是演某個——」

女主人：「沒錯，我也看過。他演某個喝醉酒的人。」

每每在正式的晚宴場合，那些坐在身旁素昧平生的陌生人，總是可以開口便鉅細靡遺地對我傾訴他們念寄宿學校時的性經驗——猶記某個人說過伊頓中學毀了他的人生。可是當我問他會把兒子送到哪個學校念書時，他的回答是「怎麼這麼問？當然是伊頓啊。」還有一個女人溫柔地談到她的叔父在某家精品店被店員問道：「您中意什麼？」他回答：「其實最讓我中意的是性交，不過我現在真正想要的是一條白色的領帶。」另外一次的晚餐男伴在我們認識十五分鐘後告訴我，他十一歲時就被姊夫引誘發生性關係，這讓他的姊姊相當不高興。很快的我便發現性告白總是以戲劇化又輕率的方式道出，似乎彼此訴說自己或別人最親密的行為，是司空見慣的事。（我相信倫敦人會做的親密事，紐約人也不例外，只是英國人特別喜歡開誠布公地談論。）有些故事或許是捏造的，但也有可能是真的：據說溫莎公爵夫人擁有「埃及艷后收放自如的性能力」，比一般女性更能強制收縮陰道。也有人聽說肯尼斯・泰南喜歡打臀部和收集鞭子，並開玩笑地說：「夜色低垂時來根鞭子吧」。（談到自創的名詞「括約肌之孔」時，他也喜不自勝。）某位上了年紀的內閣部長最喜愛的消遣活動便是扮馬：在身上裝上馬具拖著小型馬車，繞著他的大花園轉來轉去。某天這位部長接起一通電話，對方抱怨聽不懂他在說什麼，於是部長便說道，「等一下，我先把嘴巴上的馬銜取下。」我也聽說曾任駐法國大使的達夫・庫柏（Duff Cooper）是個「好好先生，不過就是常常跟他的姪女搞上。」還有一種說法，指倫敦已經取代巴黎成為性工業重鎮，擁有各式風格的色情新花樣——妓女一身修女打扮，嫖客則化身希特勒或墨索里尼——，在英國賺取的利益遠勝歐洲大陸。當普羅夫摩（Profumo）事件爆發——暴露某位政客和應召女郎牽扯不清的醜聞——占據一九六三年的頭條新聞，家鄉民眾對此醜聞震撼不已，但在倫敦居住的美國人卻已經習以為常。

在曼哈頓我早就習慣父母那一代的作家複雜交錯的婚姻關係；撇開導致離婚或再婚的嚴重緋聞不談，露水姻緣（通常在酒後發生）是很常見的。嫉妒是沒有風度的表現：那些二〇年代出身的人，堅持自由的精神意志，無論作為丈夫或妻子都不應該被當成所有物。當然還是有許多人因配偶在外拈花惹草的行徑感到受傷又憤怒，但是他們會努力隱藏這種情緒：驕傲與尊嚴是脆弱易碎的。然而在倫敦，前輩們結婚或再婚似乎都是經過慎重考慮才決定的。認真參與遊戲並贏得最後勝利的規則，顯然也適用於性生活。私通情事無所不在，彷彿有些人就是不能忍受被禁錮在長遠的關係裡。「不貞」——這是我一向厭惡的字眼——是那些堅持束縛彼此的人斤斤計較的事：而徘徊不定的人卻希望他們的伴侶知道自己並非海裡唯一的海豚。據說西瑞爾・寇諾尼總在戰利品得手後就立刻予以拋棄。然而，他多少還是會悔恨地寫道，「我們離別人而去，別人也是如此回報。」服裝設計師賈思林・李卡（Jocelyn Rickards）就是陷在錯綜複雜的私通關係的例子；她將口紅印留在艾爾（A. J. Ayer）〔編註：1910-1989，英國哲學家，著有《二十世紀的哲學》（Philosophy in the Twentieth Century）〕的枕頭上，這樣一來這位哲學家所有一夜情的對象都可以看到這個標記。（艾爾有時被稱為「倫敦最自由的男人」，據奧斯朋觀察發現，「艾爾身為眾女性爭相網羅的種男，必是擁有某種難以避免的優勢：那就是鐵石心腸。」就艾爾來看，哲學是無關生活的「抽象活動」。）其他人則盡情享受嫉妒的感覺，就像服用會上癮的興奮劑一樣。因此，總是可以聽到許多人鮮活地誇耀自己的性事，彷彿這麼做可以讓吹牛者的身價高漲似的。愛情反而是大家鮮少談論的——它不像性那麼自然，總是個讓人尷尬的主題。

有人告訴我性放縱的起源，部分是戰時養成的習慣；年輕人到前線作戰或身處閃電戰時，總會覺得自己只剩幾個星期（或幾天）可活。假如死神已到門口，至少今晚得好好享受。V—2火箭重達十四噸，飛行時寂靜無聲，當它們毫無預警抵達地面時才猛然爆炸——轟然震響和強烈火光是人死前唯一聽到和看到的景象。所以說，倘若生命會突然嘎然終止，何不好好利用僅有的時光呢？伊莉莎白・波恩提及這是「獨身」時代。被戰火蹂躪的倫敦在付出慘痛代價的氛圍中，帶著不安的心情擴大對性的胃口，增強情緒的波動：戰時無拘無束的性觀念反而比平時帶著更多色情的意味。有人說過同時擁有數個情人，至少可以壓制那種隨時會被炸彈或子彈殺死的恐懼——這真是不可思議的邏輯思考。

我自身的處境則是變幻莫測。在認識未來丈夫的前一年半，我周旋在一個美國年輕人和兩個英國人之間。美國人是個可愛親切的編輯，他喜歡速食性愛，總是說英國人比我們同胞淫蕩許多。他認為自己不應該去找妓女，卻又不打算制止自己。而其中一個英國人是個攝影師，他那活潑的譏諷行為在廣告商的刺激下，更顯得活力十足；他拿到一塊僵硬的厚起司和一句文案「像奶油蔓延」後，發現這實在難以揣摩，於是便要來一磅的奶油隨便拍攝。對於把食物照得很噁心，他只報以陰鬱的笑容。另外一個英國人則是個鬱鬱寡歡的男中音歌手，在倫敦巴哈樂團獻唱之外，又是執業法人律師。

我喜歡英國人的果決，和他們快速直接又有趣的談話，而且我也喜歡非猶太人，不過卻沒有愛上任何一位這種男人。在探索的過程中，我發現沒有愛情的性是快樂愉悅的——這可不是抱持浪漫幻想的人想聽的看法。可是我卻想念感情波滔洶湧的起伏。避孕藥在英國可以買得到，這點倒是家鄉比不上的；我樂意丟掉子宮避孕器，繼續期待愛情會意外降臨在我身上，雖然我並不認為那是可以預期發生的。柯綠蒂的小說中有一句話：「為何在我血管裡奔流的一夫一妻血球如此不契合呢？」著實打動我的心。我認為自己抱持的是一夫一妻制，卻又認為沒有任何理由一定得用這種方式生活。那些露水姻緣的對象，讓我把自己的身體開展到美好的境界，讓我更能容忍自己身材的缺陷：腿太長而身體太短，腰身不明顯，胸部太大等等。不過對於那些只會粗魯地頻送秋波又毫無吸引力的男人，我是避之唯恐不及的，因為這些男人似乎因為沒有女人緣，而又擺明以性為交往目的。這其中有些是老闆級人物；不過我拒絕別人以性作為交換工作的施壓，而因此丟了一些機會。那個時候職場性騷擾的觀念尚未成形。

一九五六年華克・艾凡斯（Walker Evans）〔編註：1903-1975，攝影家，一九四一年時與美國作家艾傑（James Agee, 1909-1955）為「財星」雜誌拍攝南方佃農生活作品集《讓我們來歌頌那些著名的人們》（Let Us Now Praise Famous Men）〕因「財星」（Fortune）雜誌的公務造訪英國。編輯蘇妮亞・歐威爾設宴款待他和珍・史塔福；艾凡斯邀請我一同參加，可是後來又建議我別去。為什麼呢？因為當他向歐威爾提到我時，她的回答竟然是：「正是我要替西瑞爾找的型。」（寇諾尼的第二任妻子再次離他而去，簡單地說他現在正到處打野食。）艾凡斯解釋說蘇妮亞（喬治・歐威爾的遺孀）是個「拉皮條」的「文學娼妓」——他馬上又更正自己的說法——為自己喜愛的作家「搜尋女孩」，而且總愛介入別人的生活。艾凡斯還告訴我，假使我見過寇諾尼，甚至只跟他吃過一次晚餐，事情的發展將超乎我的想像之外：如果我拒絕跟他上床，報復心切的他，會無所不用其極在工作上大大地傷害我，他會告訴各家編輯不准雇用我。這表示我會丟掉「新政治家」的工作，也別想到他處發展。簡而言之，當自尊受損時，他將徹底展現那危險的殺傷力。

我早已從戴分波特那裡知道寇諾尼的勢力範圍，所以我決定盡量迴避他。此外對於「地平線」的辦公室生態我也嗤之以鼻。這家由他領導的四〇年代重要雜誌社有一群憂鬱的年輕女性助理，處處受到主人的威逼和精神上的鞭笞，卻只能低聲下氣、委曲求全地執行他每個要求。聽起來彷彿他極端依賴女性，卻又不是那麼喜歡她們。我明瞭這份雜誌在戰時是維繫英國文化不可或缺的角色，因為它在文化形態自身難保之際，協助藝術流傳下來。不過我還是相當慶幸自己沒有羊入虎口。

當時我曾著迷於寇諾尼作品中對感官世界的稱頌——蜜桃、鳳梨和龍蝦，狐猴和地中海海景，燦爛的陽光和詩情畫意的性——，也被渥所稱的「荒涼的絕望」所感動。我當時認為

（現在亦是如此相信）寇諾尼的部分散文作品，堪稱本世紀最上等的文作。首次閱讀《不安的墳墓》（The Unquiet Grave）的興奮感，每每在我搜尋畫面時回到我的記憶中：那恣意飛翔的字彙、語言的熱度和彈性運用神話故事的功力，即使到了現在還是保有當初我剛接觸時的鮮度。但碰到某些「文字循環」的主題時我會跳脫出來：戀愛的目的在於從愛情中復原，而初戀顯然是最棒的，之後的戀情無可避免地叫人失望。而受虐的滋味讓他變得惹人厭。所以，這個胖子絕對沒有辦法成為我的朋友。可是在緊要關頭，艾凡斯還是催著我去參加歡迎會：他說那將會是讓人聯想起布隆貝里的「一流場面」，他一定會保護我免受寇諾尼的搔擾。

蘇活區擁擠狹窄的佩西街上，我在某間公寓門口被蘇妮亞・歐威爾——金髮、臃腫，穿著淡黃色的衣服，一臉興奮激動的模樣——逮個正著：「原來是美國小可人兒！」她拽著我往轉角一個肥壯的身影走去，幸好艾凡斯抓住我的手臂拉我離開現場。在這間又小又悶熱的客廳裡，英國夏天的暑氣盤旋不去，我見到最近才移居倫敦在「接觸」雜誌擔任編輯的戴特・麥當勞（Dwight Macdonald），以及蘿絲・福特（Ruth Ford）和先生柴克利・史考特（Zachary Scott）這兩位即將在皇家劇院登台，演出福克納「修女的安魂曲」（Requiem for a Nun）；還有一位瞇著眼睛，皺著眉頭的男人，說話的時候兩隻腳總是換著單腳站立：路西安・佛洛德（Lucian Freud）。人群暫時分開，一個小小的身影佇立在那裡，手裡拿著一杯酒對著我說：「我是克里夫・貝爾」，然後又消失簇擁的人群之中。「倫敦雜誌」的編輯約翰・李曼（John Lehmann）和他的小說家妹妹羅沙蒙德・李曼（Rosamond Lehmann）親切地跟我談話，可是我的嘴巴乾澀地說不出話來。氣喘吁吁的蘇妮亞・歐威爾再度跛扈地抓著我，把我拖向寇諾尼，逃不開的我被他壓向牆壁。他有一雙明亮的藍眼睛和嬰兒般平滑的嘴唇。我既生氣又不安。他說著某次「帶著帳篷到巴爾的摩」閒晃的事，我沙啞地問「如何？」他裝作一副美國印第安人的模樣，抬起他的右手咕噥地說道「唷！如何！」，然後搖搖他那粉紅色的下巴贅肉。艾凡斯很快再度前來營救我，我感覺自己好像逃離一個會吸乾青春活力的吸血蟲。

佛斯特（E. M. Forster）曾說過寇諾尼放浪形骸，而歐威爾的宴會讓我想起佛斯特描述的「深淵臭氣」畫面：不祥的災難氣息就要飄浮過來了。

之後沒多久我前往安達魯西亞（Andalusia）幾個星期；明亮綠瀠的海水沖刷著艾爾格西拉海灘，也洗掉了我在倫敦的憂慮與不安。鹹味的海風非常清新，清澈的海水下可以清楚看見沙灘上的紅泥紋路。三個小男孩陪著我去探索一個岩池，我們在裡頭發現一隻有我的頭一般大小的海星。我仰躺漂浮在群山環繞的海灣上，感覺自己真正遠離了歐威爾的食人魔掌，不再畏懼他們伺機出動啃食我的內臟。

＊＊＊

三個多月過後，我在艾格墩新月形街道（Egerton Crescent）的某個宴會上，心神不寧地和約翰・雷蒙閒聊時——但不至於到胡說八道的地步——，看到一個滿頭白髮，鵝蛋臉的英俊陌生人正瞇眼望著我。他向我們走過來，故意將一大杯紅酒灑在雷蒙的大腿上。「喔，親愛的朋友，真的太抱歉了！」「會不會留下斑點呢？會不會？」這個男人不停地道歉，還建議雷蒙把冷水倒在褲子上，並遞給他一張五鎊的鈔票做清潔費，然後從容不迫地向我自我介紹：亞歷山大・哈沃夫（Alexander Haverford）。悽慘的雷蒙蹣跚離去，哈沃夫說他非常抱歉「必須這麼做」，因為沒有其他方法可以甩掉雷蒙，好有機會跟我說話。我記得他在日落西山的「畫報」（Picture Post）任編輯，而且以「倫敦最浪漫男人」著稱，因為他不斷結婚的緣故：他的生活就是由一連串離婚和再婚所組成，沒有任何停歇或中空的時刻。他為什麼要弄濕雷蒙呢？因為他和康絲坦士（Constance）要邀請我兩個星期後一起吃晚餐。我不太認識康絲坦士——這位二十幾歲，看起來相當活潑耀眼的女性有著尖銳的嗓音，走過來的模樣像蘇妮亞・歐威爾的年輕版——，我得保持距離，因為她看起來很難應付。她現在是哈沃夫的最新未婚妻。我告訴他們兩個星期後我已經有約了，於是他又改約另一個時間。我心裡明白逃不了，只好答應這個為難的邀約。

那年秋天我住在西肯辛頓區，前往哈沃夫位於平里克（Pimlico）的路上，得穿越厚厚的十一月濃霧。主人與我並不太熟，但卻殷勤熱切地招呼我，讓這整個情況顯得有些詭異。我本來還期待有其他的客人，可是卻只擺了四人座的餐桌。我們彼此之間很少談話；然後寇諾尼走了進來。我立刻領悟這個飯局是個圈套。

我沒有拔腿就跑，也沒有不屑地往地板上吐口水或砸碎古董花瓶以表達我的憤怒，但我真的希望自己能立刻消失在風暴之中。寇諾尼說真高興再次見到我。大家並不需要交談，因為他是獨奏者，是占據舞台中央唯一的藝術表演大師。用餐的過程中，他滔滔不絕地說個不停，我只有在他模仿女王最近的廣播談話時才稍微注意聽——他是絕佳的模仿家——，然後又聽他談論一個女人「瘋狂喜歡做愛」，當他們在她的周末渡假別墅共處時嚴禁他吸煙；她認為尼古丁會降低性慾。我們吃著硬的難以下嚥的檸檬香小牛排，（當然為寇諾尼下廚是需要勇氣的——某次他批評伊茲拉・龐德（Ezra Pound）的慶生會時寫道，「我永遠不會忘記那白巧克力沾起司醬，而他們也花了很長的時間才忘記我。」）然後我面無表情地提到戴分波特的文章，而寇諾尼語帶恭敬地談起他；在戴分波特如此猛烈抨擊寇諾尼的小說革新論後，我不得不欣賞他的風度。

用過甜點後，寇諾尼說他有個麻煩。我們聰明的主人搭擋立刻詢問是什麼麻煩。就是他的幾篇文章被翻譯成法文版本，而對方只肯付他法郎。所以他必須在巴黎將這筆現金花掉。可是這個城市的美景只會讓孤獨的旅客更加感傷：意思就是他需要一個伴。康絲坦士和哈沃夫一副突然有了靈感似的：諾拉怎麼樣？這真是個好主意，他說——然後拿出一部分法郎給他們：如果我願意跟他一起去的話，他會在我身上花上六十鎊，然後給他們買份「很棒的禮物」。他倆興高采烈地慫恿我答應，可是我一句話也沒說，只能虛弱地微笑，凍結在自己的沈默之中。寇諾尼說，「或許這位小姐需要考慮考慮吧」，好像我不在現場似的。

甜點太多，我們三個人吃也吃不完，但是寇諾尼卻敏捷地繞著桌邊，用湯匙挖走我們吃剩的甜點；很快的那黏膩的東西弄得他的臉頰都是，但他並沒有擦掉，還意猶未盡地舔著湯匙。康絲坦士放了一捲新唱片——「待會見，鱷魚」他開始跟著音樂自顧自地跳了起舞來，手裡揮舞著旅行支票，反覆唱著「錢！錢！錢！錢！誰來用我的支票？誰來巴黎……」他跳上跳下，我發現他下巴已經失去夏日的粉紅光彩而轉為黃色，他的大肚子像巨濤一樣起伏晃動。康絲坦士帶我到臥室去；她很不高興：因為他們非常需要錢——「畫報」快倒了——，除此之外寇諾尼對我的事業會有不可思議的幫助。我搖搖頭，她更為惱火，直到我們加入男士們。

寇諾尼還是說個不停，我心裡盤算著該怎麼脫身。一杯甜露酒引起不小的騷動——那是稀有特別的東西——，當寇諾尼接下第二杯時，我想這應該是最佳的離開時機：因為他一定會喝完酒才走。沒想到我向大家道別時，他猛一抬頭，喝光杯裡的酒，堅持跟我坐同一輛計程車離去。

這趟車程似乎永無止境：霧變得更加濃厚了，好像穿不透似的。他很少直接跟我說話，不過在車裡他將手臂環繞我的肩膀，並說他忘了我姓什麼。我已經可以清楚預見未來會發生什麼事：首先如果我拒絕他的寵愛，他會覺得被侮辱，就算我儘可能委婉地拒絕巴黎旅遊邀約，他還是會非常憤怒。到時候我在倫敦的寫作事業不得不結束，也不得不回到紐約父母的家。當下我真希望閃電擊中我們的計程車，寇諾尼因此腦出血，司機也瘋了。寇諾尼的手臂收得更緊，邊問我沙耶是什麼意思；他說他喜歡知道姓名的來源。我悶悶不樂地說道，「真實的發言人」。他又向我壓了過來並興奮地說道：「你一定要幫我算命！」我答我不知道怎麼算。

他的體積似乎愈顯膨脹，我又失去了十吋的座位領域：很快地我會連這計程車也逃不出去了。壓迫再壓迫——他說一定要聽聽他的命運如何：是「好還是壞？好還是壞？」叫人驚訝的是我發現自己回答「壞」。他沮喪地退縮回去：「為什麼呢？」我告訴他這一切都要看他是不是靜得下來的人。「靜不下來？！我討厭這樣，我可是和平主義者。」他說他渴望穩定和平靜。我彷彿聽到自己的聲音從遙遠的地方飄了過來，告訴他未來是靜不下來的。他的手臂從我的肩膀撤退了。他那似乎承受極大痛苦的嗓音說著，「靜不下來——因為孤獨？」現在我已經知道自己在做什麼我答道：「是的，因為你會非常孤獨。」

他退到座位的另外一邊，嘴裡喃喃念著孤獨是他最畏懼的東西，對他來說也是最嚴厲的懲罰。可怕的食人魔形象消失了；在我身旁的只是一個眼神空洞的胖子。我們就這樣沈默不語了好一段時間。我終於感覺自在起來。接著他又問我是否很快就會離開倫敦；我說我還會待上一陣子。突然他敲打司機後面的玻璃要他停車，付了車費並祝我好運！——真是好運！——然後匆忙走進霧裡，幾乎是用跑的越過人行道，那副模樣好像後頭有什麼可怕的東西在追趕他一樣。可以確定的是，從現在開始他不會再找我的麻煩，而我對自己如此戲劇化又神奇的成功脫逃感到相當驚訝。同時我也覺得自己好像占卜家；一直到最關鍵的結束時刻，我才知道該怎麼說——那是一種好像靈魂出竅的感覺。我把腿伸進車裡，好好享受車子往家方向慢行的旅程。當霧氣包圍車身時，我暗自告訴自己要把這件事給記錄下來。

幾個月以後我和一位很好相處的律師去劇院；和艾德維・費拉（Edwige Feuillere）看拉辛的「費德羅」（Phedre）。中場休息時，寇諾尼搖搖晃晃地走向他，看也不看我一眼：「你跟這麼可怕的女孩在一起！」我的律師朋友很喜歡他，所以笑著問發生了什麼事。「她說我的命運很糟——全被她說中了！」寇諾尼倉皇離去，而我的朋友還是搞不清楚究竟發生什麼事。待我將整個故事的來龍去脈說了後，他笑個不停，並說這通常就是仗勢凌人者的下場：他們對別人所做的就像回力棒一樣，會彈回自己身上。他又補充說仗勢凌人的傢伙通常也是膽小鬼——他們害怕自己的威嚇嚇不了別人。事實上，是寇諾尼自己算出自己的命運。當然，我還是很高興有此榮幸承擔這個責任。

第四章

我流連忘返地在艾爾格西拉海邊游了數小時後，便帶著一身晒紅的痕跡飛回倫敦；一下飛機我便衝進肯辛頓三十二號的賽文公寓長廊裡。我以為公寓裡沒有人在——梅・柴特林（Mai Zetterling）外出——，而且又很想洗個熱水澡。才衝進浴室我就差點撞上一位西裝筆挺的高大男子，他正在彎著頭打理浴缸，水嘩啦啦地從水龍頭裡奔竄出來。他開口說「你一定是諾拉」，然後自我介紹，但是浴缸尖銳吵雜的水流聲讓我聽不清楚他的名字。他解釋說因為他在這附近的住處正在整修水管，所以梅便把她的浴室借他使用。不過——注意到我手臂上晒紅的皮膚——他提議我先使用浴室。他問我洗完澡後會不會替他放水；他看起來有點面熟，可是我就是想不起來在哪裡見過他。

我一直以來都是租房子，因此梅便要我從西班牙回來後住在這裡。那天晚上兩位從哥本哈根來的記錄片製片也來作客，所以廚房裡相當熱鬧：梅忙著將蝦肉塞到酪梨裡——這是他最喜歡的菜之一——，那兩個丹麥人打蛋做出某種醬汁；我則製作蕃茄沙拉；而那位英俊男子從浴室出來後便忙著倒酒，所以我還沒有機會問起他的事情。用晚餐時大夥談的盡是戲劇，討論現場表演，尤其是柏林四重奏的「母性勇氣」（Mother Courage），我差點脫口問那優雅的陌生人他是否和舞台表演有關。但直覺警告我別這麼做。

快要上甜點時，梅的孩子們衝進那有灰白紋路的斯堪地那維亞柚木製傢具的客廳裡——孩子們好像來自熱帶地區，皮膚黝黑、毛髮濃密，他們的模樣似乎比實際年齡還小，因為看到客人而興奮地說個不停。十一歲的艾提安（Etienne）整個下午都在烘烤東西，是個不折不扣的烘烤小高手。路易斯（Louis）九歲，看到她做的小蛋糕上的糖霜就歡呼不已：他念著其中一塊用糖霜寫的字「Try One」。「不是try one，笨蛋，」他叫著，「是泰隆（Tyrone）！」我終於知道在浴室裡放水的男人是誰了。

梅和那兩位丹麥人都叫他「德隆」，用一點點斯堪地那維亞半島的舌音來念，難怪我以前都聽不懂。我在西班牙渡假時，梅演了一部新電影：「棄船！」（Abandon Ship!）敘述的便是船難的故事，而男主角便是泰隆・包爾（Tyrone Power）。他們兩個濕淋淋地泡在謝普頓片廠（Shepperton Studio）的水槽裡，旁邊的風扇不停地狂吹著。包爾演了四十部電影，我只看了其中一部（十幾歲時看過他重演的「亞歷山大爵士樂團」（Alexander Ragtime Band）），所以我才會認不出他來。他在戰後演的作品大多是古裝冒險故事——「狐狸王子」（Prince of Foxes）

和「黑玫瑰」（The Black Rose）等等——或文藝長片，由於我並非狂熱的電影迷，所以那些電影並沒有吸引我的注意。那天晚上他對戲劇的了解之深真叫我印象深刻——他那平易近人的作風也是如此。

他光芒萬丈的性感魅力使他成為二十世紀——福斯電影三〇年代中期至四〇最閃亮的明星——旗下的藝人，只有米高梅的米奇・魯尼（Mickey Rooney）的票房略勝一籌——而且無論他出現在任何地方，都會有大批影迷簇湧包圍。一九四二年他名列好萊塢最受歡迎的男星。沒多久我便知道他二十出頭時就已經簽署一份難以脫身的合約，無論電影好壞他都有義務履行，而這幾年來二十世紀福斯影業以及製片戴瑞・柴納克（Darryl Zanuck）待他有如愚蠢的商品，就像一塊俎上肉，即使他在一九三六年就在他的門下。包爾想必能夠理解現今好萊塢的景況；演員就像商品一樣隨意買賣。戰爭結束後，他的事業便一蹶不振。（當時他唯一賣座的電影便是冗長的劇情片「剃刀邊緣」（Razor's Edge）。）最近他成立一家獨立製片公司，名為庫帕製片（Copa Productions），計劃製作幾部電影，並專心在舞台劇上發展，因為這對他的意義遠比電影重要許多。四十二歲時，他毅然決然擬訂新合約，希望藉此改變他的人生，以接演有力的角色並和優秀的導演合作，盡量遠離虛浮的好萊塢，結交他真正尊敬崇拜的人士。

晚餐後他突然用手猛拍他一隻眼睛：原來是煤渣飛進眼睛裡了。當梅俯身向他，輕柔優雅地用拇指掀起他的眼瞼，並要他眨眨眼睛時，我這才恍然大悟原來他們是一對，而且她已經愛上他。

我還在學生時代時就非常欣賞梅的演技，當時她主演的瑞典片「折磨」（Torment）（也以「瘋狂」（Frenzy）著稱，由艾佛・史柏格（Ald Sjoberg）導演），以及英國片「芙莉達」（Fieda）都在紐約上映過。前者是梅十九歲時拍攝的，她飾演一個衣裝邋遢的店員，在結局的時候死去：不知是心臟衰竭而死還是被人謀殺。撰寫腳本之一的英格瑪・貝格曼（Ingmar Bergman）──這是他的螢幕處女作──一直沒有告訴她答案。她則對這謎樣的結局感到相當有趣，而《折磨》的成功也一舉將她推向國際舞台。「芙莉達」由貝瑟・德登（Basil Dearden）執導，劇情描述一位英國皇家空軍軍官的德籍妻子，在英國鄉下小鎮所受到的冷酷對待。在四〇年代後期反德國的情緒依舊十分猛烈，因此英國電影製片不敢使用德國女演員，只好轉向這位瑞典女孩。

梅出生於一個以生產小黃瓜著名的城市，工人階級的母親生下她這個私生女，所以她沒有見過親生父親──她的父親是個富裕的中產階級商人──直到她三十一歲那一年。大概在十四歲時，她首度在兒童劇場俱樂部演出，後來拿獎學金到斯德哥爾摩的國立戲劇學校

（National Theater School）就讀。二十歲之前她就已經在皇家劇院（Royal Dramatic Theater）擔綱演出，演出的作品有「第十二夜」（Twelfth Night）、洛卡（Lorca）的「柏納達艾爾巴之屋」（House of Bernarda Alba）和契訶夫的「三姊妹」（Three Sisters）。沙特稱她是「本世紀重量級的悲劇女星」，當時她以二十三歲的年紀飾演他的「蒼蠅」女主角伊萊莎（Electra）。

演完「芙莉達」後，梅便移居英國，並跟亞瑟·藍克（J. Arthur Rank）簽下合約，飾演頭綁方巾、披著雨衣的淒涼難民，失神走過一個個轟炸過後滿是瓦礫堆的城市。偶爾她又是個愉快興奮的女孩，當她緩緩脫掉那雙又長又黑的手套時，導演會指示她張大眼睛、挑高眉毛。當時藍克的工作室已經簽下許多相當有才華的演員，但沒有提供優秀的劇本給他們。但是梅卻在倫敦的舞台上博得一致好評，像伊斯本（Isben）「野鴨」（Wild Duck）的海德葳（Hedwig）、他另一個作品「娃娃屋」（Doll's House）中的娜拉（Nora）、契訶夫「海鷗」（Sea Gull）的妮娜（Nina），以及安努易（Jean Anouilh）〔編註：1910-，希臘悲劇法國劇作家，寫有《王城之女-安蒂崗妮》（Antigone）。〕「離去之點」（Point of Departure）中的尤莉迪絲（Euridice）等等。

幾年以後，我才在冷戰的背景下見到她：一位年輕的美國作家，他的家人先前因為被列入黑名單而舉家遷至倫敦，在五〇年代中期和梅住在一起。他是我在牛津念書的男友的朋友，我們四個常常一起上劇院或野餐。只是梅在謝普頓片廠拍攝「棄船」的那幾個星期我並不在英國，所以才不清楚她的人生已經起了巨大的變化——直到她溫柔細心地處理泰隆・包爾眼睛裡的煤渣，我才頓時領悟。

＊＊＊

踏入賽文公寓，推開前門掛著的深橘色底白條紋的羊毛門簾，有如置身一個非常私人的王國裡：梅將世界隔絕在外。我在這個公寓住了十個月；這座位於肯辛頓大街旁岔出小路上的維多利亞式磚造建築，不但空間寬大足以維持每個人的隱私，而且地點隱蔽不容易被人找到。思及梅這幾十年的經歷——從倫敦、紐約、斯德哥爾摩到法國南部等等——發現自從她在肯辛頓區定居後，人生有了多元化的發展方向。但是她依舊鍾愛莫札特和梵谷，喜歡園藝、貓、巧克力糖、土司上抹的蜂蜜和橙汁鴨肉，還是那麼厭惡都市。她喜歡作家；雖然對英國詩作或散文沒有特別的概念，但是她非常看重有此能力之人。

她身材嬌小纖細，一頭亮麗的金髮，長鼻寬嘴配上活潑生動的面容，整個人兼具脆弱與強悍的特質，可以優雅又似乎淫蕩。她認為自己是個容易受傷的人，但又明瞭自己的力量所在；她的意志力是我所知最堅強難毀的。決心——出於自己的抉擇去演出（以及後來演而優則寫、則導）——造就她呼風喚雨的能力。她是細心品嘗危險的冒險家，任何阻礙都不放在眼裡。假如有人說某個任務絕對不可能完成，她一定堅持要達成；比如說改建老屋、製作戲劇，或從無到有籌措足夠的製片資金等等。就像她常常說的，她喜歡組織：集合演員陣容和她同台演出安努易的劇作、安排探險旅程——早春時到樹林採集黃壽丹，或到海邊、到斯堪地那維亞半島的最北端拉布蘭（Lapland）地區、到西西里島等等——或在她經濟拮据，連電話帳單都快繳不出來時，還從哈洛德百貨公司買來美食，舉辦大型的宴會。她的透支愈嚴重，吃的食物就愈奢華：魚子醬總是在冰箱裡閃閃發光，周日晚餐時她的女兒總會天真地抱怨，「喔！老天，『又是』草莓！」

梅是個擅於激發他人的人，總是鼓勵大家去完成他們想要達到的目標。「你『必須』去做。」她常常對那些對新計劃猶豫不決或沒有自信的人這麼告誡。三十出頭的她對經驗給自己的磨練和教訓總是歡欣樂意地接受：她不斷地告訴我「時間會讓一切變得不同。」別錯過生命的任何篇章，到老時必能了解其中的含義。對於青春凋零，職業生命便跟著縮短的女演員來說，這真是勇敢的想法。但這也可以說是一種反制的象徵：她不敢停止自我成長。

梅自從在好萊塢演過一齣電影後便唾棄那裡——在「敲木頭」（Knock on Wood）當中她飾演脾氣暴躁的精神科醫生，男主角是丹尼・凱伊（Danny Kaye）——但我對這部電影卻有一種柔弱又感傷的感覺。以前住在比佛利山莊，我的父親忙著寫「安妮・歐克萊」、「甘加丁」

（Gunga Din）的最後腳本以及其他的電影劇本時，我便被送到學校和幼稚園寄宿，直到十幾歲時才又見到父親。我喜歡好萊塢傳奇：編劇家那南利・強森（Nunnally Johnson）、法蘭西斯・古德里奇（Frances Goodrich）〔編註：電影編劇有與艾伯特・哈奇合作的《風雲人物》（It's a Wonderful Life）。〕、艾柏特・哈奇（Albert Hackett）和我的父親所寫的故事。可是肯辛頓區對美國電影工業的評價多半不佳。雖然包爾在好萊塢的拍片經驗大多不愉快，而且他也厭惡好萊塢勢力的作風，但是他依然欣賞奧森・威爾斯（Orson Welles）〔編註：1915-1985，美國電影導演，二十六歲時即導演《大國民》（Citizen Kane），一九三八年將威爾斯（Herbert George Wells）的小說《世界大戰》，改編成火星人進攻地球的廣播劇，因效果過於逼真導致紐約市一陣混亂騷動，是著名的傳播事件。〕和查爾斯・羅頓（Charles Laughton）〔編註：1899-1962，英國演員，一九三三年以「亨利八世」得到奧斯卡最佳男主角獎。〕對電影事業所做的貢獻。而包爾對好萊塢的部分印象比梅來得幽默許多。他想起過去和海斯辦公室（Hays Office）打交道的情形——他總在電影預審時緊跟在審查員身邊，每當有辛辣刺激的畫面出現時，就忙著問東問西，或遮這遮那的以分散對方的注意力。但如過審查員不抽煙怎麼辦？包爾說他會在適當時機故意掉枝筆或丟副太陽眼鏡到地上，必要時更是不惜濺出一點咖啡到審查員的袖子上。

梅聽到這麼故事後笑個不停，不過她還是對好萊塢操控不能苟同。她說起和丹尼・凱伊坐在他游泳旁，見他仗勢逼迫客人們裸體跳下泳池，就因為他想看看「東西在水裡的形狀會變的情形」。有一次包爾到肯尼斯・泰南位於上流住宅區的公寓喝酒回來，梅為此有些不快；當時主人哄騙那些誇張做作的賓客玩遊戲：誰能在一分鐘之內哭出來，他就賞一鎊。包爾拒玩，可是其他人立刻爭先恐後哭了出來，而泰南便一個個遞出鈔票。（雖然我非常崇拜泰南的評論文章和散文，但在某些場合我並不喜歡親近他：他似乎老愛擺出一副施惠者的模樣，特別是針對他最好的朋友們，他這種矯飾的行為，讓我忍不住猜想他的結巴也是假的，只是為了故做優雅吧。）梅知道許多戲劇界的人士都很怕他，所以她並不想見他；即使泰南寫了對她相當有利的評論，但她還是懷疑這個人是否心懷不軌。

只要穿上印度班丹納花綢，戴副深色眼鏡或蓋住耳朵的毛皮大衣，梅就能在倫敦避人耳目。可是包爾在公共場合就很難如此；他說情況甚至比在美國任何一個城市更糟。所以到了晚上他們幾乎足不出戶，不是留在她家就是他家。不過梅非常喜歡蘇活區一家小餐廳叫做「老威尼斯」（the Old Venezia），有一次他倆就興沖沖到這家餐廳樓上的私人包廂晚餐。帶著急欲滿足口腹之慾的期待，他們點了第一道菜——但等了許久卻不見食物送上來。最後梅下樓抱怨上菜太慢。經理見到她驚喜萬分；他們點了甜菜當開胃菜，而且她知道這是一種暗示：任何一對男女如果點了這道菜，那就表示他們可能要做愛，而且不准打擾。包爾覺得這個作法真是不可思議的好玩，他說他很難想像還有什麼比「在窄小的餐廳裡做愛」來得更不自在。

梅擅長發掘好地方，這對她的朋友來說真是一大恩惠：有一次復活節周她租下一艘停泊在德文郡（Devon）港灣外的維多利亞式船屋，周圍環繞著荊豆和櫻草滿佈的丘陵，我們一夥人在水裡抓到不少龍蝦和大螃蟹。回到倫敦後，我常常到漢普斯特（Hampstead）騎腳踏車；梅決定加入，而且發誓一定要學會騎車，她的確說到做到。當我們騎過一大片石南花原野，她盤算著下次到克里特島去騎馬；成員包括她、包爾、孩子們和我，而且一定要儘快成行。我們還是沒去成克里特島，不過梅衝勁十足的天性，讓每個計劃的可行性顯得相當具體：她就是會讓你相信自己已經在往邁諾托之島的路上了。

梅最具迷人魔力的住家，該算這棟十九世紀木頭打造的華宅，就位於斯德哥爾摩外，面對波羅的海，是她一九六四年執導某部電影時居住的地方。這棟房子是特別為奧斯卡國王二世（King Oscar II）的御醫所建造的：不但有高塔設計，還有雕花的樓梯間，往外又可欣賞波光粼粼的海景。裡頭的設計和佈置都是製片公司依照英格瑪・貝格曼的電影裝潢完成的：我睡的是「穿過黑暗的玻璃」（Through a Glass Darkly）裡用的床，被單則在「魔鬼的眼睛」（Devil's Eyes）出現過，至於那張長形餐桌來自「第七封印」（The Seventh Seal），其他傢具則是「夏夜微笑」（Smiles of a Summer Night）裡的裝潢。第一次踏入這棟華宅的門檻，眼睛所見盡是熟悉的裝潢景象時，心裡不禁暗自驚喜——沒想到在這個陌生的國度竟然有如此的經驗。屋內的燈罩出自替嘉寶（Garbo）早期演出默片時設計帽子的設計師之手。這些早已破損的燈罩依舊儀態萬千，讓人不禁為逝去的過往鞠躬致敬。在沒有電力的情況下，我們仰賴道具蠟燭，想當初這些蠟燭是梅首部標準長度電影裡讓她愛不釋手的道具。

我非常享受和這兩位演員同行的時光，相信他們也是以這種心情待我，因為我不是演員。我在大學就讀時也演過戲，知道自己並不適合嚴肅正經的角色，不過我特別喜歡演出滑稽的戲份。聽到觀眾的笑聲讓我興奮莫名。當然我並不想當演員只希望當作家，因為我知道自己並沒有演戲的條件：可以轉換成任何人物個性的能力——瘋子、公主、賊、鬼或間諜等等。有些傑出的演員——比如說艾力克・吉尼斯（Alec Guinness）、佩姬・艾許克拉（Peggy Ashcroft）和賴夫・李查森（Ralph Richardson）——似乎在融入一個角色後便失去了原來的自己；而其他演員則運用自己本身的部分特質或經驗去演戲。梅兩者兼具：她既是讓人恨之入骨的海達・加布麗（Hedda Gabler）——是個幾乎沒有朋友的人——，又是勇敢又詩情畫意的旅行家，這和她本身的個性相當符合。

梅不像大部分的人會對驚喜有很大的反應。當晚餐時刻，格雷安・葛林這個不速之客來到肯辛頓的住處，他一臉淘氣的微笑，盯著門框問道「我可以帶位從香港來的中國佬來嗎？」她從容不迫地答道「當然可以」。迅速點點頭後，葛林要那個站在走廊等待的人出來。（回顧三〇年代的電影，葛林總是說查理・陳（Charlie Chan）是「狡猾的中國佬」，就算過了二十年，他的用語還是沒有改變。）梅和葛林根本不熟，不過當時他和她的好友愛妮塔・碧玉克（Anita Bjork）正在談戀愛；而這位好友正是以精湛演技演出史特林柏（Strindberg）〔編註：849-1912，瑞典小說家，戲劇家，詩人。〕「茱麗小姐」（Miss Julie）的電影版而聞名的瑞典女星。我記得當時葛林的眼睛佈滿血絲；即使他笑容滿面，可是看起來卻像個因為長期處於緊張壓力之下，而喘不過氣來的人。他神情愉悅地吃完海鮮沙拉和燻魚拼盤，只有在一個年輕的美國人語帶雙關說到「慈悲」時，他的臉色起了變化。葛林怒目反擊：「慈悲？你說的慈悲是什麼意思？」那突如其來的敵意頗為駭人，我們其他人頓時鴉雀無聲。顯然教堂之外的人沒有權利使用教堂的語言——即使葛林有時候和教義是格格不入的。

後來他曾向朋友普契特描述自己是「廣泛的無神論者」。儘管如此，教堂依舊盤踞他的生命。梅告訴我每當愛妮塔到倫敦找他時，他都希望她扮演祕密「情婦」的角色：他要她戴著大帽子和面紗，而且不太情願在那些文藝朋友面前介紹她——即使沒有人知道這位女性的來歷。梅說活力充沛的愛妮塔不願意順從他，做出那種滿足其邪惡慾望的行為；他覺得罪惡感是刺激而讓人興奮，可是她卻不能苟同。梅經常誇大其詞，不過這個事件似乎也和葛林小說中的宗教與道德之罪相互呼應。

回到梅的餐桌上，葛林被問及對黛柏拉・寇兒（Debora Kerr）和凡・強森（Van Johnson）主演的「愛情的盡頭」的看法時葛林笑著做出打發問題的手勢，只說「沈默的美國人」的票房足以讓他為一直想養牛的女兒買下加拿大的農場。（「這我實在想不通，她是這麼美麗優雅的女孩。」）接著他又說買下這座農場後沒多久，竟然在上面挖出石油來——結果這塊土地一夜之間價值連城，用來養牛是太可惜了。他在倫敦時會帶著女兒去看屋果貝提（Ugo Betti）〔編註：1892-1953，義大利劇作家。〕「女王與叛徒」（The Queen and the Rebel）的女主角艾蓮娜・伊連沃斯（Irene Worth），因為這部電影讓她悲傷地哭泣不已，「我想她其實和凡人沒有兩樣。」幾年後我讀到他在女兒出生前便叫她是「阿米巴」，而且他和妻子兩人甚至考慮要將她送人收養。

梅和挪威舞者兼編舞的圖特・藍可（Tutte Lemkow）在她十九歲時結婚並生了兩個小孩，他倆離婚後還是維持良好的關係。不過她不停重申婚姻的意義就是彼此毀滅，是一條慢性死亡之路，只有神經病才會結婚。她住在肯辛頓期間的生活雖然樂趣無窮，不過多少也添些微妙敏銳的悲觀成分：她時常說幸福不是最終目標，而探尋幸福會讓一個人的存在價值脫軌。即使後來和第二任丈夫的那幾年，她還是不斷抨擊婚姻的不是。

有個老朋友曾說她的熱情經常和神奇的魔力結合，所以她的身邊總是有許多意料之外的事發生。有一次我和她一家人到布希黑斯附近野餐，一條白楊樹夾道的羊腸小徑上有一扇十八世紀風格的大門，引起我倆的好奇心；遠遠的我們看到一座難看的仿維多利亞式的宅院。梅說我們「必須」去那小徑遠遠的那一方探個究竟。於是我們爬過一個鐵絲籬笆的洞口，發現一個個有野草叢生也有整理的相當正式的花園。可是視線範圍內空無一人。我們摘了滿懷的奇花異草，後來才得知我們侵犯了一個大地主的領地；那些稀有的花草大多是從南美洲來的。通常侵入者會被罰以重鍰，嚴重的話甚至會遭到逮捕，不過沒有人抓到我們。只要在梅身邊就能免於意外事件的傷害，這似乎是相當自然的事。她有一條印度製金光閃閃的金屬帶，就掛在左臀下方；其餘部分在大腿附近擺盪。我稱它「魔法腰帶」，而且梅堅持要我和寇諾尼碰面的那個晚上戴著這條腰帶（雖然我當時並不知道自己有這個約。）有了這個保護方法後，她開心地說這條腰帶一定可以保我平安無事。

***

我認識泰隆・包爾的時候，他的外表已不再完美無瑕；面貌因曝曬而褪色風乾，深邃的眼眸更往眼窩裡凹陷，下巴的線條也有了瑕疵。不過他的笑容依舊和煦如日昇，歡樂愉悅的神情總是能感染周遭的每個人。我覺得他挺像費茲傑羅筆下的人物：他具有蓋次比（Gatsby）〔編註：《大亨小傳》的主人翁〕的「浪漫成性」，以及狄克・戴弗（Dick Diver）〔編註：《夜未央》（Tender Is the Wight）的主人翁〕那上流社會的優雅和慷慨情操；他渴望傾聽別人說的話和想法，同時他的專注也讓別人感覺受到完全的尊重和注意。而他看起來瀰漫著一股高尚雅緻和不顧一切的氣息，這個特點很容易在費茲傑羅的人物中找到。對他不顧一切的緣由我沒有任何線索可知，只能從他生命最後那憂鬱狼狽的八年時光找出蛛絲馬跡——他的電影，以及和琳達・克利斯提安（Linda Christian）的不幸婚姻，讓他為這個一度只是小明星又唯利是圖的前妻，付出鉅額的贍養費。後來我才明白他那極欲取悅別人的個性，毀了自己的人生，因為他全然接受自己並不想要的東西，又向他不愛的女人妥協。他厭惡對立衝突，所以盡一切力量避開它們。

無疑地，他的性感魅力使他的人生更加複雜。後來我聽到他是雙性戀的消息時震驚不已；我怎麼也沒想到他是雙性戀，就連梅也毫不知情。他的名字和演員凱薩・羅米洛（Cesar Romero）連在一起。雖然找不到任何合理的原因，我還是相信這個晴天霹靂的事實。幾年後我認識一個曾在阿卡波可夜總會南廁有過速食性愛——正是包爾予以指導的——的男人；之後，在那家酒吧，這位演員對他的太太琳達・克利斯提安特別溫柔。當然我也不知道他曾是多配偶主義者：宋雅・黑尼（Sonja Henie）、羅莉塔・揚恩（Loretta Young）、珍妮・蓋諾（Janet Gaynor）、二十歲芳齡的茱蒂・嘉蘭（Judy Garland）和拉娜・透那（Lana Turner）只是和他牽扯不清的女人當中的少數而已。另有謠言指出他和貝蒂・葛萊寶（Betty Grable）、琴恩・提尼（Gene Tierney）和阿妮塔・艾克柏（Anita Ekberg）過從甚密。他和嘉蘭及透那的關係一度十分認真，而且她們都不願意失去他。終其一生他都活在眾星拱月的光環當中：每當壓抑自己感情的時候他就會感覺自己正在死去。法國演員安娜貝拉（Annabella）是他的第一任妻子，她說他幾乎沒辦法對任何人說個「不」字。有個朋友則說他把自己分割成數個部分，然後分配給各個不同的人。

早年時他十分享受當明星的滋味，可是到了中年他發現自己的容貌已經開始危害他的事業——他因此喪失演出多種角色的機會。他告訴伊莉莎・卡贊（Eliza Kazan）任何「對戲劇有強烈興趣的人，最悲哀的莫過於生得一副英俊的面孔。」包爾當然意識到自己的容貌俊美，但他不因此而自負。相反的，他以家族遺傳下來的戲劇細胞為傲。他在靠近肯辛頓區的亞賓頓路（Abingdon）上租下一間小房子，屋內牆上整齊貼滿了十九世紀時他的曾祖父主演的戲劇海報；而這位愛爾蘭演員泰隆・包爾無論在都柏林、倫敦和美國都擁有大批劇迷。泰隆・

包爾二世在大西洋兩岸演出莎士比亞劇作和通俗劇，但很少見到泰隆三世——一九一四年出生於辛辛那提——直到他去世的那一年。但是當十六歲的泰隆三世想要進軍演藝界時，父親還是相當支持，告訴他要「更勝於藍」。老包爾曾在默片和幾部有聲電影中演出；後來因心臟病發作死在兒子的懷中，留下最後的作品尚未完成。

或許是父親去世的記憶啟發刺激了兒子：隨著他年紀漸長，他更希望在戲劇界立足成為重量級的演員。由貝內（Stephen Vincent Benet）〔編註：1898-1943，美國詩人，小說家。〕所寫描述南北戰爭的敘事詩改編而成「約翰布朗的軀體」（John Brown's Body）——由查爾斯・羅頓導演，在一九五二年和茱蒂斯・安德生（Judith Anderson）和雷蒙・馬西（Raymond Massey）共同在沒有任何裝飾佈景的舞台上朗誦出來——為包爾的演戲生涯帶來前所未有的極佳評價。同時這也讓他對現場表演信心滿滿。我在一九五六年秋天看過他演出「魔鬼的門徒」（The Devil's Disciple）；他在都柏林掀起熱情的旋風，可是在倫敦的反應則比較平淡。他的表演極為優雅，但是過於精緻優美的表現把蕭伯納筆下墮落靈魂的狂野情緒抽離，反而貶低了其他與他格格不入的人。他還是比較適合高級的反派角色。

檢視他的演藝生涯可以看出他並未傾盡全力表演——演電影時通常應該拍特寫鏡頭——，但是偶爾他又過於保留，幾近被動消極的表現。亨利・金恩（Henry King）是他首批合作的導演之一，曾建議他收斂情緒，即使是必須跳躍橫越場景的戲亦是如此。不過他倒是相當清楚如何散發性感張力：在兩人搏擊之前，他告訴派柏・勞瑞（Piper Laurie），你應該看著對手的眼睛，然後往下看他的嘴巴，再看他的眼睛。他需要導演允許他盡情展現自己超凡的絕藝。除了那些讓他賣弄性感或英雄氣魄的電影——比如說打赤膊咬著短劍，拉著繩子在空中擺盪；或單手拿著火把鬥劍；或嘴裡說出這樣的台詞「有勇無謀的英雄只是莽夫罷了」或「我會爬上巔峰，讓他們望塵莫及」——之外，他真正的魅力還是可以在部分電影中見識到。

在認識包爾之前，我認為魅力是虛假造作的。然而他的魅力卻似乎是與生俱來。早期一些虛張聲勢的電影——比如說「寶劍留痕」（The Mark of Zorro）和「黑天鵝」（The Black Swan）——要不是有他加入幽默和活力的元素，只怕這些電影早落得無稽可笑；同時他也會以少量的嘲諷與模仿來增加戲劇風味。雖然他沒有道格拉斯・費班克斯（Douglas Fairbanks）的特技天才，可是他在劍術上表現的機智有畫龍點睛之妙，而且當他將一隻手放在臀上，另一隻手擊劍，或穿著長而飄揚的披風和拉到大腿的長靴時，那副模樣真的相當有趣。他演過最有趣的角色之一是「老芝加哥」（In Old Chicago）中飾演編劇稱之為「惡棍」的流氓：既是樂不可支的暴發戶，又是活力充沛的誘惑者。他本人並沒有這些角色的個性，但是他的演技顯示他應該多接演喜劇角色如年輕卡萊・葛倫（Cary Grant）的角色：好動又魯莽，白色領帶和髮辮取代緊身上衣或胸墊。

他在「魔鬼的門徒」裡親切仁慈的氣息沖淡不少表演張力，但是用在數年前的「蕩寇誌」（Jesse James）卻異常適合；強森原來的劇本描述這名強盜是個對抗工業勢力的正直人物，變成強盜後為追求社會公平傾盡全力和對手搏鬥。這是包爾精挑細選過的經典角色之一：這位彬彬有禮的火車大盜在經歷過一次次優柔寡斷的情況後，就變得更加強悍。強森筆下的角色幾乎多半都有雙重天性；詹姆士是帶有汙點的英雄形象，而包爾兼具陰鬱和光明的特質更加強調這種對立性。如同以往他大多用眼神演戲，當他望著敵人或所愛的人時，他的眼睛會散發出憤怒或歡欣明亮的光彩。

「噩夢走廊」（Nightmare Alley）這部於一九四七年由愛德蒙・古丁（Edmund Goulding）執導的黑色電影，是包爾演過的電影中他最喜愛的。他曾要求柴納克替他買電影的原著小說，不過這位製片人卻不願意這麼做。他渴望演出比海盜或王子之類無聊角色更具複雜性格的人物，所以他樂意接演這個殘酷的騙子角色：善用其聰明才智將自己從低賤的路邊雜耍團，躍升至豪華高級的夜總會，無所不用其極讓那些富人相信他不但可以和過世的人通靈，還可以讀取活人的心思。戲裡的包爾用他那虛情假意的奉承語調耍得別人團團轉，尤其當他說到「精神生活」時更是容光煥發。他就這樣騙過一個又一個，直到最後又回到當初賣藝的地方當「瘋狂雜耍演員」，喝得醉醺醺表演咬掉活雞的頭，換杯酒填肚。整部電影有如沈淪在「爬得愈高，就跌得愈重」的深淵當中。

反派角色的包爾演來流暢圓滑，在「詐騙事業」達到巔峰之時，整個人沈浸在喜孜孜的情緒，因得手的快感而志得意滿。然而當他的手段開始起不了作用時，這位演員表現出控制得宜的不安感，眼神變得空洞無神；兩道眉毛間的紋路會依絕望的攀升而有所變化，使他成為四〇年代黑色電影中的經典下民，同時也是墮落之憤世嫉俗份子的代表人物。這部電影的影評反應相當好，可惜沒有廣為宣傳以致於吸引不了大眾的注意力；或許是電影公司的行政單位不願將旗下這位魅力無限的明星其沾污而冷酷的螢幕形象突顯出來。柴納克堅持要包爾回來演沈重的古裝片，可是他看起來如此不自在，所以壓根兒不打算演出，僅僅到片廠探班而已。

直到比利・懷德（Billy Wilder）的笑鬧諷刺片「情婦」（Witness for the Prosecution），他才又得以在片中盡展天賦，再度以隨時候傳的微笑演出逢迎討好的角色。懷德指導他微妙而抑制的演出方式。既充滿善意的純真性格，又是隨波逐流、招搖撞騙之徒——像極了「噩夢走廊」裡的騙子——由包爾演來真是入木三分；因為他思索自己在電影界究竟應該處於逢迎還是征服的立場，進而將此意念融入戲中的角色。懷德認為「狡詐」已至爐火純青的境界，並預測他的演藝生涯將再創新的高峰。

就在我認識包爾三個月後，他交付我一項無法拒絕的工作。美國新聞處（The United States Information Agency）請他到歐洲參訪，還可讓一名戲劇界的人士同行。對於和官方之間的關係他一向非常謹慎，然而這趟集菁英演員同行的訪問性旅遊團讓他興奮不已，因為他和梅既可以單獨又可以一起行動。於是我開始搜尋各種戲劇，讀了許多尚未譯成英文的法文作品。剛開始時，梅要我將焦點放在安努易、季洛杜（Giraudoux）〔編註：1882-1944，法國劇作家。〕和皮蘭德羅（Pirandello）〔編註：1867-1936，諾貝爾文學獎得主，作品有《六個尋找作家的角色》（Six characters in Search of the Autho、《死了兩次的男人》（Il Fu Mattia Pascal）〕的作品上，而包爾則認為我應該精讀莫拉爾（Molnar）。他決定在歐洲和英國考察一年後，便要在紐約成立公司。鑒於將全數時間花在閱讀劇作反而會模糊判斷力，因此他要我每周全力工作十八小時，然後支付我足夠的生活費，以便我利用剩餘時間寫作。我欣喜若狂，不只因為這有如合夥關係，更因為我可以分享他和梅兩人以新視野觀察國際戲劇的興奮之情。

包爾告訴我他一直渴望演依阿高那種奸詐的怪物和笑裡藏刀的偽君子。阿依高這角色相當有趣，甚至可以說具有坦率的魅力，十分類似「噩夢走廊」裡的大騙子。「奧賽羅」每季固定演出，而梅則飾演戴絲迪蒙娜（Desdemona）這個角色。（由於她極為特殊的瑞典口音，一度使她無法在英國演出莎士比亞的劇作；幸好細心的包爾推薦她一位正音老師。）「噩夢走廊」已經顯示他非常適合惡棍的角色，而我則追尋其他的選擇。然而梅要的是具「同情心」的角色。「米蒂亞」（Medea）就是個相當大的挑戰，但是另一方面她又渴望能演出與易卜生和契訶夫的女主角旗鼓相當的角色；倔強任性又熱情如火，或許不是那麼討人喜歡。她提醒我，她本來就和反叛脫不了關係。

包爾承諾不會拿桌上堆積如山的東西加重我的負擔，頂多偶爾會詢問我對他某些財產的想法，比如說約翰・史坦貝克（john Steinberg）電影劇本「流動巴士」（The Wayward Bus）以及比得・烏斯提諾夫版的「Peter Ustinov」貝尼多・喜雷諾他買下「Benito Cereno」（這兩本都不適合他）。他買下艾拉傑・卡本提爾（Alejo Carpentier）小說《失落的足跡》（The Lost Steps）的電影版權，期望哪天能夠演出這部電影。同時他也計劃在百老匯演出改編自巴德・舒柏格（Budd Schulberg）的《回歸現實》（The Disenchanted），我想到他飾演費茲傑羅的角色時就興致高昂。他住在肯辛頓的那年秋冬極少飲酒，所以我後來聽到他——在那段期間之前和之後——有時候會喝的非常兇時，真叫我驚訝。

他悔恨地說，演員對劇本好壞的判斷力通常很差——因為他們容易只看見自己的角色部分，卻忽略劇本其餘內容是否薄弱或甚至是糟透的。他談到一齣叫做「寂靜之地」（Quiet

Place）的劇作，就是他沒有全盤了解其內容即決定的。他飾演一位作曲家，並娶李奧拉・戴娜（Leora Dana他的好朋友之一）為妻；據說這兩個角色是以李奧納德・柏斯坦（Leonard Bernstein）和費莉西亞・蒙特利吉（Felicia Montealegre）為藍本。第一場在紐哈分劇院（New Haven）的演出笑料百出，鋼琴音樂貫穿全場，可以說博得好彩頭。而第二場整體的感覺變得拘謹起來，觀眾總是在不該笑的地方狂笑。聽到舞台下不絕於耳往上攀升的笑聲，包爾知道當戴娜把花環放在他頭上的那一刻，觀眾一定會崩潰。為了先發制人，包爾抓住她的手腕，深深地望進她的眼眸，即興說出「你『絕對』不可以這麼做。」這位困惑的女演員迅速地將花環放到另一隻手上然後將它歪斜地套在他的頭上，觀眾果然立刻報以哄堂大笑，笑聲淹沒整個劇場。接下來剩餘的幾幕戲對演員們來說實在相當難熬。這部劇作從沒有登上百老匯的舞台，而包爾則說他演完這齣戲後得到肝炎。那次的經驗就像他演過的那些濫竽充數的電影——包括「水手」（Sinbad）可怕的電影版本（他把這齣電影的拷貝銷毀了）——一樣令人洩氣，雖然他在梅廚房表演地熱鬧非凡。

另外他在好萊塢面臨的主要問題之一，便是他從剛出道開始，身邊盡是圍繞著唯唯諾諾的應聲蟲。當他們要他接演某部特別的電影時，他實在無法信任他們的意見，所以他逐漸變得難以相信任何人，特別是那些出身電影工業的人。這似乎顯示他依舊害怕遭人利用，儘管他的社交技巧超凡廣闊，但防人之心不可無的意念一直主導他的行事。但是他說自己非常依賴我對他的坦承佈公，希望我對劇本或他的表演上的意見能毫無保留地說出來。我感動地保證自己會做到。

慢慢地幾個月過去了，我仔細鑽研過艾列克山德・歐斯托斯基（Aleksandr Ostrobsky；為契訶夫在莫斯科劇界之前輩，他對仕紳地主的挖苦批評，經常遭到沙皇政府審查機構的攻擊攔阻）、前衛的巴黎社會主義份子亞瑟・艾達墨夫（Arthur Adamov）、其「強奪盧克雷西」（Rape of Lucrece）為班哲明・布里頓（Benjamin Britten）歌劇之靈感來源的安得列・歐培（Andre Obey）、阿曼・沙拉庫（Armand Salacrou；法國劇界的偉人，不過影響力不到英倫）、以滑稽歌舞雜劇和啞劇聞名的馬歇爾・艾卡（Marcel Achard），以及馬歇爾・艾梅（Marcel Ayme）和安得列・盧辛（Andre Roussin）的喜劇，和為莎拉・班哈特（Sarah Bernhardt）寫作的維多利安・沙杜（Victorien Sardou）。此外我也讀過洛卡、史尼茲勒（Schnitzler）、布西尼（Buchner）和茱爾斯・羅伊（Jules Roy），也力勸梅閱讀布利森的《遠離非洲》（Out of Africa）；她倒是相當有興趣將這個故事拍成電影。吉勞道斯的《齊格菲》（Siegfried）讓我著迷不已，故事描寫一個於第一次世界大戰家當盡失的男人重新找回失落的自己，這對包爾來說似乎是個相當鮮明活躍的角色，結合機智、悲傷和渺茫希望的特質。他對反派角色興趣盎然，因此我便推薦梅德爾敦（Middleton）和勞瑞（and Rowley）所寫的詹姆斯一世時代的悲劇「低能兒」（The Changeling），他可以盡情飾演那位古怪異常、面目醜陋的謀殺犯。可是被他否決，因為有一場戲是這位主角必須把某個女人當作另一個人跟她做愛，而他說他無法相信哪個人會不知道跟自己上床的人究竟是誰。喝著梅高腳杯裡的俄羅斯茶，抽著細長的土耳其煙，我們三個熱烈地討論一個又一個劇作，和它們該怎麼演出等等。在那接下來的十年，被我精挑細選出來的劇作大都被轉譯成其他語言，也陸續搬上舞台；其中大部分到現在依然家喻戶曉，但在當時卻都是屬於新發現。

＊＊＊

梅以貫串自己人生的信條，在其周遭建立起一個強大而有趣的共同體。雖然嚴格說起來她是個疏忽的母親——她在還沒想要孩子的年齡就早婚生子——，但是她卻又創造「族群」的天份，能給予他人安全感而非要求別人全然適應她。只是我無法理解為何在她向周圍所釋放的歡欣鼓舞的氣氛，似乎只在她的朋友身上起作用，對她自己或兩個孩子似乎沒有那麼強烈的影響。豐富的生產力和相互支持是主要基石，空氣當中總是充滿鼓勵的元素。肯辛頓區就像一個緊密的臨時棲身之家：梅和包爾兩人彷彿扮演和藹可親的長者，與其說他們是父母那種角色不如說他們是守護者。（包爾希望能看看那些跟我外出的年輕男士，雖然梅不喜歡或生人出現在她家。）梅的兒子路易斯和我親密地就像我的弟弟一樣——若干年後當他成為巴賽隆那大學的副校長時，我就是這麼對他說的。

路易斯童年時念倫敦的法國學校，小心翼翼捱過阿爾及利亞和塞浦路斯的戰爭，喜愛的是古斯杜（Jacques Cousteau）的《沈默世界》（The Silent World），在浴缸練習他的蛙鞋，小小年紀已經開始傾向無神論，直言他「相信細菌的存在，但不相信上帝」。若是告訴他有些存在的現象是肉眼無法看見的，他便會笑著說「把上帝放在顯微鏡下讓我看看！」有個老師說告訴他「上帝是無所不在的」，路易斯反駁說「那麼我就可以打他的肚子了」，然後開始用兩個拳頭對著空氣猛打。

他的姊姊艾提安是個麻煩的小孩，年僅十一歲的她情緒大起大落有如痛苦的大人。不過另一方面來說，她是個機伶又有幽默感的孩子，常常讓大人又好氣又好笑。梅和我有一次帶她去看波夏・巴雷（Bolshoi Ballet）的《羅密歐與茱麗葉》（Romeo and Juliet）；結局雖然讓她難過，但卻對茱麗葉和羅密歐差不多都是十四歲的年紀感到十分好奇。她說「我賭他們結婚後一定不知道要做些什麼。」我倆的臉立刻血色盡失。「不過暹羅人比他們更早結婚，——我賭他們一定知道要怎麼做。」她的驚人之語逗得我們哈哈大笑。她周日的一大樂事便是到倫敦動物園，找個人一起把大蟒蛇繞在身上拍照：而她最喜歡的伙伴就是包爾。到了二十出頭時她被診斷出疑似精神分裂，但我永遠也忘不了她在意志消沈的情緒中，那特別活潑爽朗的心智。

***

聖誕節前，梅和包爾去參加史特林柏《茱麗小姐》的電視現場表演。我的印象非常深刻：她一如往昔精於情緒迅速轉換，而他把貼身管家的角色詮釋的既討喜又險惡，卻不失諷刺的意味。十二月二十四日下午，我以為賽文公寓除了我應該沒有人在，卻聽到客廳有奇怪的聲響，我立刻衝去開門，並將燈打開。我看到包爾和他的司機亞瑟趴鋼琴下面，正在祕密安裝十六厘米的電影放映機，這是給梅的驚喜。（在卡帶流行前的時期，最高級的家庭放映機是奢侈品，而梅一直渴望能擁有這部機器。）

梅興沖沖地安排——不，應該說指揮——聖誕節的活動，連包爾都忍不住取笑她：「諾拉！她說十點用早餐，下午三點用午餐，午餐過後就是禮物時間。現在我們該怎麼做才能打亂她嚴謹的計劃？」他等不及打開禮物的時間，因為他急於現寶給她一個大驚喜。所以我們早餐過後就迫不及待撕開禮物的包裝，孩子們興奮的快發狂。包爾送我一枝精美的派克筆，這樣一來我的手指就不會老是沾上墨水了（我那廉價的自來水筆就會給我找這種麻煩）；梅則送我一個鮮紅色皮製的筆盒，賴伯寧則是兩枚羅馬硬幣——一枚是哈德里安皇帝（Hadrian）的頭像，因為我喜歡他的別墅，而另一枚是克勞迪烏斯皇帝（Claudius），長相像極了我最愛的法國人格拉・菲力普（Gerard Philipe）——「新政治家」的工作同仁則送來一罐希臘蜂蜜，據說是當地特有的名產。

我們的聖誕大餐相當豐富，包爾要求上等的沙朗牛排、哈洛德的玉米粒和棕櫚心；另外再用高壺裝盛香檳和黑啤酒混合調製的黑奶昔。包爾的庫帕製片公司合夥人泰德・李奇蒙（Ted Richmond）和他那憂心忡忡的妻子也加入我們。李奇蒙拒吃大蒜沙拉醬，理由為「那不是加州風格」。他的妻子在稱讚過梅的古董酒杯後，說客人因常常打破東西（我猜是喝醉的關係），所以她不再用這種精緻的器皿了；倘若那些賓客無法償還損失就糟了，那就表示她是個糟糕的女主人才會讓這種事發生。我們吃的非常盡興，包爾打開那台新穎的放映機，把梅的首部瑞典電影「雨過天晴」（Sunshine Follows the Rain）放給我們看，是一部描述她和吉普賽提琴手私奔的通俗電影，另外還放了「噩夢走廊」這部讓我首次接觸包爾演反派角色。

那次的聖誕節有了梅和包爾兩人的幸福甜蜜顯得更加溫馨；客人離去後，她告訴我這是她三十一年來感覺如此不同。那天晚上她並沒有如以往嘲弄幸福的意義，而我也非常慶幸自已能分享他倆交會的心意。當然我也覺得他倆的關係十分浪漫，當他們發誓這輩子都不結婚時，聽起來反而像一種愛情的延長模式，讓這段感情顯得益發浪漫。他們的愛情、製作公司以及我在工作和生活上與日俱增的信心，似乎預示璀璨光明的未來。雖然接下來一年內他倆會分道揚鑣，而我也會嫁給一個尚未謀面的男人；十八個月後他們各自再婚，包爾不到兩年後去世。但是，至少我認為聖誕節那天讓人感到幸福就在不遠處等著我們——梅和我都是這麼想的。

＊＊＊

安努易的劇作讓英國觀眾著迷的時間超過十年。這位自稱是滑稽厭世者的劇作家將自己的作品分割成「玫瑰作品」（Pieces Roses；他最輕鬆、娛樂性高的創作依然帶著十分憤世嫉俗的意味）和「黑色作品」（Pieces Noir）那類黑暗的悲喜劇，藉以反應他主張人類動物兼具「悲傷與快樂」雙重特質的信念。他筆下部分男性角色個性詼諧風趣，不再抱持浪漫主義又有些憤世嫉俗，因為認定愛不能持久而不知所措；他們認為所謂的正派作風在這腐敗邪惡的世界注定落得煙消雲散。至於女性角色則是一派誠實坦白的風格：年輕女性出淤泥而不染，身處謊言堆砌的環境依舊保有公正無欺的性格。

安努易的「安蒂格妮」(Antigone)、「月暈」(Ring Around the Moon)、「雲雀」(The Lark)、「鬥牛士華爾滋」(Waltz of the Toreadors)以及其他許多劇作，都曾在倫敦做長期性的演出。梅早就想演出「薩瓦奇」(La Sauvage：粗略譯為「不安的心」Restless Heart)這部早期的黑色作品，描述主人翁——在髒亂的海邊酒館長大成人，父母既惹人嫌又貪得無厭——被一位富有的作曲家所愛，想將她從粗鄙不堪的環境拯救出來。雖然她也深愛他，但她拒絕他所提供的奢侈又穩定的生活，因為她無法處於這種再也沒有苦難的環境中。這就好像灰姑娘放棄王子一樣——一個足以撕裂她心扉的決定。

布幕升起，一個破舊粗糙的酒館小樂隊映入眼簾，刺耳的小提琴和五音不全的大提琴聲摧殘著觀眾的耳朵，這早期的場景因完全展現安努易悲觀的魅力而熠熠生光。不過當我首次閱讀這本劇作時，發現第三幕重覆第二幕的部分場景，憤怒不已的女主角似乎作繭自縛而替自己找了不少麻煩。我確定這並非安努易的本意，因為女主角應該是讓人心動神往的。可是這個角色好像將他置於進退維谷的處境：她將情人的書丟在他圖書室的地板上時，把父親灌醉要他唱些淫穢下流的歌曲，然後又自怨自艾起來。這齣戲提出的疑問是：為何她要放棄深愛的好男人呢？然而這位劇作家並沒有回答這個問題。我告訴梅我認為這位年輕女郎實在反常，她不高興地強烈否決我的看法。(後來我才知道她以為「反常」的意思指的是同性戀。)

不過她還是賦予這位歷盡滄桑的孤苦女主角英勇的特質，在安全的環境下與其懷疑不安結合——這是梅的信條之一——反抗所有既定規則；在最後一幕她隻身一人以重生的姿態歡天喜地去闖蕩世界。探尋自由成為梅日後於六〇年代及之後時期執導的電影和她的小說中，一再探討的主題。

至於富有情人一角始終沒有最佳人選，因為角色的屬性不夠具體，以致於無法吸引和保羅・史考菲（Paul Scofield；他拒絕演出）具有同等能力與形象的演員來飾演。不過唐諾・派利森（Donald Pleasence）貪婪啜泣的酒鬼之徒和彼得・布爾（Peter Bull）飾演的強烈的時事評論家都將他們的演技發揮到極致的境界。巡迴演出的「薩瓦奇」好評不斷。包爾開著他的達勒車（Daimler）載他的朋友克特・卡茲那（Kurt Kasznar）和李奧拉・戴娜還有我火速前往布來頓欣賞梅叫人目眩神迷的演出。第二天我們享用海鮮午餐時——包爾堅持點一道叫做火山麵包的神秘開胃小菜，嚐起來像魚卵的味道但實際上是海藻做成的——不禁為梅的前途感到高興。這齣戲在布萊頓演出的門票一天之內就售完；還有幾百人只能帶著向隅之憾離開售票口。城外的劇評捷報頻頻，「薩瓦奇」有如她演藝生涯的里程碑。當然這部劇作會登上百老匯舞台。不過我們聽說戲劇工會某位相當喜愛這齣劇作的成員，認為劇中蔑視金錢的意念可能和紐約格格不入。

梅的巡迴演出本來只預定幾個星期便結束，但是卻因為倫敦劇界罷工而一延再延。她在外地演出時，路易斯和我便整理家務，將她寄來的工資袋分發出去。她的員工不停地增加：我雇用一位溫和又有耐心的牛津校友擔任艾提安的家教——她假裝不會閱讀，但是這位聰明的家教發現她對他有遐想，便巧妙運用這一點卸下她的偽裝——和兩個女傭，因為一個不能彎腰，一個又不能抬重的東西；一個身材豐滿的十七歲瑞典寄宿學生（這位正受訓成為宴席籌辦員的女學生，常常和比利時男友一起製作精緻晚餐供我們享用）；至於主廚諾拉則負責餵飽小孩，隨時在廚房煮好咖啡供來者取用；另外就是包爾的忠心管家莉莉・安羅迪太太（Mrs. Lillian Ruddy），她那雙嚴厲的眼睛總是特別盯準糖、雀巢咖啡、奶油和茶這些有人點了又帶回家的數量。梅有位朋友說過，賽文公寓的生活結合屠格涅夫和契訶夫式的角色特質：演員母親、英俊家教、一些傭人、愛譏諷的醫生（也是這個家庭的朋友）和神秘的客人——在下我。

梅每個星期回來一兩晚，一拖著精疲力竭的身軀臉蒼白地擔心長期巡迴演出會影響劇作的品質。包爾便選些電影用放映機放給她看，振奮她的精神：有卓別林和哈洛德・洛伊（Harold Lloyd）等人的作品，「搖滾」（Rock Around the Clock）和波希（Hieronymus Bosch）的記錄片。他還拖了許多琳達・克利斯提安的衣服到肯辛頓，惱怒的他抱怨她在外追逐那些他稱之為「今晚獵物」的英國名流男士，老是把瘋狂採購的衣服放在他家。他要我挑些自己喜歡的衣服，然後把她其他的衣物送給一九五六因匈牙利革命流亡至此的難民。克利斯提安大部分的衣服對我來說都太小了，不過我還是從中挑了一件淡紫色的絲質上衣，和一襲白色蕾絲長裙。包爾說他倆結婚初期他就已經明白，她只在乎衣服——和金錢。他的第一任妻子安娜・貝拉有天晚上過來和我們一起用餐。她和梅之前從未見過面，那天晚上兩人卻都穿著黑色圓領毛衣和白色羊毛裙，上面都用金屬纖維繡的圖案：一個是金色的，一個是銀色的。不太自在的笑聲在侷促不安的氣氛中游走。安娜・貝拉似乎是個熱誠體貼的人，但是三個人都緊張的正襟危坐又過於拘謹，梅吃過晚餐後便立刻吐了。

那之後沒多久包爾把彼得・維爾德（Peter Viertel）的劇本「妾似朝陽又照君」（The Sun Also Rise），這是戴瑞・柴納克委託的作品。我覺得其內容相當精緻；許多對話皆直接取自海明威的小說。包爾不願離梅太遠，因為他拍「情婦」時又得和她分隔兩地。不過最後他還是心不甘情不願地接下傑克・巴恩斯（Jake Barnes）這個角色。我對這部即將拍攝的電影興奮莫名，連包爾都沒有這麼熱中，雖然我應該明白他並不適合海明威筆下的角色。當時我也不清楚四十三歲的包爾是超齡演出這個角色。二〇年代有幾位演員也是超齡飾演這位年輕的角色——艾洛・弗林（Errol Flynn）和艾迪・亞柏特（Eddie Albert）演出時幾乎已經五十歲—

─，而呆若木雞的梅爾‧法瑞爾（Mel Ferrer）竟然演出羅柏‧科恩（Robert Cohn）真叫人震驚。

挑選演員由柴納克一手包辦；在確定包爾會演出之後，他請多產的亨利‧金恩，這位在開發演員個人風格上過於保守，卻以劇情節奏過慢聞名的導演來執導。他曾在一部默劇電影「悍婦」（Fury）中指導過包爾的父親。包爾剛出道時就接觸過金恩，當時他主演他導演的「倫敦洛依德」（Lloyd's of London），是他首部賣座電影。後來他陸續和金恩合作拍攝了十幾部電影，大多數都過於冗長沈悶。

「薩瓦奇」依然在苦等關閉兩個星期的倫敦劇場重新開張。梅生日的時候，包爾送她一張飛到到墨西哥摩勒里亞（Morelia）的頭等艙機票，而「妾似朝陽又照君」的諸多場景就在那裡拍攝。當她的小飛機降落在某處田野上，他領著一組墨西哥樂隊迎接她。可是她並不知道這種情況通常伴隨著他的緋聞，當然也無從知道有一名年輕的墨西哥女郎──臨時演員，是他在拍攝期間的女朋友──，雖然他看起來全心全意將焦點放在梅身上。（對他那些情人來說，他的單身身分似乎成為他魅力的一部分。）演出麥克‧坎貝爾（Mike Campbell）的弗林則成天狂飲龍舌蘭酒。艾娃‧加納（Ava Gardner；飾演布萊特女士Lady Brett）也是馬丁尼和龍舌蘭酒不離手，拍戲時經常遲到。梅以為加納厭惡演戲，或抗拒攝影機──或兩者都是，她甚至恐慌未來表演事業的遠景不再。羅伯・艾凡斯（Robert Evans）是成衣業的高級主管，也是派拉蒙影業未來的製片，飾演才華洋溢的鬥牛士，這實在是令人啞然失聲的選角。當他走過鬥牛場時，幾百名墨西哥臨時演員爆出激烈的笑聲；這一幕得重拍，而可憐兮兮的副導不停地央求他們別對艾凡斯行走的方式和身著鬥牛服的笨拙外表予以鼓譟或嘲笑。包爾和編劇維爾德力勸柴納克和金恩撤換他，但他們卻傲慢地拒絕。電影上映時，柴納克甚至把艾凡斯捧為魯道夫・范倫鐵諾（Rudolph Valentino）的接班人。

安努易從法國來到倫敦參加「薩瓦奇」的定裝排演，並相當滿意大家的表現。他告訴梅他十分讚賞她在結局部分的重新詮釋：女主角以正面愉悅的心情離開她的愛人。（叫她驚訝的是，他說自己並不喜歡悲劇。）這位導演擔心在馬不停蹄地巡迴演出三個月後，又停滯兩個星期無事可做的情況下，演員會表現不佳。於是他召集大家在重新開演的當天徹頭徹尾排演兩次。那晚果然災難連連：感染導演緊張情緒的演員們，疲憊又垂頭喪氣的，梅只得滿場跑努力振奮他們的精神；她並沒有誇張演出，但是對她的角色來說則表現得過於狂熱。這齣戲的弱點全都曝光：不斷重複情節的第三幕和女主角互相矛盾的個性——她似乎沒來由地到處破壞，甚至在某些場景十分瘋狂——，「薩瓦奇」陷入前所未有的混亂。這是我首次見到一部劇作被改編的如此暴力，彷彿連劇情素材都換掉一般。梅非常地沮喪；她要朋友給予誠實的意見，所以我們只能照辦，而她聽完後就這樣呆坐到凌晨四點，灌下好幾杯她以前幾乎不沾的香檳。

我聽說第二晚的演出表現有了大逆轉，只是首演過後的劇評極糟，所以這齣戲只演了幾個星期而已。梅還是勇敢地面對這個失敗，但是那彷彿是個不祥之兆，預示後來她和包爾策劃在倫敦小型上演季洛杜的「安岱」（Ondine）的命運；後來這齣成為保留節目彙演。契訶夫的「普拉托諾夫」（Platonov）也遭到厄運；包爾飾演的唐璜（Don Juan）被喧鬧不休的女人追逐著。那是最叫包爾興奮的角色；據說那是契訶夫首部劇作，因此包爾希望由葛舍里（Tyrone Guthrie）來執導。只是「薩瓦奇」結束上演後，失敗的傷害蔓延到我們身上，從羅迪太太到孩子們都因此士氣低落。

「妾似朝陽又照君」則在「時代雜誌」引起熱烈迴響，且「前鋒論壇報」也極力推崇包爾的表現。他的演出極具創見和敏銳度，當布萊特追獵其他男人時，他的眼睛像會表達感覺似的縮放自如。在原著小說裡，傑克・巴恩斯是個粗礦強韌的角色；活力充沛又擅於譏諷的外國記者，喜愛巴黎和美食，熱愛徒步旅行和釣魚。然而在電影版本的他僅僅只是一個悲傷的旁觀者，而包爾大多以眼神緊盯艾娃・加納，取代言語的表達。這我讀過的精采劇本一再被重寫，而那幕巴恩斯被告知自己陽痿的戲誇張而令人尷尬，還配上難以忘懷的背景音樂。至於加納的角色則不須內斂的演出，只要高興的時候咧嘴而笑，生氣時大聲尖叫即可。柴納克和維爾德將小說裡反猶太人的台詞刪除，因此眾人謾罵羅柏科恩固執迷信的字眼消失了；他們只認為這個人惹人厭罷了（梅爾維爾本人的確也是如此）。

在許多電影裡，弗林總是在醉酒的狀況下演出酒鬼的角色，可是卻能在最後時刻贏得討好又有些苦澀的尊嚴，而且在同片演出的演員當中得到最好的評價。當布萊特說出最後的台詞「喔，親愛的，我們之間一定有解答」，巴恩斯則回答「我相信的確有」，讓我不由得想到人工陰莖。海明威早就譴責過這個改編的劇本。在這齣應該有流亡者盡情尋歡作樂，和某個小城為鬥牛活動熱鬧沸騰的電影，卻感覺不出一絲絲的活力。我大失所望，以致於沒有告訴包爾我的想法，但是他——主動提起這部電影並不如他預期——這是首部在時代雜誌上為他贏得好評的電影。（他一定是忘了詹姆斯・艾吉（James Agee）相當欣賞「噩夢走廊」。）或許他並不想批評柴納克和金恩的不是，因為他的演藝事業——但卻也是他極力想改變作風的演藝事業。

多半是這兩位的提攜包爾在洛杉磯拍攝「情婦」時，梅飛去探班。他和比利・懷德之間的互動關係極為和諧，因而大大振奮他的精神：導演尊重他這個演員，欣賞他的智慧和幽默。後來包爾告訴我他實在受不了和聯袂演出的演員瑪蓮・狄崔（Markene Dietrich）對戲，因為無法不注意到她頭皮上已經癒合的狹長傷口；他說那處劃開的刀痕已經用金屬鉗連接在一起，把她臉上的皮膚往上拉緊，然後再帶頂金色假髮遮住。這個整容手術才動過沒多久，所以跟她對戲時得非常小心以免弄痛她的傷口。而她則為包爾神魂顛倒——她經常對同片男主角假戲真做——，就連查爾斯・羅頓這位其貌不揚的同性戀也相當欣賞英俊的他。懷德猶記得「每個人都迷戀」包爾，連異性戀碰上他「都很難不為他的魅力所動」。

梅到了洛杉磯以後迫不及待和包爾商討兩人先前就計劃好的歐洲巡迴保留彙演。然而她卻發覺他相當疏遠冷淡，這讓她受傷又困惑。我的父親當時正待在聖塔・莫妮卡（Santa Monica）為一部亨利・鮑嘉（Hhumphrey Bogart）在世時沒能演出的電影寫評論，於是我便請梅代為電告父親我的近況。他們兩位先前並沒有碰過面，但沒想到她到洛杉磯後我聽到的第一個消息，便是她和父親兩人於凌晨兩點起程前往亞歷桑那，欣賞霍皮印第安人的民俗舞蹈。（他結交許多霍皮印第安人朋友，所以經常駕著裝滿玉米的貨車到新墨西哥和納伙印第安人交換物品。或許他生平重要的宗教啟發便是誕生於霍皮族的祈雨舞中：跳完祈雨舞後接踵而至的豪雨和大規模的停電狀況令他瞠目結舌。）在我父親那搖晃不穩的老車上熬過一天疲憊的路程後，他們就在丘陵上露營一個星期，附近的紅色岩石和遍野的山艾叢間常常可以見到蛇的出沒，據說這些蛇是將霍皮族的祈禱帶給大地之母的信差。父親和梅鎮日欣賞臉帶面具的半人半神裝扮的男人跳著卡其那舞：那些舞者和霍皮族族人相信祖先的靈魂已經暫時降臨在他們律動的身體裡。我的父親盛讚梅她那勇於冒險的「真正維京精神」。她後來說那次探險扭轉她的人生，因為這個經驗讓她鼓起勇氣做導演。她告訴我，我的父親總是想著要去北極圈的約克莫克（Jokkmokk）參加拉布蘭嘉年華會。（他打算為紐約客撰寫「拉布蘭的來信」，但卻無法達成任務。）就是這個想法讓她有在斯堪地那維亞半島最北端的拉布蘭拍攝首部記錄片的念頭。總而言之，霍皮族探險將她推向冰凍的景色，那裡遍布著麋鹿和馴鹿，連當地的遊牧民族過的還是跟一千年前的祖先差不多的生活模式。對荒野的熱愛促成她陸續在冰島和格陵蘭島拍攝記錄片，她深深被愛斯基摩人所吸引，如同她後來在法國南部拍片時著迷於吉普賽人一樣。

＊＊＊

幾年後梅對演戲不再眷戀，然後似乎也變得厭惡演戲：她說演戲必須順從。有太多的變數等著她，這是她自己或她的朋友們也無法預知的。她當時也沒料到自己會在六〇年代熱烈響應女權主義。另外她在瑞典導演的電影大膽描述性主題，而這兩者都犯了偽善的錯。她的首批劇情片──「鶼鰈情深」（Loving Couple）、「夜色遊戲」（Night Games）、「女孩」（The

Girls）——中的男人總是個性消極或無足輕重，但在處理女性角色上便嚴苛許多；她們不是堅強獨立便是荒謬可笑兩種選擇。她大刺刺地描繪女性怪物——是一種善於貶低他人的生物——來嘲諷溫馴膽怯或保守成性的女人。亂倫、去勢、不幸婚姻、愛情遠去和瘋狂的主題在不太自在的情慾漩渦中，貫串於她的電影之中。她藉由佛洛伊德的途徑探索角色——當她們在痛苦與病弱中手淫、嘔吐和翻滾，撕毀衣服以及挖著鼻孔時——，這看來天真樸實。（我懷疑她是否讀了許多佛洛伊德的理論，但是她的觀點的確流通於她所知道的世界中。）然而每一幕戲都可以發現她那引人入勝的視覺天賦，特別她探索女人幻想自己需要或畏懼什麼時，以白日夢和噩夢的處理方式來尋找女主角的特質。

她訴諸美感的意象存在於其認定美麗的東西上：比如說貢杜拉船上戴著面具的身影緩緩划過威尼斯運河；一隻白鴿從一條深藍色的圍巾中展翅飛去；窗邊的蝴蝶；巨型火炬冒出的煙和水裡的倒影等等。她熱愛白色：白色天花板、睡袍、百合花、白色紫丁香、白色蕾絲窗簾、鳥、白色襯裡、白樺樹、冬日和雪景。恐怖殘忍的畫面也相當豐富，比如說一個女人舉辦古裝派對，生下她（死產）的小孩——她用力時搭配爵士樂——，或一個瘋人院的男人撞牆所發出的狂叫聲，或妓院裡的強暴畫面。還有街頭表演裡銬住手腳的人被吊掛起來，靠近玻璃刺耳的聲音；熟悉的面孔出現在扭曲失真的鏡子裡。

梅滿腦子古怪的想法——即使是可怕陰森的——可能是從這個意念裡蹦出來的：她認為醜陋這個事實是許多人害怕面對，卻不得不正視的問題。或許她希望顛覆北歐社會的壓抑性格——雖然它早就不再像以前那般壓抑。在某個「夜色遊戲」的慶祝節目上，她寫道：「我相信只有經歷過無數黑暗面的想法和觀點之後，才能對事情抱持真正正面的態度」——儘管如此，還是有些旁觀者認定她的電影是搞色情。她的兩本短篇小說和一個長篇故事先後在一九六六年至一九七六年間出版，內容充斥著噁心的液體：黏膩的蛋黃、腐爛蘑菇溢出的惡臭汁液、小便和腹瀉合併的排泄物和嘔吐物等等。她那高度幽默感——在她談起昨天或過去幾年發生的事情時便會源源不絕地湧出——並沒有運用在自己的電影和小說裡，反而偏愛加入粗俗諷刺的笑鬧元素。

住在肯辛頓愈久，我並不訝異她在文章中表現出來的激烈情感，只是字裡行間透露出對軀體的厭惡讓我相當困惑而無法理解——因為她談到性時總是一副愉悅的模樣。畢竟她的本能還是在喀爾文教派的北歐所開發的，就像英格馬柏格曼一樣，她極力反抗那冰冷的文化畫地自限或動搖其自由意志。或許他們認為壓抑的情緒有助於滋養腐化和殘酷。在他們的土地上，健康的性愛有時候會被視為污穢和非自然，而他們的電影更是表達了人們因違反常理而產生的苦惱。史特林柏式的恐怖和幻覺頻頻占據他們的特質。梅於一九五九年移居英國鄉間，後來又到法國南部的荒郊野外；她和六〇年代的解放運動並無多少接觸，似乎並不清楚壓抑的年代已逐漸遠去。所以她繼續向薄弱的道德守護者挑戰。身為奔放的異教徒徒，她厭惡基督教；她最喜愛的兩位導演布紐爾（Bunuel）和費里尼都嘲弄教堂。（她的暹羅貓就取名為費里尼八又二分之一。）年紀愈長，她益發全神貫注在超現實主義、形而上學，甚至玄學上，雖然她非常明白人生是不可預測，只是經常如此希望而已。

＊＊＊

梅從好萊塢返回倫敦，對於和包爾之間的關係非常焦慮，他顯然一直在疏遠她。一個月後我回到紐約，他介紹我認識黛比・米那多（Debbie Minardos）這位大我兩歲的黑髮西西里島朋友。她的笑聲爽朗無比，而且喜歡重覆說她最喜歡的大象糞便笑話（我早已忘了這個笑話最關鍵精采的部分）。貓王是她的偶像，還堅稱他倆約會過。她看起來是個活潑的女孩，不過我知道她是非常強悍的。包爾謹慎地要我告訴梅關於黛比的事情，但我說這並非朋友該做的事，他則慌張地同意我的看法。似乎是因為梅在許多方面拒絕妥協——無論是私生活或工作場合——讓他相當困窘為難。他以極端崇拜的心情談到她的事業，但是也不得不承認她過於強勢和苛求，於是他變得有些怕她。我難過地想到她經常以驕傲的口吻談到自己的獨立自主——但她卻是我認識的所有女性當中，對她生命中的男人依賴最多的女人。而且我注意到這個柔情蜜意的男人對親密行為很是失望。梅經常拒人千里之外，所以我只能遺憾包爾的遠離不只是因為她的緣故，還有我將他倆的關係過於理想化：我以為他倆的愛情能無止盡地持續下去。他倆的分手讓我不禁懷疑愛情永恆的可能性：倘若那兩個人最終還是走上分手之途，那我們其他人還有什麼機會長長久久呢？我的天真和浪漫不曾枯萎，然而我對兩人世界的信心卻逐漸消褪。

包爾在他公園大道的頂樓住處設宴作東，邀請賓客見證國家廣播公司（NBC）七十五周年紀念日贊助新澤西州的標準石油公司。我聽到黛比又說了兩次大象笑話。麥克・陶德（Mike Todd）顯然不怎麼欣賞。他的妻子伊莉莎白・泰勒本來在另一個房間就節食的話題高談闊論；突然她那雙美麗的眼眸倏地張大並叫道，「麥克又在吃東西了！我感覺到了！」她衝到他的身邊努力要奪下他手中的雞腿，可是他愉快地低聲咆哮，發誓要吃光整隻雞腿——連帶她的也不放過。

包爾——中途離開派對，又在結束後沒多久回去——告訴我剛開演的「西城故事」（West Side Story）讓他大驚失色；他說滿場的歌舞表演錯誤百出叫人討厭。「前鋒論壇報」的巴黎專欄作家包可華（Art Buchwald）〔編註：美國著名諷喻作家〕在客廳裡走來走去並說了兩次「哈囉」；當我聽到他再度愉悅地高喊兩次「哈囉」，我懷疑還有誰能像他一樣一直這麼快樂。（六年後他因臨床診斷出患有抑鬱症而入院療養，這是許多幽默作家最悲慘的境遇。）有人說起在好萊塢的馬路上一個英國演員將車開在左向車道時叫道，「難道美國人不懂交通規則嗎！」

我們看過包爾在國家廣播公司——這是我第一次看彩色電視——面對那些冷漠的演員像珍‧包威爾（Jane Powell；「今日女郎」The Girls of today）大力稱頌石油事業，我發現包爾看起來閃亮動人。即使說出這樣的台詞「我們用的浴桶大部分不是木頭製作的，而是石油」也絲毫不減他的風采。或許這才是真正適合他的生活——而非劇場，也非梅要求的心靈探索。可是他在倫敦時看起來如此快樂：和她在一起時。難道那是演戲嗎？或許吧——以一個想取悅別人的男人來說。我喜歡在他紐約的家聆聽演藝界的笑話，只是那個晚上似乎和肯辛頓隔了十萬八千里，將那些美好快樂的計劃和未來的希望也隔絕在外。

＊＊＊

在二十出頭時，我對失去的定義並沒有多了解；我以為這變動不定的世界只是不斷重新開始，我萬萬沒想到，在我生命中占有重要地位的人會離我而去。對我來說死亡是抽象的概念——對大部分年輕人來說也是如此。那些引起我的好奇心或影響我的人，都活在我的記憶中，所以我很難想像哪天我無法和他們坐下來或在街上散步，聽他們說著有趣的故事。

泰隆於一九五八年在西班牙拍攝「所羅門王」（Solomon and Shaba），和喬治・桑德（George Sander）演完鬥劍的戲後沒多久便去世了。我聽說他去世前非常沮喪：他不知不覺又陷入自己努力想逃避的電影和婚姻之中；彷彿等待他的只有痛苦的泥沼和漩渦。他的心臟在四十四歲那年停止跳動。很久之後我們的倫敦醫生才告訴我，他曾要求注射安非他命，這在當時英國的舞台下是流行的作法。醫生拒絕他的要求，並警告他使用這種藥物會傷害心臟，但是包爾還是找到另一位「體恤」他的醫生為他注射。在好萊塢舉辦的喪禮上，他的遺孀坐在敞開的棺木旁握著他冰冷的手，風琴奏著「我會永遠愛著你」。他們的兒子兩個月後誕生。

三十六年後梅因胰臟癌而病倒，這是她完全不能接受的死亡宣判。在與死神拔河的最後階段，她依舊忙於新的小說《黑雪、白雨》（Black Snow, White Rain），寫了一半評論德萊葉（Carl Dreyer）〔編註：1889-1968，丹麥電影導演、編劇、丹麥藝術電影創始人之一。〕之「聖女貞德受難記」（Passion of Joan of Arc）的書，籌拍改編自她的小說《遷徙之鳥》（Birds of Passage）的電影。為求多活些日子的掙扎夠了，梅比醫生預期的活的還要久，一九九四年在她生命的最後一天，她要求聆聽舒伯特的最新的G大調四重唱。她住在肯辛頓的期間，總共執導過六部電影和許多短片，另外又寫了四本書。在去世前十年她在法國南部擁有一小棟半頹圮的房舍：那是一棟十七世紀的修道院，後來相繼變成絲織工廠和十九世紀煤炭大亨的住宅。親朋好友從世界各地趕來參加她的葬禮，將她的骨灰埋在一棵大樹底下，周遭盡是葡萄園、薰衣草、橄欖樹和草本花園。在七月的落日餘暉之下，我們每個人將一把泥土撒在她的骨灰上：然後依照北歐儀式，大家再倒一杯葡萄酒在新覆的泥土上。從她的墳上我們可以清楚眺望白朗峰。

第五章

美國國內的反共產主義聖戰，在倫敦轉變成反諷的「非英國運動」，許多人認為美國左翼人士的懲罰實在荒謬可笑。艾森豪總統順從紅色獵人的舉動，使得他的政府在英國受到輕視貶低，我也聽說白宮被批評為「著名將士之墳場」。我對國內的冷戰氣氛相當了解；在學生時代我很少看報，而我成長的家庭背景和學校的老師們，也鮮少傳授我們重要的時事議題。慢慢地，我發現自己需要加強檢視美國的近代歷史——這是我以前不曾有過的想法。原本填補那些常識的漏洞需要好幾年的時間，不過我在倫敦的時間卻有助於淨化祖國所經歷的事件，以及澄清我離開後家鄉蔓延的恐懼和憎惡氣氛。

在曼哈頓長大成人的我，不瞭解美國的左翼言論；我的父母和他們的朋友對政治議題漠不關心。憤世嫉俗的他們大多是孟肯（H. L.Mencken）〔編註：1880-1956，美國語言學家、新聞記者，著有《美國語言》（American Language）〕的接班人；而這位鼎鼎大名的孟肯正是火力十足的偉大編輯家，大舉焚燒中產階級的價值觀，鄙視新經濟政策，並稱馬克斯為「下層階級出身之哲學家」。一如艾德蒙・威爾森觀察所得，孟肯不但塑造出一代「視政治為下流鬧劇」的狂熱份子，他的崇拜者也對三〇年代的左翼份子將社會進化當作可行的過程加以嘲笑。這股意向明確但非嚴懲性質的反共產主義運動，在我的父母所在的紐約文藝界不斷地蔓延擴散。然而他們雖不在乎那些激進份子或共產主義者的思想，卻相當排斥厭惡被五〇年代的政治審查，而且大多數對那些名列黑名單上的人物感到頭痛。此時其中好些被拒於好萊塢或大學門外的人遠走他鄉、飄洋過海另覓生機。

來到倫敦的美國政治流亡殘像包括一個大學朋友的家庭。我在他們家認識的一些人都是因為政治理念的緣故而被解雇，而這種政治因素也同樣排斥欺蒙幾百萬我這一代的年輕人。到了五〇年代中期，大部分的左翼份子已經遠離三〇年代過於意識形態的鬥爭境況；大多趨向於花上五年左右的時間處理立法問題，並尋求應急的工作。

初到倫敦對一切都很陌生的我，見到同鄉分外欣喜，所以我樂意利用每周日下午的時間到弗拉格諾（Frognal）一百三十號聚會。那棟喬治王時代的大宅邸座落於漢普斯特的小山坡上，正符合電影編劇唐諾・歐格登・史都華（Donald Ogden Stewart）〔編註：一九四〇以「費城故事」獲得奧斯卡最佳改編劇本獎。〕以及記者艾拉・溫特（Ella Winter）的想望；而溫特在多斯（DOS：Donald Ogden Stewart）之前曾和社會批評家史特芬斯（Lincoln Steffens）〔編註：1866-

1936，美國新聞記者、演說家，著有《斯蒂芬斯自傳》（The Autobiography of Lincoln Steffens）。〕結婚。黑名單上的作家和製片家，像多斯這些被美國國務院沒收護照的人士，每周都會加入弗拉格諾的英國社會主義者和藝術家的聚會。　這棟房子曾是英國首相拉姆齊・唐納（Ramsay MacDonald）〔編註：1866-1937，為英國工黨領袖，曾三次出任英國首相。〕的住家，而這條街名正是以先前充斥這片沼澤的青蛙為名。從五〇年代中期以後，愈來愈多美國人聚集在弗拉格諾追憶以前身處左派的種種經歷，和美國聯邦調查局的經驗做比較，為多斯說起針針見血的笑話時溫和又不動聲色的儀態喝采，當艾拉——正施展從高空將茶倒入杯中的絕技——把熱水倒在端坐賓客的胯間時忍不住大喊。

瘋狂笑鬧和燙傷者的尖叫聲穿插交錯，剛從紐約送來的唱片，像「可惡的洋基客」（Damn Yankee），放著震耳欲聾的音樂，艾拉那隻發了狂似的迷你貴賓狗不停地吠叫，混合著小孩子們處在騷動的狀況下困惑的嗚咽聲；那些曾被稱為「非美國人」的理念便在此地誕生。每個星期日都是狂熱歡鬧的聚會：當茶壺舉起時，聽不到任何的政治分析話題。有時候也很難聽得清楚任何事：因為喬・希爾（Joe Hill）的早期唱片或是動物叫聲的卡帶（由某個艾拉的年輕子弟從非洲帶回）都是以最大的音量播放。然而這裡還是凝聚著一股強而有力的社團勢力。我逐漸領悟舊式的美國左派是個延伸的親密家庭：他們的團結可以超過幾十年，其中大多數人不只一起工作，一起渡假或租屋，甚至共同撫養下一代，最重要的是——就我認識他們的時候——有難同當。他們在想法意見上或有不同——比如說如何在一九三四年的罷工行動協助舊金山碼頭工人，如何為西班牙親共和政府者籌募更多醫療支援經費——可是他們的團結是以共患難為前提。這種信念就是保持他們延續下去的最大支柱，特別在他們名列黑名單的時期更具鼓舞作用。除此之外，他們也有齊聲厭惡的對象：「新政治家」某位編輯說過，弗朗哥最大的錯誤便是沒有槍殺亞瑟・克斯勒，他們深表同意。

弗拉格諾的訪客大多是獨立的激進份子、前共產主義者和可信的自由派人士；可想而知他們並非在每個議題上意見一致。可是在那棟房子裡，我首次接觸到這麼多以天下為己任、憂國憂民的理念。其政府或前任雇主曾要求他們放棄自己的信念，並為曾擁有這些想法觀念道歉；他們當然不從。不過還是有些人選擇剔除那些足以將他們擊倒的罪名；在步履蹣跚、長途跋涉走過危險和沮喪密布的森林後，他們還是無法脫離罪惡感的折磨。

如同許多歷史學家所發現的，冷戰的議題透過電影工業的探索，迅速吸引全國性的注意，而一九四七年好萊塢的大規模的解雇行動，儼然成為全國各行各業仿效的模式。被孤立於安全又遙遠沙洲的倖存者，齊聚在弗拉格諾重新評估這一連串的動亂劇變。或說這裡的確十分安全：後來我看到這些人士的聯邦調查局檔案，才知道甚至在漢普斯特他們都被嚴密監視著。

＊＊＊

隨後，我益發專心於家鄉冷戰氣氛的影響和發展——特別是黑名單部分——並開始探索這對美國電影的衝擊。我不時詢問那些流亡者，又看了好幾十部老電影。在新經濟政策執行期間，有一些講述「進步」主題的電影出現，例如貧窮和佃農問題等等，而商人和地主通常以惡棍之類的反派角色呈現。而珍珠港事變爆發後，一波波反法西斯主義的電影又跟著進駐片廠。二次世界大戰後立即有製片家鼓勵製作探討現今社會問題的電影，比如說「交叉衝突」（Crossfire）和「君子協定」（Gentleman's Agreement）裡的反猶太情緒，「黃金時代」（The Best Years of Our Lives）中老兵回鄉後的尷尬處境等等。觀察當紅的暢銷書籍便知道這些製片家對哪些議題可以創造利潤有先見之明。因此，直到一九四七年末，左翼的編劇家都可以將他們較為溫和的觀點融進劇本之中。不過機會是有限的，因為電影界的主管們認為大眾並不喜歡「啟示」，再加上作家無權主導內容走向：劇本的最後版本全由製片定奪。

三〇年代以後，好萊塢的作家被視為異類和不可信的人物，部分原因是他們之中有許多人出身東部。電影工業的組織結構將他們隔絕在外：孤立於辦公室外，在片廠也不受歡迎。

製片家傑克・華納（Jack Warner）更是將作家定義為「灌木叢帶的笨蛋」。在哥倫比亞電影公司在七點半時準時關閉所有的燈光，因為片廠的主管哈利・寇恩（Harry Cohn）認為加班工作的作家不是喝醉了便是懶散，所以沒有理由為他們浪費電力。席爾・迪・米爾（Cecil B. De Mille）〔編註：電影「十誡」（The Ten Commandments）的導演。〕相信「完美的文筆會摧毀電影本身」，並聲稱「上帝保我免受那些想寫作的作家的干擾」。據說米高梅影業的製片家歐文・塔柏格（Irving Thalberg）曾形容作家是「必然的惡魔」。就因為如此，電影編劇家不時被替換：連續好幾個人寫同一個劇本是常有的事，而作家本身也經常發現別的作家，也在同一時間暗地接下相同的工作。不過，雖然作家被視為無關緊要的角色，但是那些業界人士依舊畏懼於他們可能造成的影響。而問題癥結在於經濟層面而非政治領域：作家普遍被認為對商業利潤的判斷力薄弱。

雖然非美國活動委員會（House Committee on Unamerican Activities）強調戰後電影因充斥著共產主義的文宣而沸騰不已，可是就算是信仰共產主義的作家也知道，製作左派電影實非易事。不過還是有些作家認為以平等主義為素材必能吸引廣大的觀眾，而感到興奮不已。然而他們頂多只能提升「民主」議題：他們在劇本中大談追求平等或反對壓制——以符合電影商業的現實面做為修改基調，因為娛樂永遠是優先考量。也因此，左派的作風與目標通常審慎而節制：例如描繪一個聰慧的黑人角色，或失業狀態引來的腐蝕墮落，或甚至（雖然極為罕見）是自力更生的女性。

有些人則傳達對勞工運動的同情，還有人描寫那些在海外與法西斯主義搏鬥的英勇事蹟。偶爾會有信奉馬克斯主義的作家寫出似乎在譴責美國式的生活方式，或我們政府的貪污腐化的劇本，但是這種劇本還是會在製片的手上予以修改，以免引起爭議。鮮少電影像「靈與肉」（Body and Soul；亞柏拉罕・波羅斯基（Abraham Polonsky）編劇，羅柏特・羅森（Robert Rossen）導演）或波羅斯基的「邪惡力量」（Force of Evil）如此偏激，這兩部片主要在探討追求超出個人需要的金錢所引發的後果——在這個財富多多益善的文化。在被列入黑名單之前，波羅斯基擅長撰寫悲觀意味濃重的電影，加以足夠份量的暴力來吸引大眾口味，而當時好萊塢益發重視中產階級時，這些電影卻以勞工人民為關心目標。

電影內容在一九四七年的非美國活動委員會聽證會上屬於重要議題。「前進莫斯科」（Mission to Moscow；一九四三年出品）和「俄羅斯之歌」（Song of Russia；一九四四年出品）是我們對這個同盟國龐大籠統闡釋；這兩部皆公認為大戰期間愛國意識強烈，但卻在幾年後才展現其破壞力量的電影。委員會成員懷疑羅斯福政府向片廠施壓，逼迫他們生產這類電影，不過製片皆予以否認。「前進莫斯科」以約瑟夫・戴維斯（Joseph Davies）這位於一九三六年至一九三八出任俄羅斯大使的回憶錄為主軸，他宣稱在莫斯科受審的被告都有罪（戴維斯是這麼認為的），而且把史達林當作溫和仁慈的人物，並避談共產主義。

「俄羅斯之歌」起初的主軸在於向俄羅斯的抵抗行動致敬；這部電影把他們的焦土策略以動聽悅耳的半音樂劇呈現：快樂的農夫歡欣高唱，手舞足蹈，因為他們無須再和德軍正面衝突，只是電影內容避談納粹蘇維埃的協定。這部電影的編劇是兩位共產主義作家——一是理查・柯林斯（Richard Collins），後來向非美國活動委員會提舉二十三個人名；另一個是保羅・傑利可（Paul Jarrico）在被柯林斯和其他人告發後名列黑名單——，可是快樂的農夫在集體農場工作的情節被打回票，而且也必須把腳本中的「公社」字眼刪除。剛開始的畫面是勞勃・泰勒（Robert Taylor）安排奏出我們的國歌，然後慢慢將畫面從紐約移到莫斯科，一組蘇維埃樂隊在一根鎚子和鐮刀的旗幟下繼續演奏「星條旗歌」。助理製片拉斯羅・貝內德克（Laslo Benedek）告訴我，他被指控暗地藉由美國觀眾聽到國歌肅立時，迫使他們在蘇俄紅旗畫面出現並轉為俄羅斯國歌時，依舊保持肅立的尊敬姿勢。

「前進莫斯科」和「俄羅斯之歌」這兩部電影並無意搞笑，可是委員會卻認為它們為羅斯福總統與好萊塢淪為史達林傀儡的有力證據。金吉兒・羅傑（Ginger Roger）的母親受雇於雷電華電影公司（RKO），審查劇本當中的共產主義教條，並予以作證。委員會也聽取右翼證人描述為「黃金時代」中反美的畫面與內容，比如說銀行不願提供老兵應有的士兵貸款；在奧德茲（Clifford Odet）的電影劇本「黎明殺機」（Deadline at Dawn）中，李拉・羅傑斯（Lela Rogers）從某個笑話裡發現共產主義的啟示，顯示那是犯罪而非成就。聽證會即將結束之際，委員會主席巴耐爾・湯瑪斯（J. Parnell Thomas）表示委員會將針對電影內容中的共產主義文宣，提出「廣泛的研究報告」，但那份報告始終未曾出現。

事實上好萊塢會引起委員會的強烈注意，主要是因為它如日中天的名氣：調查者對名人總是有迷戀情結。雖然大眾對作家或導演為何許人並沒有興趣，然而「好萊塢」這個名詞卻代表某種王者風範——對委員會來說是相當耀眼奪目的。在密西西比眾議員約翰・藍金（John Rankin）這位於一九四五年恢復委員會活動的人士眼中，猶太人和共產主義份子幾乎是沒有差別的——而好萊塢大多數的權力又掌握在猶太人的手中。（雖然猶太人在美國共產黨所占的比例是個未知數，但有些史學家估計，在三〇和四〇年代猶太人在此黨差不多占了一半之多。）不過這位眾議員可能並不了解，大部分擁有片廠的猶太人都是忠貞的反共產主義者。藍金說一九四五年那些密謀「顛覆」政府的人，就是「在好萊塢設立指揮總部」，「是美國國內破壞活動的最大溫床。」他認為共產主義和猶太主義沒有不同，並向國會解釋「共產主義比基督教還要久遠……在救世主基督在現世服務時，它便在後緊追搔擾，迫使祂被釘於十字架上，在祂垂死受難之時予以訕笑，然後賭祂垂下十字架腳下的衣服。」他並補充道：「與基督教背道而馳的共產主義敵人和他們的傀儡，」正奪取媒體的控制權，包括「廣播。聽聽他們用破英語廣播成篇謊言，你或許能嗅出他們的氣味。」

巴耐爾・湯瑪斯在一九四六年成為委員會的主席，一反密西西比州對猶太人的著迷，雖然反共產主義的聖戰繼續引起反猶太情緒的迴響。湯瑪斯就像他的同仁一樣，一心一意將新經濟政策和共產主義相提並論，並且說服選民相信杜魯門會將新經濟政策永遠執行下去（而事實上他正逐步收回這項政策）。此外，好萊塢是那些新經濟政策讚頌者的富貴象徵，如同猶太人一樣。到了一九五一年——因虛報薪資名單入獄服刑後——委員會成員知道好萊塢左翼份子以俄羅斯戰爭救援、援助法西斯獨裁國家的難民，和激進份子聚會等這類名目籌措大筆資金時，都相當激動。而調查員也十分清楚，有些捐贈給不明團體的獻金其實是圖利美國共產黨。演變到這個局面，許多平民都相信我們的電影真的充斥共產元素。

＊＊＊

在弗拉格諾聚會之外的時間，我思索著這些客人如何詆毀自己的國家。為什麼這些一般認定的勝利者——右翼人士和反共產主義的自由派份子——不放棄排斥厭惡那些被解雇、流放，甚至遭到監禁和驅逐出境的人呢？當我和他們一起去看美國新片如「馬提」（Marty）和「金臂人」（The Man with the Golden Arm），或聽他們描述好萊塢製片對電影劇作家工會的敵意，或三〇年代米高梅老闆路易・梅耶（Louis B. Mayer）和製片歐文・塔柏格的長期敵對衝突，實在難以想像這些人何以被認為對國家會有威脅。

當然，在我認識紐約作家當中，有些與政治無關的人也曾被三〇年代左翼人士的自戀和好鬥所激怒。共產主義將社會主義者及新經濟政策的追隨者視為敵人，因為他們的改革理念會阻礙共產主義中無產階級社會的誕生，而這種傾向連圈外人也避而遠之。當我得知許多過去的左翼人士對自己的道德優越堅信無疑，我彷彿感受到那股熱氣騰騰的傲慢氣息——挾帶非難他人的習性——可能反而激起當代的反共產主義，那種激烈的程度一如史達林的殘暴。他們的誹謗行動不外乎在某個客廳毫不留情地痛批，或在某個雞尾酒會上指控「政治文盲」，其挾帶的厭惡之情是可以持續一輩子的。不過優越感和言詞攻擊在我造訪弗拉格諾時，便已消失。此外，我所認識的紐約作家從不認為激進份子有任何的危險性。

三〇年代名副其實的自由派人士有更深的動機發難：在發現自己在電影文學批評家劇作家工會這類組織能以智取勝後，他們被某些人士譴稱為「社會法西斯主義者」，而這些人士隨後指稱蘇維埃政府排除異己的理由是保守媒體歪曲事實所致。文學批評家麥肯・柯里

（Malcolm Cowley）〔編註：1898-1989，文學批評家，著有《流放者的歸來》（Exile's Return）。〕並非共產主義者，他曾投稿給赫斯特報社表示：「在過去扯了這麼多關於俄羅斯的謊言，以致於它現在就算告訴我們真相，也令人難以置信。」

那些厭惡希特勒的人，必然對共產主義者抵禦納粹蘇維埃衝擊的舉動不以為然，而且對這個政黨在德國入侵蘇聯後立即見風轉舵，快速轉變政策的作法感到作嘔。自由派人士和左翼人士同樣仇視法西斯主義，而且都致力於在經濟大蕭條之際，力倡社會福利政策；此外在二次世界大戰期間俄羅斯屬於我們同盟國時，自由派人士也自動減輕他們對史達林的敵意。這段時期以來，像作家艾德蒙・威爾森只是不同意共產主義份子的看法，就冷血戰士的觀點認為，那些抱持「非既定政治意見」的人都應該得到五〇年代的報應。對威爾森來說我們忠誠不二的調查行動，似乎就像在粗略模仿史達林主義，所以一九五六年他寫道，「我們最近的安全淨化和排除異端的作法，一定多多少少受到俄國審判的啟發。」

並非所有美國左翼人士都敬畏蘇聯政府；在經濟大蕭條期間，有些人更加關心家鄉的貧窮問題以及海外的法西斯獨裁主義，而非蘇維埃神話。不過，共產主義者並不像某些獨立個體的激進份子那樣猛烈批判蘇維埃。而且非共產主義者可能永遠無法忘懷史達林獨裁的可怕，以及幾百萬人遭到屠殺的慘劇——這一點是直到一九五六年赫魯雪夫予以揭露之後，某些左派人士才得以面對的事實。守舊派和反動派對史達林的看法一度是正確的，而其他人對黑名單人士的憐憫，則因為意識到蘇維埃的流血屠殺而分崩離析。

我於每周日於弗拉格諾認識的人，大多在九〇年代末期前去世，而最近共產國際的檔案才讓美國共產主義領導人和蘇維埃情報員接觸頻繁的事實曝光，並揭露美國人接受莫斯科方面的資金（這並非新聞），有些機密的國務院文件在華盛頓遭竊並落入共產國際手中。最新曝光的檔案資料大多殘缺不全。其他關於蘇維埃的文件記錄——也包括聯邦調查局檔案——已經明白顯示曼哈頓計劃早就被間諜滲透；在這些間諜中，德國共產主義份子和核子物理學家克勞斯．福克斯（Klaus Fuchs）所提供的資料最為關鍵重要。

莫斯科與紐約之間的遭譯解的電報，證實茱利斯．羅森柏（Julius Rosenberg）是竊取國家防衛研究資料——原子彈——的網狀組織首腦，一九四四年至一九四五年自戰略計劃當中盜竊機密。他同時也涉及曼哈頓計劃的情報蒐集，雖然活動範圍並不大。這些文件清楚顯示艾瑟兒．羅森柏（Ethel Rosenberg）並非間諜——而且聯邦調查局早將她送上電椅就知道了。

〔編註：這件死刑轟動全世界，當時美國聯邦調查局局長胡佛稱其為「世紀之罪」（Crime of the Century）。當時美國在恐共的情緒之下，一九五一年三月紐約市聯邦法院認定羅森柏夫婦「將原子彈的秘密盜給了俄國，使蘇聯提前擁有了原子彈，從而導致了共產黨人入侵韓國，五萬多名美國人因韓戰喪生，往後還將有數百萬無辜的人們因此受難」，被判決有罪處以電椅之刑，有一萬三千美國人因而在華盛頓特區遊行，為盧森堡夫婦鳴冤叫屈。一九九七年時，一名退休的前俄國KGB幹員Alexander Feklisov，在接受Discovery記錄片訪問時表示，羅森柏夫婦是無辜的，他們從來沒提供過任何有關原子彈的情報。」

弗拉格諾的客人若還在世的話必定為這些曝光的檔案感到震驚，因為當時大多數的政黨黨員和左翼人士對間諜活動一無所知。我隨後會談到的前共產主義人士，從不相信黨裡有間諜存在——因為蘇維埃似乎不太可能在聯邦調查局的監視下，再安排情報人員滲透其中。可是蘇維埃就是這麼做的。不過縱觀我們動盪不安的歷史，我過去和現在的興趣在於美國左派本身，而非那些予以誹謗汙衊的人。我堅信自己未曾認識間諜；聯邦調查局曾懷疑過艾拉，但長久以來的調查卻沒有發現任何不利於她的證據。

***

在弗拉格諾大家談起加州右派的愚行，忍不住又是大笑又是嫌惡。三〇年代的演員維多・麥拉根（Victor MacLageln）曾組織一隊穿著制服的騎士，誓言保護好萊塢免於破壞份子的侵入。「輕騎兵部隊」決心「拯救美國」。威廉・藍多夫・赫斯特（William Randolph Hearst）戰勝蓋瑞・庫伯（Gary Cooper），成為成為另一組相似團體「好萊塢輕騎兵」的合夥創立人，另外喬治・布蘭特（George Brent）則率領「加州部隊」。這些自發組織維持治安的民兵，在經過陸軍軍官的訓練調教後，為當地官方提供必要的服務。然而他們過於裝腔作勢的行徑，卻比不上勞勃泰勒的求婚的認真嚴肅，所以在一九四七年的聽證會後，比佛利山莊網球俱樂部被要求簽署一份忠貞誓約。

儘管弗拉格諾並非穩定之地，但有些人還是彼此互相依靠。有好些流亡人士在委員會面前或私底下，遭到親密至友的猛烈批評，因此他們需要時間修復支離破碎的尊嚴。幾年來我聽他們說起年輕時，大多數人同仇敵愾厭惡希特勒，而非同聲尊敬史達林，但是這當中的區別在戰後卻不被諒解（或說被蓄意扭曲）。史達林的罪行旋繞在他們的脖子上——這對他們來說是很大的震撼，同時也是極度痛苦的重擔。

流亡人士的合法身份一再遭到許多美國人的誤解。有些自由派人士認為黑名單份子應當留在家中對抗國內冷戰氣氛的擴張——無視黑名單上的人士大多無法在美國立足謀生的事實。他們的批評似乎也認定那些共產主義者也會在證人席上說出相同的意見。但是許多觀察家不了解那些自認屬於共產黨的人，為何必須將其他同為共產黨黨員的名單交出去，或以丟臉的心情入獄——因為別無選擇。倘若有人承認其黨員身份，他便失去保持緘默的合法權利，進而被要求告發其他人，不願接受這種角色的人就會來到弗拉格諾聚會。許多告發者都是前共產黨黨員，假如他們不交出名單的話就會遭到解雇；於是他們只能犧牲同志的工作來保住自己的飯碗。

綜觀五〇年代那些在調查委員會前被舉發的人士，可能記得一九四七年好萊塢十人檢舉事件；許多律師相信這在當時引發龐大的公民自由權問題。當那些證人——七位電影劇作家、兩位導演和一位作家製片，全都是過去或現在的共產黨黨員——被委員會問及他們現在或過去具有黨員身份時，先是對著委員會一陣痛罵迴避問題。後來遭到蔑視國會的審訊時，他們提出第一修正法案。這十人當中的作家亞伯特・馬茲（Albert Maltz）告訴我，他們這麼做的原因意在陳述政治聲明：宣稱第一修正案禁止國會通過任何足以削減言論自由的法律，政府無權調查公民的信仰或社團。（也就是說第一修正案在保障言論自由的同時也賦予保持緘默的權利。）這十位人士質疑委員會是否具有政治社團的立法權利，並希望予以摧毀，免除這個國家遭受嚴格的政治審訊。其中有幾位也搬出所有的人權條例來抵制委員會。

激進人士的委任律師反覆討論第一或第五修正案的抉擇。第一修正案略微勝出，因為它直接挑戰委員會存在的合法性，並捍衛言論自由的傳統。第五修正案——明言無人能在「任何犯罪案例下，被逼迫做自己的證人」——僅止於保障個人免於自我控告。許多共產黨黨員和前共產黨黨員對自己過去的政治立場相當自豪，不願他們反法西斯主義或支持結盟的行動，被歸類為「有罪」。但是這十位好萊塢人士卻輸了這場官司。他們的案例顯示選擇第一修正案就會因為公然藐視法庭而被判入獄服刑，或是褫奪公權數年；律師通常也警告想要以第一修正案答辯的話，沒有錢是辦不到的。反觀第五修正案，則的確讓許多人免除牢獄之災——雖然這些人同時也丟了飯碗，因為委員會剝奪了第五修正案的合法性，而且大多數美國人認為任何選擇第五修正案的人一定是共產黨。在弗拉格諾大家總是以懊惱又後悔的心情，談論選擇第一「或」第五修正案的後果。

不願配合作證的流亡人士，以及那些參與左翼「社團」的份子——即使沒有被委員會點名審問——，他們的護照更新都被駁回。有些護照甚至在持有者不在國內的時候被撤回。一九五一年開始，左翼人士不能持有護照，因為國務院宣稱他們「在國外的行為可能嚴重違反美國的權益」。一般認為那些激進人士如羅勃森（Paul Robeson）〔編註：1898-1976，美國男低音歌唱家、演員、社會活動家。〕如果到了歐洲的話，必定「投入提升共產主義運動的各種活動當中」。（就羅勃森的案例來說，美國國務院已經先發制人，防範他在其他國家談論美國的種族主義。）五〇年代早期的護照局局長羅斯・席普利（Ruth Shipley）指出，任何批評我外交政策的人士都得不到旅行許可。極力反對核武測試的鮑林（Linus Pauling）也被拒發護照，以致於無法參加一九五二年在倫敦舉辦的科學會議；一九五四年尼赫魯（Nehru）邀他前往印度，他的申請又再度被拒，即使當時蘇維埃抨擊他的作品「邪惡」，「對馬克斯主義觀點有強烈敵意」。此外，在一九五二年麥可蘭—華特移民法案（McCarran—Walter）的影響下，「不受歡迎」的外國人士如畢卡索（Pablo Picasso）、尤・蒙頓（Yves Montand）〔編註：法國香頌歌手，影星，於一九四六年主演電影「夜之門」（Les portes de la Nuit）。〕和格雷安・葛林也被拒於美國門外。此時，我認識的流亡人士大多無法離開英國，因為其他國家不是拒絕他們入境，就是會將他們驅逐出境。

至少英國不會驅逐他們。不過當一批名列黑名單的電影劇作家抵達此地，英國片廠——後來由美國股東掌控——對他們也戒慎恐懼。假如這些人的名字出現在影片的致謝名單上，那麼這部電影便就不能在美國上映，因為美國退伍軍人協會和類似性質的團體會予以示威抗議——所以美國經銷商拒絕接受這些電影。退伍軍人協會的權力之大異常驚人：五〇年代早期的好萊塢因電視興起而逐漸流失觀眾，製片擔心退伍軍人協會的示威抗議會毀了整個電影市場，大眾寧願迴避協會抗議的電影，因為闖過他們的示威行列是非美國的行為。於是片廠老闆向退伍軍人協會保證，絕不雇用任何持第五修正案的人士，並請協會提供可疑人士的檔案資料。這些製片害怕雇用了哪位退伍軍人協會反對的人。

退伍軍人協會的影響一路延燒至英國；伊林影業原本急欲委任多斯寫喜劇劇本；後來卻

因為他的政治背景而打了退堂鼓。不過有些倫敦的美國影業高級主管，還是非常欣賞那些勇於抵抗委員會的人士，並願意雇用他們。慢慢地，黑名單人士開始以筆名在英國工作。然而匿名寫作表示他們不能再仰賴過去的信譽和名聲：這就好像他們又重新開始自己的事業。這樣的情況下，有些人只賺得過去薪資的一成五至兩成。

弗拉格諾的部分客人被列入黑名單之前，存有不少積蓄，可是也有些流亡人士的經濟陷入窘境：他們本身會到倫敦的原因，就是無法在家鄉維持一家人的生計。而這些人則同聲一氣地為自己不得不匿名寫作感到惱怒不已。多斯的筆名是吉勃特・赫蘭（Gilbert Holland），取自去世兄弟的名字。（其他人則使用旁人一眼就能看透的筆名：有些人無論如何都不願意捨棄其姓名的首字母。）為英國喜劇電影「吉尼維夫」（Gnevieve）作曲的賴瑞・阿德勒（Larry Adler），他的名字在此電影於美國上映時被刪除；榮耀歸樂隊指揮謬爾・馬西森（Muir Mathieson）享有。海伊・克萊夫（Hy Kraft）也不能名列自己音樂電影「香蕉」（Top Banana）的演職員表。約瑟夫・羅西（Joseph Losey）和卡爾・弗曼（Carl Foreman）以假名拍電影的同時，密切與黑名單人士合作。也是「桂河大橋」（The Bridge on the River Kwai）編劇之一的弗曼，眼睜睜看著奧斯卡最佳編劇獎頒給法國小說家皮瑞・波爾（Pierre Boulle）——這個法國人連英文讀寫都不會。因此當由名列黑名單的女演員貝西・布雷爾（Betsy Blair）主演的

「馬提」，和同樣為黑名單份子的茱爾斯・達辛（Jules Dassin）在法國拍攝的「里菲菲」（Rififi）在坎城影展奪得大獎時，可以說在流亡人士圈掀起不小的漣漪。

在美國家鄉關於電影劇本的創作來源有著各式各樣的流言蜚語。許多劇本被認定出自好萊塢十人檢舉事件當中的達頓・川柏（Dalton Trumbo）〔編註：1905-1976，美國作家，電影編劇，電影「羅馬假期」的原作，著有《Johnny Got His Gun》。〕之手，據說他固定以好幾個假名撰寫劇本。十君子事件的另一位林恩・拉德尼（Ring Lardner, Jr.）〔編註：1915-2000，美國小說家、導演、編劇。〕後來寫道，「對真正的作家來說這實在是一大挫折，因為好萊塢有些優異的作品都在流言當中將榮耀歸給了川柏。愈是傑出不凡的電影，他愈是不屑地拒絕評論。」奧黛莉・赫本（Audrey Hepburn）的首部電影「羅馬假期」（Roman Holiday）和「槍」（Gun Crazy）的確出自他手。其他不能使用自己真實姓名創作的黑名單人士還有麥可・威爾森（Michael Wilson；「親切信仰」（Friendly Persuasion）和「桂河大橋」的編劇）、亞柏拉罕・波羅斯基（「一線生機」Odds Against Tomorrow）、雨果・巴特勒（Hugo Butler；布紐爾執導的「魯賓遜漂流記」Adventures of Robinson Crusoe）、約翰・哈沃・羅森（「祖國之泣」Cry, the Beloved Country的編劇之一）和柏納・高登（Bernard Gordon；「海軍悍婦」Hellcats of the Navy，羅納・雷根和南西雷根唯一共演的電影）。

此外，黑名單份子所寫的書不但必須從美國圖書館撤架，連國務院也下令美國駐歐洲之資訊圖書部，移除這些「不良份子」的著作——包括梭羅（Thoreau）的「湖濱散記」（Walden），被視為「徹頭徹尾的社會主義風格」。他們的文章不能被電影、廣播或電視採用：他們所有早期的作品都和最新的創作同樣遭到被禁的命運。此時英國電視影集「羅賓漢」（Adventures of Robin Hood）的紐約製作人漢拿．溫斯坦（Hannah Weinstein）至少雇用了二十位以上的黑名單作家，包括拉德尼、伊恩．麥克連．韓特（Ian Mclellan Hunter）和瓦杜．索特（Waldo Salt）等人。這齣影集卻在弗拉格諾引起熱烈的迴響；主要是因為它激烈澎湃的主題曲——「惡人見了退避三舍／好人齊心愛戴／羅賓漢／羅賓漢」——這些流亡人士談論著死者或遙不可及的人物如湯姆．慕尼（Tom Mooney；因炸彈官司自一九一六年至一九三九年被監禁在加州）和勞工領袖哈利．布里吉（Harry Bridge）。一九四九年於紐約皮克．斯基爾（Peek skill）發生的暴力事件——當時羅勃森開完音樂會後，有些警察加入退伍軍人協會成員的抗議攻擊行列，造成百人以上被石頭擊傷——也是那些匿名在倫敦工作的人士經常提到的話題。而這些歷史背景對我而言是全新的知識：我竟然在國外才接觸到這些歷史故事，實在是相當詭異。在我的國家這些事件直到二十年後才得以公開討論。

在弗拉格諾我也聽說辛克萊（Upton Sinclair）於一九三四年的EPIC競選活動，當時這位小說家誓言「終結加州貧窮問題」（End Poverty in California）而贏得民主黨的州長提名。他發表了一篇揭露電影企業種種的文章，並計劃針對片廠徵收特別稅，於是驚恐不已的電影老闆便支持共和黨候選人法蘭克・馬瑞連（Frank Merriam），而且電影工業迅速聯合「洛杉磯時報」（The Los Angeles Times），指稱辛克萊是布爾什維克派的危險份子。而米高梅影業——多斯為其合寫「馬利・安東尼」（Marie Antoinette），由諾瑪・謝勒（Norma Shearer）和泰隆・包爾主演——的員工，只要周薪超過一百美元，就會被告知捐出一日所得給馬瑞連作競選經費。此外米高梅還製作三支新聞影片，描述留著山羊鬍操外國口音的陰險男子擁護辛克萊參選，就連乞丐和流浪漢也朝著加州前進，準備享受辛克萊的社會福利政策。影片意在表達「終結加州貧窮問題」會引發當地的革命行動。這三支由歐文・塔柏格製作的假「記錄片」，免費提供全美國的電影院播放：自從他在青少年時期在布魯克林街頭為社會主義黨站台演說後，這是他唯一一次的政治舉動。其他電影公司紛紛起而效尤。辛克萊輸掉州長之戰後，「紐約時報」報導說「政治領袖將辛克萊的落敗，歸因於電影工業的精采傑作」。

弗拉格諾是個美國過去歷史的存放倉庫：多斯對去世朋友的記憶，像羅勃・班契利（Robert Banchley）和費茲傑羅，就栩栩如生地圍繞在午餐桌邊，還有艾拉想起懷特克・錢柏（Whitaker Chamners）——她嫁給史特芬斯後認識的朋友——曾要她從老朋友威廉・布利特

（William Bullitt）這位駐蘇聯的首位大使的書桌上，拿取幾份文件的往事。（她當然沒有答應，但是她告訴我，錢柏把她給惹惱了：「他給我的感覺是，假如我辦不到，就表示我並沒有那麼好。而我不要他認為我不好！」她發誓史特芬斯和她對錢柏的地下活動毫不知情。）此外艾拉也不斷地提醒大家，多斯曾幫助年少的海明威找過紐約的某個出版商。弗拉格諾也是笑話的集散地。有一位二〇年代的女同性戀者在謀殺愛人後，將被害者的子宮放進行李箱投向新情人的懷抱；於是有人要求桃樂絲・帕克（Dorothy Parker）〔編註：1893-1967，詩人，作家，戲劇評論家，編劇。〕為那個裝著子宮的箱子下定義。她決定叫它作綁架箱。對於這位「代價為何？」（What Price Glory）編劇之一，並企圖解散電影劇作家工會的勞倫斯・史托林（Lawrence Stallings），她的看法是：「他如果沒有腳的話我是不會喜歡他的。」（他有一隻腳。）

五年來我每周日都到弗拉格諾報到，慢慢發現左派的力量應該屬於遺傳而來，而非仰賴支持者的信仰。我認為將美國激進運動和教會作比較的門外漢，誤解他們即使經常彼此爭執，卻依然喜愛共同打拼的緊密團結力量。若是稱頌他們的「友愛」反而使其尷尬。然而在二十多年以後，這些人的表現的確像親人一樣；他們因為共享同樣歷史背景下的熱情和憤怒而緊緊相繫，彼此之間的相處自然地像家人一般。雖然三〇年代的激進人士經常被貼上不苟言笑，為建立社會主義天堂埋頭苦幹的標籤，但是無論是他們的敵人或馬克斯主義的史學家，都不會承認美國左派份子會喜歡他人的陪伴。然而，左派的學者和右派自以為權威者可能會被從弗拉格諾傳出的一波波笑聲所迷惑，那是我經常站在門就聽到的歡樂笑聲。

***

多斯在他生命的最後十年，稱自己是最幸運和幸福的男人——在他的黃金歲月到處散播快樂。這種風格帶點微弱的自貶味道：他會邀你一同揶揄他自己。海明威將這種特質運用在「妾似朝陽又照君」，多斯就好比比爾・高頓（Bill Gorton）這位飛黃騰達的作家，只要喝醉了就會想買一堆狗布偶。（高頓的某些特質則來自海明威孩提時期的玩伴兼釣友比爾・史密斯（Bill Smith）。多斯曾在一九二四年和海明威兩人一起在潘普洛拉（Pamplona）的慶典跟牛一起狂奔——不過沒多久就被牛撞倒摔在地上而斷了一兩根肋骨——，隔年又為海明威對在西班牙那悲慘一周的解釋作證。不過在潘普洛拉那次「男性慶典」的可憐經驗中，並非沒有愉快的回憶，他告訴我在有生之年很想再看一次鬥牛——只要能找到「適合的」牛的話。

溫和卻反覆不斷的嘖嘖聲是他的標誌。他所調製的危險馬丁尼最叫他引以為傲；當我想改要一杯葡萄酒，他卻說，「我想你這就好像在蒂芬妮珠寶店點炒蛋一樣！」（他經常反客為主：在別人的派對上他會拿走某人還剩一半飲料的杯子，禮貌地咕噥，「我可以喝完它嗎？」然後就不客氣地喝光。他七十幾歲的時候有一位年輕的醫生告訴他必須動前列腺手術，並補充道，「我們會在陰莖上動手術，這是當然的。」多斯答道，「我的還是你的？」

我在五〇年代中期和他初識，當時的他對政府依舊氣憤不已，因為他不但丟了飯碗，還受到賣國賊的待遇——苦澀的情緒之外不失溫柔和藹的風範。我以為他是個較為壓抑的人，就像許多諷刺作家一樣。多斯去世幾年後，有一次我讀到一封契訶夫在「三姊妹」排演期間寫給演員妻子歐嘉・克尼普（Olga Knipper）的信，提醒她演戲時不要悲傷：「憤怒是對的，但不悲傷。長久以來背負哀傷的人，總是變得時時刻刻要唉長歎短。」——這讓我不知不覺想起了他。只是隨著年紀漸長，多斯一再宣稱自己是幸福快樂的：「一個滿懷美國夢、來自俄亥俄哥倫布市的小孩，最後美夢成真；這就是我的故事。他功成名就，薪水優渥——這個人後來變成馬克斯主義者。在美國只要隨便給人某樣東西，他就會變成盡一切力量為社會主義奮鬥。我認為這是一個快樂的故事。」

有次我問起他是如何發展他的政治理念。艾拉突然出現並企圖打斷他的回憶，但是一起吃過幾次午餐又喝過幾次下午茶後，我終於陸陸續續聽完整個故事。當我說要把他說的故事錄成卡帶時，他相當高興。一八九四年多斯出生，他的父親是共和黨法官，所以多斯自小就被教導「工作和成就是劃上等號，而且和社會脈脈相連。」此外還有「社會就是安全保障。而安全和認識惠特尼或范德比爾特這類的人士息息相關的。」他即將從愛塞特（Exeter）畢業到耶魯求學之際，他家失去原本就已經不多的收入來源，於是他只好在餐廳打工，挖電線桿洞賺取工資，在大學舞會舉行之前兜售女性內衣：「我挨家挨戶敲門時，總是向基督祈禱不要有人在家。」在尚未發掘自己的寫作興趣前，他幻想自己是「文雅的銀行副總裁：我知道許多交響樂的第一和第二樂章旋律。」儘管如此，他在很早以前就已經有了社會義務的意識，而且認為這是祖母遺傳給他的；他的祖母就是費斯克大學（Fisk University）的首任校長，在南北戰爭後解放的奴隸。

第一次世界大戰時他在海軍——他從未上船，也不曾拿過槍——教授航海技術和射擊術，就是這些課程讓他學會如何在試圖捆綁帆腳索時逗學生笑。一九二一年他因受傷而丟了工作，寡居母親的生活又必須照料，於是在艾德蒙・威爾森的建議下他開始為「浮華世界」（Vanity Fair）撰寫幽默諷刺的文章。他一方面想成為當代的馬克・吐溫，又希望過著天天是派對的生活——「在當時參加派對可說是一種職業——，辦到了。後來他又受到伏爾泰（Voltaire）和斯威夫特的啟發。但此時的他和政治尚未結緣；當時羅勃・班契利到波斯頓作證指控薩柯和范澤地案件（Sacco And Vanzetti Case）〔編註：美國在二〇年代鎮壓工人運動中製造的一樁假案。一九一九年開始的經濟危機，激化了美國國內的階級矛盾，薩柯和范澤地這兩名義大利工人被誣告為盜竊殺人犯，在美國麻省波士頓的死囚牢中關了六年。〕案子的法官，桃樂絲・帕克和艾德那・聖文森・米勒（Edna St. Vincent Millary）在州議會大廈前抗議示威時，他並沒有加入他們的行列，他說：「那不關我的事。」

然而，在二〇年代初期他和同代的人都經歷過憤慨難消的時期；他原本深深相信戰爭的價值：「我的希望到那個頂端，真的相信美國是為了更美好的世界而戰。可是後來我們突然有了哈定總統（Warren G. Hardings）和第一國家銀行，一切又回到了常態：「常態」這個字眼讓我們憤怒。我們憤怒去打了仗卻沒有任何效果——我們身赴戰場所抱持的理想被背叛了。這場戰爭的結果應該是建立一個和平安詳的社會。但是這卻不是人們選擇哈定的原因！」

他在這種心情下寫了「寶莉姑姑的人性故事」（Aunt Polly's Story of Mankind）——「有一本內容苦澀的書：我想應該是一九二三年的《憨第德》（Candide）。當時每個人都在描繪歷史的輪廓：漢克・凡・隆恩（Hank Van Loon）、維爾斯（H. G. Wells）和其他人等。我這個自滿又愛現的女人告訴小侄兒和姪女有關阿米巴原蟲如何演化變成猴子，再演變成人，再轉化成弗瑞德利克叔叔（Uncle Frederick），也就是第一國家銀行的副總裁的故事。而這也是關於這個世界如何變得更好、更進步的奇妙故事。我對這個世界裡所有的弗瑞德利克叔叔們感到生氣：這種老愛扯謊的偽君子遲早會製造出另一場戰爭。」

第一次婚姻讓他過了「十年充滿歡樂、盡情跳舞、好萊塢暢行無阻、戲劇創作和功成名就的精采生活」。他的兩齣喜劇在百老匯的佳評如潮。一九三〇年到一九四九年之間他總共寫了大約二十八部電影，包括「笑」（Laughter）、「瑕疵女士」（Tarnished Lady）、「微笑以對」（Smilin' Through）、「來去好萊塢」（Going Hollywood）、「溫波街的貝瑞特家族」（The Barretts of Wimpole Street）、「女人萬歲」（Kitty Foyle）、「夫婦之道」（That Uncertain Feeling）、「女性之臉」（A Woman's Face）、「愛德華」（Edward）、「我兒」（My Son）以及菲利普・貝瑞（Philip Barry）的「假期」（Holiday）、「費城故事」（The Philadephia Story）和「無愛」（Without Love）。他就像三〇年代的主要電影劇作家一樣也有合作人，因為製片認為兩位作家的生產力要比一位來得強，而且他通常將劇作或小說加以改編。不過他的劇本以優雅高尚的對話聞名，而且通常由他來寫最後的拍攝腳本。

起初他的快樂愉悅彷彿用不盡似的。我問起他當時對自由的定義，他答道，「自由就是認識某人一起去非法酒吧。但是又有一些事情是不可以做的。不能在某些特定場合口出穢言。也不能坐在已經被別人預定的位子。」可是他幾乎能得到所有他想要的東西：「假如你從屁股開始的話，沒有任何地方可以去，除了不理會它。我勇敢地接受幸福。我從不曾去對抗它。」

一九三三年路易・梅耶淚眼汪汪地請求他接受減薪，因為電影工業的利潤受到經濟大蕭條的影響每況愈下，於是多斯同意減薪五成。起初他以為梅耶是為國家的困境感到憂傷，但很快地他就領悟梅耶的眼淚是為米高梅而流。（梅耶相當容易掉淚，特別是他想對別人耍手段的時候。）因為多斯賺的錢幾乎比好萊塢的任何一位作家要多，所以他看不到抵制減薪尋求保障的需要，而這是新的電影劇作家工會的極力訴求，同時他也無法察覺工會捍衛那些薪資遠比他低廉的作家的重要性。

一九三五年多斯正在寫一齣戲叫做「保險」（Insurance），內容描述一個富有的男人變成共產黨黨員的故事，「不過我實在不知道共產黨黨員是什麼樣子。」他告訴我他有一次造訪倫敦時，曾詢問過下榻的克雷里吉飯店（Claridge's hotel）的門房，而那個人推薦他到書店找約翰・史塔奇寫的「權力鬥爭」（The Coming Struggle for Power）這本書。這次的倫敦之行他買了二十四件襯衫：其中十二件是漿過的，其餘則是柔軟的。

沒想到史塔奇的這本書引發了巨大的影響：他感覺到這本書將他交付給馬克斯主義和蘇聯政府。他也讀了馬爾羅（Andre Malraux）（編註：1901-1976，法國作家，被卡謬尊為導師，曾擔任戴高樂時期的文化部長，任內制訂「抵贈」制度，讓許多重要的藝術作品得以留存在法國博物館內，不僅豐富館藏，還讓更多人有機會欣賞得到。」的「人的命運」（Man's Fate）和「新群眾」（The New Masses）這本他從沒接觸過的期刊。領取救濟品隊伍這種景象和他的私生活之間矛盾對立是無可避免的。多斯年輕時窮困潦倒，也嘲弄過富者，而馬克斯主義認為富者之所以墮落腐敗，肇因於所處之階級，這個觀點讓他相當震撼：即使有些富者的行徑體面有禮，但他們就是跟剝削勞工脫不了關係。現在他的薪資也讓他落入這個範疇，他不希望被定這種罪。他在自己的回憶錄中寫道，「這事突然就降臨在我身上，原來我一直是站錯邊的。」假如」階級戰爭」若在進行，「那我一定不知怎麼地混入敵營去了。」幾年後他會因為自己對蘇聯的無知而做評註——他不後悔自己以新理念所做過的事。

此時電影劇作家的成功是前所未有的，雖然有些局外人會拿他們日益顯露的社會意識開玩笑，可是當營養失調的問題席捲國家時，好萊塢卻有許多人衷心認為自己虧欠窮人。我不認為他們會因為自己收入優渥而有罪惡感，不過的確有些人自認沒有權利佔住所有的金錢。將時間和金錢贈與無家可歸和貧窮挨餓的同胞，似乎變得迫在眉睫。看到有人居住在空蕩蕩的地上，或在垃圾堆中翻找食物的畫面更是加快惻隱之心的湧現。而三〇年代的中產階級激進人士可以從實踐主義當中，吸取自尊自重的感覺。

眼睜睜看著挨餓受凍的遊民在曼哈頓的聯合廣場遭警察以棍棒驅打；又得知一九三二年

武裝部隊將紅利軍隊驅離華盛頓，將無業老兵向國會請願支付紅利時所搭建的臨時小屋燒燬，又將這群紅利老兵部隊驅離華盛頓；耳聞芝加哥警方強行攻入共和鋼鐵公司前示威，爭取組織工會權利的群眾當中，而有十個人遭到殺害，此時許多美國人對經濟大蕭條感到無助無奈之際，卻也相信天無絕人之路。懸而未決的貧窮問題加速變革的緊迫性和信心，許多人認為生活會有所改善——因為時勢所逼，必須如此。儘管經濟受到重創（這也是部分原因），這十年來並非毫無希望：極端不公的狀況不會永遠無法改變。

英國小說家和批評家湯恩比（Philip Toynbee）退出共產黨後四十年後，告訴一位演講聽眾「做一個偉大的作家和好人是他長久以來最大的願望」。所謂的好人指的是「做好共產黨黨員」，而「做好共產黨黨員——盡忠職守、勤奮工作、忠誠服從——就是好人。」（湯恩比談吐幽默、反應敏捷，不過也是個會令人捧腹大笑的酒鬼，所以他的朋友們並不把他追求美德的渴望當真。）這個良善的目標會自然而然地培養傲慢的壯大：左派的自傲常令圈外人感到厭煩。然而新生的美國激進人士發現他們的積極進取給予他們相當重要的價值觀。而多斯——曾寫道他「希望每個人都喜愛他」——自從沈浸在激進改革的運動中後，對自己的評價更上一層樓。

對他來說，光是簽一張支票給那些在鹽湖谷罷工的打零工工人是不夠的。一九三六年他和其他人士共同創立好萊塢反納粹聯盟，並擔任第一任會長。此外他也是美國作家聯盟的會長，而這個組織正是由共產黨所建立的。這兩個聯盟組織吸引不少自由派和激進改革人士，當然也包括共產黨黨員。當多斯對我談起那幾年的時光時補充說，「這些事情實在讓我快樂興奮。到現在我還留著那些襯衫，因為人們總會停下來邀請我去參加派對。我已經把那些襯衫收起來放在樓上，顏色還是像以前一樣鮮黃。」

他在舊金山舉行的西部作家會議聽到艾拉・溫特的演講。他原本以為史特芬斯的遺孀是個「穿著紫色花邊衣裳的嬌小又老的女士，沒想到出來的竟是個艾美・珊波・麥克弗森（Aimee Semple McPherson）〔編註：二〇至四〇年代，美國加州著名的福音傳道者，長相甜美。〕！她談到政治，但都是性、性、性。」（艾拉告訴我她還在就學時，從沒吻過任何人：「我是個知識份子，就是不會這麼做。接吻會導致墮落和婚姻。」）她和多斯於一九三六年認識，一九三九年步入結婚禮堂。

從一九三三年開始，幾千名的歐洲猶太人移民美國的洛杉磯附近，所以好萊塢左派人士可以說是優先取得猶太人在海外遭到屠殺的新聞，遠比大多數美國人更早知道這些資訊。好萊塢激進人士同時也收到奧圖・卡茲（Otto Katz）——偶爾以魯道夫・布雷達（Rudolph Breda）的名義——這位德國地下共產黨黨魁的消息。卡茲造訪好萊塢時協助創立反納粹聯盟，並四處散發「希特勒暴行棕皮書」（The Brown Book of the Hitler Terror），同時他也是赫爾曼（Lillian Hellman）「萊茵河觀察記事」（Watch on the Rhine）中那位反法西斯獨裁份子的模範人物。整個三〇年代多斯傾其所有心力在聯盟運作上，包括為西班牙和德國難民籌措經費、組織委員會和會議、贊助代表團，以及發表演說，指示美國人當前的責任為抵制法西斯主義並協助受難者。三〇年代中期是孤立主義白熱化的時期，許多美國人似乎認為歐洲時勢和美國本土是沒有關聯的。

多斯在電影劇作家工會也相當活躍。他因為援助公民自由團體和勞工激進份子而失去一些朋友，甚至破壞自己和雇主歐文・塔柏格的和諧關係，原因是塔柏格希望他在好萊塢被調查之前盡量遠離政治，而他當然無法做到。（在所有製片家當中，塔柏格是最為反對工會的人。他甚至曾威脅要關閉米高梅影業，假如作家們執意成立組織的話。）然而沒有任何事情可以阻擋多斯的澎湃熱血，急於提升大眾對海外暴行以及國內種種不公情事的認知。可是美國支援納粹組織一再傳播反猶太意識的傳單，此舉在洛杉磯拉攏許多納粹共鳴者。一如左派大多數人士，多斯認為美國正在培養自己品牌的法西斯獨裁主義，以愛國主義作為掩護——這也是他所寫的電影劇本「燄火護衛」（Keeper of the Flame）探討的主題，此電影於一九四二年發行。

起初好萊塢製片家支持反納粹聯盟，因為「裡面大多是猶太人。可是後來他們漸漸擔憂共產黨份子。」多斯勉強承認自己過去是個「浪漫的馬克斯主義者」，但從不曾告訴我他到底是否為正式的共產黨黨員。不過我最後推論，大約從一九三六年開始道一九四一年四月——因為一九五六年當他想取回護照時，他不否認自己之前是共產黨黨員。當美國作家聯盟擁護納粹蘇維埃的協定，並力勸美國不要涉入第二次世界大戰時，他便離開那個組織。他寫給艾拉（重新出現在他的聯邦調查局檔案）的幾封信顯示，他開始批判蘇聯政府，而且不願意再視蘇俄為「神奇的幫手」。雖然這個協定讓他痛苦萬分，但並沒有因此摧毀他對社會主義的信念，當希特勒入侵蘇聯時，他如釋重負地掉下眼淚，感激反法西斯主義的力量又可以重新凝聚。

直到一九四七年的聽證會判決好萊塢十人入獄，好萊塢左派認為此舉可以抵制對手。多斯或許不會猜到，他那從一九三六年開始記錄的聯邦調查局檔案，竟然會有九百一十五頁之多。這其中還包括艾拉的檔案，始於一九二七年，附帶幾封她寫給史特芬斯的信件影印本。她和多斯結婚後，他們的通信便受到監視。此外調查局忠實地列出艾拉在戰爭前為「紐約時報」寫的文章（「蘇維埃與兒童」（The Soviet Way with the Child）、「我們的工程師在蘇俄墜入情網」（Our Engineers Find Romance in Russia），並持續追蹤多斯的社交狀況，包括反法西斯難民委員會、格林威治村向紅色軍隊致敬、亞柏拉罕・林肯隊的朋友、西班牙自由之美國委員會和民主希臘之美國顧問。

多斯和艾拉都名列「安全索引」（Security Index），是「列管」的候選人。一九五〇年的內部安全法案（也稱為麥可蘭法案）賦予聯邦司法部長權力，在「內部安全緊急狀況」或國家面臨「戰爭」時，可以不經審判集合「危險或具有潛在危險」的美國人，並予以監禁。某些聯邦調查局的備忘錄上指示這兩位——特別是艾拉——被視為蘇聯派來之潛伏間諜。當她在戰爭期間前往蘇俄時，一位探員以「可能攜有間諜活動資料為名，徹底「檢查」她的行李。在她離開美國前，他們日常生活的一舉一動都受到嚴密的監控。

聯邦探員也將艾拉的書籍拷貝存檔。此外，他們詳細記錄史都華家的燈光何時熄滅，多斯幾點出去遛狗（「棕白相間的雷達犬」），還有他常叫妻子菲吉特（Fidget）或瑪菲特（Muffet），以及夫妻倆去看希區考克（Alfred Hitchcock）的「救生船」（Lifeboat）等等。

多斯於一九五〇年被列入黑名單。米高梅影業命令他「潔身自愛」，要他表示後悔當了「冤大頭」並供出其他名單。他斷然拒絕——「我驕傲於自己做過的事」——，於是他的合約便被撤銷了。他和艾拉移居英國，而倫敦的美國大使館持有他們最新的聯邦調查局檔案，因此多斯為羅塞里尼（Roberto Rossellini）的「歐洲一九五一」（Europa' 51）所寫的英語對白、為李維斯・麥爾史東（Lewis Milestone）的「梅爾巴」（Melba）寫的額外對白，以及「脫軌」劇本等等；他的名字都不准出現在這些上映的電影中。他和約瑟夫・羅西合寫史特林柏的「父親」（The Father）的電影劇本，但這部電影得到無法拍攝的命運。他的護照於一九五二年被註銷，因此他無法去德國看他寫的劇作「基德」（The Kidders）開演，也不能去威尼斯完成大衛・林恩（David Lean）「夏日時光」（Summertime）的拍攝腳本，只好拱手讓給另一位作家。他在漢普斯特煩惱之際依舊活躍不已，在咀嚼早年美好生活的同時，忍受對過往的厭惡，並歡迎那些猶記得他們的人士來訪。

＊＊＊

弗拉格諾溫和的無政府狀態主要是源自艾拉這位生於澳洲長於英國的女子。她要是在某個活動範圍停駐，彷彿有另外十六處地方立刻等著她的出現；聽她懷舊分外令人神往，特別是談到她就讀於倫敦經濟學校時的情景或關於史特芬斯的種種，好似他是這個家的永久居民——並不是以鬼魂的姿態，而是成為家的一部分。有時候我會覺得，他只不過是離開弗拉格諾一兩個小時，外出主持研討會或散散步，很快就會回來。

史特芬斯在《自傳》裡提到他初識艾拉時——受雇於菲力・福特（Felix Fraukfurter）在凡

爾賽會議工作的二十一歲女孩——「我彷彿邂逅這世界上最讓我快樂的事情」，當他看著她的身影「在大使、陳情人士和記者之間來來去去」。」（對那些了解她過往幾十年生活，知道她患有周期性的憂鬱症的人來說，史特芬斯的描述多少存著痛切的成分。）可是史特芬斯對她最初的記憶是「快樂……這個女孩不停地跳著舞。她的雙眼、心智、雙手、和她的腳在奔跑時總是蹦蹦跳跳的——她認真地跑腿。」她足足小了他三十二歲，而史特芬斯為「這年輕世代的化身著迷不已」。很快地他當起這位「年輕天才」的精神導師。「勉強的……當我將她的心智淨化時，也不得不將我的一併處理」，急於要她自由理想「幻滅」，給予她更多激進改革的「理想」，要她吸收他認為她過於疏忽的「事實」，痛責她的「急躁」和「不耐」，同時又為她在自己庇護下的成長進步感到驕傲。

在他教育艾拉數年之後，他發現她相對地也豐富了他的思想：當她首度踏上美國土地時，中肯地將當地的所見所聞告訴他。事實上的確有一些史學家認為她終究還是影響了他——特別是一九三〇年至一九三一年間她到蘇聯後，使得他對蘇聯政府的熱情更為提升，雖然他的看法依舊比她的更為世故複雜。（馬克思・伊士曼在宣布退出左派後，宣稱艾拉——「經驗沒有讓她圓滑」，而且「天生是個狂熱份子」——將史特芬斯「從感情豐富的反叛人士轉變成……難以應付的政黨政宣人士。」）「新共和」（The New Republic）的布魯斯・布利文

（Bruce Bliven）相信，艾拉一定是「逼迫」史特芬斯寫下自傳。布利文寫道，「幾乎必須在他寫完一兩頁就把稿子強行取走交給出版商，免得他毀掉原稿。」

史特芬斯最後幾年的生命中，艾拉以演講和寫作的方式，四處宣揚蘇聯政府，動員支持加州種植萵苣和櫻桃，以及採收棉花的移民工人的權益，並為「新群眾」報導一九三四年舊金山濱海地區大罷工的新聞，另外還管理嘉美樂之瑞德俱樂部（John Reed Club in Carmel）；這對夫妻成為退伍軍人協會的頭號敵人。有一家地方報紙報導艾拉跟二十九個黑人上過床，史特芬斯對此的回應是「怎麼不湊滿三十個呢？」

她的陳述總是簡單扼要，但其實留有複雜的伏筆：她說的話可以讓人數日迷惑不解。雖然她不如史特芬斯想像的那樣擁有舉一反三的智慧，但是熱情驅使她在五〇年代於英國開始的反核運動中脫穎而出。身為行動主義者，她彷彿有那種複製自己，到處都有分身的能力——這會兒在樓梯上碰到她，下一秒就發現她已經在花園裡——而且她總是興高采烈說起她和電影發行商湯瑪斯・布蘭登（Thomas Brandon）在三〇年代，時時常潛入美國支援納粹組織大會，在大廳的另一邊大喊反法西斯主義的口號，這樣那些聽眾會以為有好幾十個人的陣勢：「他們會喊道，『他們在這裡！』『不，他們在這裡！』」，永遠也搞不清楚實際是只有我們兩個而已！」行動主義也讓她成為大忙人而難以接近：有一次多斯要求米高梅的秘書打電話給她，結果她的電話忙線好幾個小時，最後他忍不住說道，「喔，可惡！還我第一個老婆！」偶爾我會收到她寄來的明信片，上面一句話也沒有寫：匆忙寫下住址後，就忘了寫上她原本寄這張明信片的用意。

弗拉格諾的寄宿學生來來去去——年輕女孩相繼離開弗拉格諾的原因是，她們永遠不可能追上艾拉的腳步——，過去和現在倉促地拼湊在一起：七〇年代後期，我告訴她「洛杉磯時報」進步了，她卻叫道，「呸！去他的洛杉磯時報！」——這份報紙在一九一〇年的反工會政策讓她耿耿於懷。她致力於改變：沒有人期望缺德的組織或個人改邪歸正。在她眼裡界限是用來超越的，而且她從不抑制探索的慾望和行動：某次我們正追蹤一條難以釐清的線索，她要我打電話詢問某位她認識的電影學家；我抗議說他早就已經去世了。艾拉卻咆哮道，「那就打給沒死的電影學家啊！」

我聽她說過好萊塢左派犯了許多錯誤，特別是他們完全誤解蘇聯政府這點：「我們深信不疑的事，有些並不是真的。不過那並不重要，因為我們只為自己所信仰的打拼。她就像過境的龍捲風，被批評為輕率、錯誤百出又偏離正軌，但是從來沒有人說她優柔寡斷——當別人還在苦思不行的時候，她已經往前衝去，像個橫衝直撞、精力過剩的人。

女權運動再度興起倒是叫她有些驚訝，過去——雖然以前主張擴大婦女參政權——她那些費邊主義的朋友說服她，相信不平等是一種和性別無關的社會狀況，社會主義將給予婦女和男性相同的權利。然而她早就過著不受規範的自由生活。弗拉格諾經常嘲笑她的糗事；她的小兒子必須站在男用廁所門外等她，因為她總是懶得看清楚公共廁所門上的男女標誌。不過她還是認定性別之間的確存有差異。小說家愛爾拉・沃弗（Ira Wolfert）說，艾拉認為男性生來就是跑腿和搬重物用的。

她的憂鬱症反覆發作，有時候因無法集中注意力而神志不清時就會異常狂熱。她會飛快地迅速跑去找某位英國國會議員，到下議院詢問有關甘草糖「尼格寶貝」（Nigger Babies）的事情；要不就是責備義大利女傭在上菜時沒有穿襪子；或替羅勃森安排倫敦音樂會，希望此舉會讓美國國務院感到不好意思，而將她的護照退還（「羅勃森盡情歌唱」委員會的確透過越洋電話的擴音器，成功將演唱會傳播出去，有許多的聽眾前來聆聽）；把冰紅茶壺裡的果皮拿出來往花園的牆外丟，引來鄰居律師登門抗議；組織兒童派對；打電話給某位說話諷刺又幽默的新朋友問道：「你跟我說話的時候，怎麼都不諷刺也不好笑？」；用鋼絲絨猛搓橡膠樹，直到樹木承受不住倒地為止；要不就是不停地折磨她養的狐猴。她發現夜行動物實在不是好伙伴，因為牠總是在白天睡大覺，所以她會突如其來猛踢牠的籠子，要不就是把牠放在震耳欲聾的電視機旁讓牠睡不著。到了晚上狐猴又無法入睡，所以牠凹陷半張的眼睛下免不了產生嚴重的黑眼圈，這樣的折磨直到女主人外出一個星期那段期間，才得到解脫；牠立刻暈過去。她回家後牠大聲咆哮地從她的懷裡掙脫出來，從煙囪逃向屋外，消失的無影無蹤。我們有些人認為她應該多體諒狐猴晝伏夜出的習性，因為她常常也會忍不住地打起盹來——看電影的時候她特別容易打瞌睡，而且會突然猛烈抽動而醒來喊著：「應該找史都華來寫對白！」，然後又繼續打瞌睡。

即使年過七十，性慾還是艾拉功效最強的興奮劑；有時候是以回憶的方式呈現。當她還是少女的時候，她花了好幾年的時間研究王爾德的罪是什麼。她的父母沒有教她任何的性知識，所以她以為嬰兒從肛門出生，而且百思不解嬰兒為何不會沾上母親的糞便。她的母親告訴她不要接觸男人；因此當史特芬斯初次碰她的手時，她說「你是個無賴，像其他男人一樣」。史特芬斯立刻擱下她的手。許久以後，她和他在羅素飯店（Russell Hotel）共進晚餐時，因為經痛而痛苦難耐，他帶她到房間並給她喝些琴酒。很快地飯店經理走了進來：艾拉倒在床上，琴酒酒瓶就躺在一旁——「假如你是羅特-列克（Toulouse-Lautrec）〔編註：1864-1901，法國印象派畫家〕，你已經做的夠好了。」多斯如此反應。經理要她離開飯店，而羞憤不已的艾拉坦言自己「不舒服」（unwell：不舒服，也是月經來潮的意思）。經理質問她為何她在樓下餐廳用餐時還好端端的，到了臥室就不舒服了，她反駁「女人有時候舒服，有時候是不舒服的」

後，就被驅逐出去了。這個故事常常被提起，是弗拉格諾傳奇的一部分。

艾拉是那種可以用有趣的坦白方式，談論那些會讓自己缺點曝光的事情。她想起曾問起約瑟夫・羅西，「為什麼我這麼喜歡你，可是你卻不喜歡我呢？」他答道，「或許那就是原因。」瑟伯來過弗拉格諾之後，他們報告說：「立刻揚起空洞的笑聲」。艾拉談到瑟伯時說道，「他以為我是瑟伯女人！」她和多斯開始分頭寫自己的回憶錄時，他的工作室就在她的上方，每當她聽到樓上的打字聲停了下來，她就會用掃帚柄猛敲天花板提醒他。有一天他輕快地告訴她，他現在已經改用原子筆寫稿；從此以後她不會知道他現在就竟是在寫作或是翻閱報紙的板球成績。艾拉非常氣憤；她認為他的聰明才智應當用在榨取日常生活的精華之處——除此之外（就像她經常說的），她沒有辦法自己製造笑話。

她的生活是一連串挑戰所組成：就拿過馬路來說，頭戴大帽子、幾乎遮住眼睛的她，會低頭衝進繁忙的車流裡：此時煞車聲此起彼落，駕駛的吼叫不斷，但是她看也不看一眼。此外，她的房子永遠都在整修裝潢的狀態中：油漆樣品以及地毯和窗簾的碎屑散落在每個房間裡。如某個朋友所說的，這房子裡的東西都在跟艾拉抗議。椅子、桌子、鳥籠、櫥櫃和燈向她哭喊道：把我放進地下室、把我丟到閣樓、把我漆成綠色、看我分成兩半、切斷我的腳、把我賣了！她試圖為古董玩具房子重新設計，卻把它弄壞了。衝動行事的作為和占有他人的東西其實是一種心理反射作用；有次我的父親和丈夫在平安夜造訪弗拉格諾，艾拉向父親借瑞士小刀（他的最愛），又向我的丈夫借傘（這是他最好的一把傘），然後又假裝忘了把東西擱在哪裡，當我又發現那些珍貴東西的蹤跡時，才知道她早就將這兩樣東西包裝好當作聖誕禮物。那把瑞士刀送給了一個八歲的小女孩：不可能再拿回來了。至於那把傘的磨光金屬環上刻著主人姓名，但還是被寄到加拿大送給某個人。這兩個人再也不願踏進弗拉格諾一步。

起初我認定她無情殘酷，或破壞性強，即使多斯全心全意奉獻給她。（有一次他倆在為死後該火葬還是土葬爭執不休，他說道「親愛的，我們一起消失吧。」他是嚴肅認真的，而且最後真的這麼做了——兩人去世之日差不到三天。）許多人崇拜他卻討厭他，雖然這對夫妻的知己中。有些人認為他把她當作擋箭牌，將重擔往她肩上擱，或想迴避其他人時要她去扮黑臉——也就是說艾拉被當作討厭鬼的時候，他還能以善良可愛的好好先生現身。偶爾他會優雅地扯她的後腿：當她為貓取名金姆・伊爾・森（Kim Il Sung）時，他就私下告訴其他人牠叫咪咪。艾拉的行為舉止通常相當不雅，甚至惹人討厭。因此很難相信她被如此深愛著：兩任丈夫和終身的朋友愛她如寶。有次午餐時她大發脾氣，氣急敗壞地衝進廚房找女傭出氣，多斯告訴年輕作家莎莉・貝弗瑞吉（Sally Belfrage）要在艾拉的墓碑刻上什麼銘言：「她的確嚇人，但是她值得。」

經過多年以後的相處之後，艾拉的形象更加清晰坦然；是她將這群人士凝聚在一起，是她將弗拉格諾變成流亡及異議人士的庇護所，特別是那些沒有護照而只能到英國的人。許多人或許依舊孤獨——無所寄託或群龍無首——但是艾拉的活力將大家團結起來：她的確清楚他們需要多大的團結力量。英國人以為流亡人士能夠離開那侮辱他們的討厭國家，想必相當欣慰。然而鮮少英國朋友了解這些美國人有多想念自己的文化——就好像他們感覺被截肢一樣。

英國不時將黑名單當作展覽品：以證明英國是個偉大的民主國家。所以弗拉格諾成為流亡人士逃離政治外交策略的收容所；有人回憶道，「我們可以到弗拉格諾說『去他的英國！馬桶壞了——』，又不會公然冒犯了英國人。」弗拉格諾這個國度同時也保護那些因受罰而經常心存罪惡感的黑名單人士。（我在別處認識許多三〇年代的悔悟人士。這些因不同原因而受罰的人，雖然承認所犯的錯誤，但自我鞭打在弗拉格諾似乎相當少見。）起初我像其他人一樣擔心艾拉的突襲和散布，但我慢慢地喜歡上她，並感激她創立的團體和這處庇護所。

***

踏入弗拉格諾後，當厚重的前門緩緩向兩旁展開時，映入眼簾的東西絕對叫人無法抵描：畢卡索的素描、李西茲基（Lissitzky）的油畫、蒙得里安（Mondrian）〔編註：1872-1944，荷蘭畫家，是風格派運動幕後的主要藝術家之一，也是非具象繪畫的創始者之一。〕的菊花畫，以及一個大型女性頭部木雕懸掛在壁爐上方，讓人看了目眩神迷：這座房子本身就是個精采的歷史。（這裡也是個十足的動物園：英武、猴子、八哥鳥、還有貓和狗等等，餵食的時候，含糊不清混雜著嗚咽尖嘯聲此起彼落。）房內牆上掛滿克利（Klees）和夏卡爾（CHagall）的畫作，還有古代非洲的雕刻品，玻璃屋裡面裝滿了前美洲的雕塑作品和艾森金文鎮；秘魯木偶和東歐刺繡品又讓人忍不住想將目光從喬治・葛洛茲（George Grosz）〔編註：1893-1959，德國表現主義畫家，一九一一年開始發表作品，用諷刺的筆法描繪柏林的夜生活和社會的陰暗面。〕的畫作移開當客人們在客廳看見馬里尼騎師和昂揚的馬匹，又看到陽台花園裡立著的喬・大衛森（Jo Davidson）雕像時，他們總是忍不住拿著茶杯和煙灰缸在這些藝術作品間來去，因為在弗拉格諾很少有赤裸裸的東西。舊的藝術品消失後新穎的作品取而代之，這是艾拉理財天賦的最佳證明：在好萊塢時她便將多斯的薪水投資在藝術品上，所以當多斯被列入黑名單後，他們夫妻倆只要偶爾賣掉一幅畫或一件雕塑，便能舒適安逸地過生活。

經常出入的訪客有希德利克・貝弗瑞吉（Cedric Belfrage），他是「衛報」（National Guardian）的編輯，直到被驅逐出境為止；他的女兒莎莉・貝弗瑞吉，也就是《莫斯科一角》

（A Room in Moscow）的作者，後來又相繼寫了有關密西西比、印度和北愛爾蘭的書；精神醫生約瑟芬・馬丁（Josephine Martin）；英國作家約翰・科利爾（John Collier），大力支援黑名單人士；社會主義劇作家班恩・李維（Benn Levy）和女演員康絲坦茲・卡敏絲（Constance Cummings）；愛琳・歐克西（Eileen O, Casey）和西凡・歐克西（Shivaun O'Casey）；演員山姆・瓦納梅克（Sam Wanamaker）；英格麗・褒曼（Ingrid Bergman）；肯尼斯・泰南和伊連・丹地（Elaine Dundy）；民族學者兼音樂理論家艾倫・羅馬斯（Alan Lomax），偶爾會帶他的吉他來訪；和不吹口琴的賴瑞阿德勒。

褒曼——豪爽健談而且沒有明星架子——喜歡暢所欲言，而且有一個迷人的特點，就是她談的主題總是能迅速挑起眾人的好奇心，比如說當初「北非諜影」（Casablanca）的預估票房相當悽慘。她也很難和亨利・鮑嘉混熟，因為他忙著和製片以及導演就本片雜亂無章的狀況吵架。褒曼說這部電影的劇本亂七八糟，故事情節每天都在變動，沒有人知道這部電影最後的結局為何。她告訴我們大致上已經計劃兩種結尾：其中一個是她和鮑嘉共度一生。但是兩人分開的結尾戲已經先拍好，所以製作人決定予以採用。艾拉說她恨死這個結局。

賴瑞・阿德勒在弗拉格諾被稱為「毛怪寶貝」：他那小而呈三角形的臉上有一雙深陷的眼睛，長的就像艾拉的狐猴。阿德勒曾公開批評抵制委員會，並於一九四八年的總統大選為華萊士（Henry Wallace）籌募競選經費。赫斯特八卦專欄作家伊各諾・卡西尼（Ignor Cassini）就指控，阿德勒和經常搭擋演出的踢踏舞者保羅・傑波（Paul Draper）四處散播「紅色文宣」。這件事促使康乃迪克州格林威治的一名婦女寫信給媒體，聲稱他們都是「親共產主義份子」，他們的收入都流向莫斯科。阿德勒和傑波共同告她誹謗。打官司需要他們兩位在宣誓書上聲明自己並非共產黨黨員。然而專欄作家瓦特・溫契爾（Walter Winchell）和偉斯布魯・佩吉勒（Westbrook Pegler；左派人士稱他為佩斯布魯・威格勒（Pestbrook Wiggler）；意為搖擺不定的害蟲）的攻擊並沒有結束；卡西尼大聲疾呼要將他們驅逐出境，他們表演的預定票都被取消，阿德勒和傑波輸掉那場官司。後來阿德勒移居倫敦，過了成年儀式後在倫敦四處演奏巴哈和蓋希文（Gershwin）的音樂。美國國務院撤銷他的護照——直到發現他們將這位音樂家誤以為是另一位寫《布魯克林老鷹》（The Brooklyn Daily Eagle）的作家李歐那德・阿德勒（Leonard Alder），據說他才是真正的共產黨黨員。可是阿德勒的名字還是沒從黑名單中刪去。

亞柏拉罕和施薇雅・波羅斯基（Sylvia Polonsky）、哈洛・克魯曼、律師連納德・包定（Leonard Boudin），以及抒情詩人哈布格（E. Y. Harburg）〔編註：一九三九年時與Harold Arlen合寫電影「綠野仙蹤」（The Wizard of Oz）的主題曲「Over The Rainbow」。〕只要到倫敦來，必定到弗拉格諾小住。寫過幾齣嘉寶主演的電影的前演員莎卡・維特（Salka Vietel）遠從家鄉瑞士的克洛斯特（Klosters）來到這裡；弗拉格諾的聚會對她來說，更像延續她周日在聖塔莫妮卡的生活，在那兒從三〇年代開始到五〇年代初，好萊塢左派人士和許多流亡海外的外籍藝術家就聚集在此交流。凱薩琳・赫本（Katherine Hepburn）——主演過多斯編劇的四部電影——會在屋內和花床之間大步來回走動，輕快活躍地忙著除草；熱情又專橫的個性使然，她對花圃工具的維修狀況相當吹毛求疵，不能認受一丁點的鐵繡存在。

卡爾・弗曼的「咆哮之鼠」（The Mouse That Roared）在英國拍攝期間，珍・塞伯（Jean Seberg）到弗拉格諾喝下午茶：在「聖女貞德」（Saint Joan）和「玉樓春劫」（Bonjour Tristesse）等災難後，她在小型電影當中顯得格外輕鬆自在。她氣憤地跟我談到和奧圖・普里明傑（Otto Preminger）這位將她的事業推向高峰——已經逐漸衰退——的製片兼導演之間相處的經驗。（她尚未被法國導演發掘。）她在十七歲時開始和普里明傑合作，原本期望有一位長者可以當她的指南針，但她卻說在前兩部電影的拍攝期間，他不但吝於指點迷津，還時時羞辱她。我們每次在弗拉格諾碰面時，她都會跟我談起在愛荷華州馬歇爾城的成長過程；她就像我一樣，似乎也渴望同胞作伴。她喜歡重覆說她和高中同學相信摟頸親熱就會導致懷孕的想法來嚇唬我。因為焦慮所致，這些女孩的生理期經常延後，她們才會不時以為自己懷孕了。

我聽了以後的反應讓她覺得很有趣，可是我卻沒有告訴她這故事已經說過了。

柏林四重奏在布萊西特去世後幾個星期，便巡迴至倫敦表演，順道拜訪弗拉格諾。布萊西特的遺孀海倫・威格（Helene Weigel）從三〇年代開始就是艾拉的朋友，當時洛杉磯的一群德國難民包括弗利茲・藍恩（Fritz Lang）和撰寫「浮士德」（Doctor Faustus）的湯馬斯・曼（Thomas Mann）。布萊西特也在這裡寫過「加利羅」（Galileo）。儘管失去最大的支柱，但是布萊西特的劇團還是會拿這位劇作家特異風格開玩笑。他們不時因為舞台道具的問題和他爭執，而且布萊西特曾要求一位演員戴上巨大的假耳朵作為間諜的象徵：這位演員抵死不從，跟布萊西特纏鬥，直到那只大耳朵被剔除為止。（布萊西特在加州期間知道聯邦調查局竊聽他的電話；為了擾亂竊聽者，有時候威格會念波蘭烹飪食譜給電話那頭聽不懂波蘭語的朋友聽。雖然聯邦調查局密切監控布萊西特長達十三年，但是電話竊聽只進行了兩年便無疾而終了。）

這些彼此之間並無任何共通點的人齊坐在弗拉格諾寬敞的客廳裡，忙著把艾拉走味的水果蛋糕偷偷弄成碎屑，也不願冒險去咀嚼，還得閃避小客人們的紙飛機，大夥的回憶隨著電壺冒出的蒸氣緩緩升起。自由派和激進改革人士同心協力加強反法西斯獨裁主義和工會主義的勢力，一九三五年至一九三九年的龐大人民陣線，顯示美國人在民主危急的時候，已經能注意到國際和國內時勢之間互動的關聯。

好萊塢籌組工會的行動——尤其是電影劇作家工會——因為洛杉磯長久以來的反勞工組織意識的認知，使得建立工會變得勢在必行而且激情難擋。電影工業憎惡工會始於有聲電影的出現，使得技術人員組織起來，再加上好萊塢的反共產主義緊密地和仇視勞工的勢力結盟。一些弗拉格諾的訪客到好萊塢之前曾在工會工作過，他們想起「務實勝利」——一九三五年的勞工關係法案已經立法通過勞工有組織團體的權利——就倍感欣慰。（同在一九三五年建立的社會福利制度，被闡釋為這個國家往左派靠攏的指標。）亞柏拉罕・波羅斯基視工業協會的創立為歷史轉捩點，「務實的和預言的都交互結合」。

電影劇作家是好萊塢左派最前線的戰士，而他們的工會——儘管內部爭執不斷——是所有能幹的工會當中最具效率的。但是勞工運動的退步讓許多盟友傷感不已；承認某些工會不進反退或腐化的事實，對他們而言是相當痛苦的。不過戰後時期所有的失敗，都不能抹去工會勝利的記憶——某份工會合約簽訂完成，或納粹垮台等等。

＊＊＊

傾聽左派人士談論這幾十年來的種種時，我會迴避「麥卡錫主義」和「麥卡錫時代」等專有名詞，因為它們將反共產主義的整個歷史濃縮成某人的行為。麥卡錫這位參議員是那個時期的附帶結果，並非是其創造者；他只不過是搭上這趟已經成熟的運動，作為一九五二年競選連任的政見。他考慮推銷聖羅倫斯河航道，或開發新老人年金計劃。可是當某位牧師提議以共產主義為主打時，麥卡錫便立刻改變策略，緊緊抓住這個議題，在一九五〇年因此一砲而紅。

許多人認為「麥卡錫主義」在麥卡錫於一九五四年失勢後便跟著消失。他一九五七年去世，但是黑名單顯然活得比他還久，一直到六〇年代才中止，摧毀了許多人將近二十年的事業活動。此外，某些稱他「恐怖可怕」的，是真的相信他的作為無人能及，因為麥卡錫憑著他惡劣的本性，以連續轉換的圓滑謊言，和謾罵當權派的熱情——如他所說，馬歇爾將軍（General George Marshall）「總是服侍克里姆林宮的強國——抹黑反共產主義的動機。許多抨擊麥卡錫的人非常氣憤，因為他無端干擾為數眾多的非共產黨人士，可是共產黨黨員的公民自由不算是流行的議題。

雖然在三〇年代加入共產黨的美國人大多在一九五〇年退黨，但是這個規模原本就不大而且逐漸萎縮的組織，在麥卡錫和其他煽動者加油添醋的攻擊下，搖身一變成為難以抵擋的大黨。麥卡錫善用他操縱媒體的天賦，強力製造共產黨黨員「已經」逐步敗壞政府的形象，而政客又擔心如果讓選民抵制他，恐遭他的抱復而陷事業於危機；他就靠著這些手段成功活躍了四年多。他擅於刺激產生憎恨，特別是那些自覺被東北自由派瞧不起，或忽略的人更容易中了他的計。有一段時間他利用推翻政府成員的策略，成功癱瘓杜魯門和後來的艾森豪的施政空間，讓他們只能採取防守姿態。然而他畢竟在還沒學會如何悠游其中，便已經逐起這股浪潮。一九四五年後，許多政治人物發現批評共產黨（無論是真實或想像）對他們的政治生涯有很大的助益。毫無疑問地他們說的話或未來的意見都會有人相信；三人成虎自有其道理。

＊＊＊

在弗拉格諾頗受到爭論的，就是是否有人有資格因二次世界大戰後席捲此國的反共產主義潮流，而感到詫異。有些人強調，長久以來視國際社會主義為洪水猛獸，儼然成為這個國家的本質，而且美國人也將共產主義當作外來的概念而退縮迴避——尤其自從二〇年代大部分的共產黨黨員都是生於國外的人士——，而這種情結只不過因為大戰期間蘇聯是我們的盟友而暫時壓抑罷了。可是戰爭一結束，恐懼便全數爆發出來。

一九一九年和一九二〇年查抄共產主義爪牙的行動——當時年輕的胡佛（J. Edgar Hoover）

一手籌畫這波全面徹底的逮捕行動，據說一萬人左右的左派移民遭池魚之殃——以及薩柯和范澤地執行死刑的事件，正是長期畏懼「布爾什維克闖口」的樣本。在第一次世界大戰之前，幾百萬的歐洲移民登陸美國，引起全國性的排外情緒——這些移民不但被視為狡詐、寒酸之人，而且還會將致命的淋巴腺鼠疫傳入國內——，這日益沸騰的厭惡促使無政府主義者、工團主義者以及美國共產黨的開拓先驅活動更加頻繁。

排外情緒在二〇年代早期變得相當猛烈——在公眾人物譴責過於畏懼共產主義後，反而更形升溫——，弗拉格諾的某些訪客認為左派不應該期待掌控主流地位，即使在經濟大蕭條時期也不應有這樣的想法。冷戰時期之前，胡佛說服許多平民相信左派份子會危害整個國家的安全。有人告訴我，許多美國人擔憂共產主義的程度遠比法西斯主義還高：因為愛國人士大多認定我們國家是世界上最完美的民主機制，因此法西斯獨裁主義絕對不可能在美國落地生根——相對的，新經濟政策挾帶的社會主義會轉變成共產主義，似乎會威脅國家的安全。再者，為抵制羅斯福政府時期工會所得的利益，所以第二次世界大戰後立即加溫的右派反勞工利益運動顯得更加理直氣壯。不過也有人認為四〇年代後期大眾對左派的敵視過於迅速擴大，所以他們沒能未雨綢繆。他們當時的態度是：「我們只不過在打一場抵制壓迫的仗——壓迫這種事情怎麼可以在『我們』的國家發生呢？」「三巨頭」的氣氛隨著回憶被挑了起來。

因此麥克阿瑟將軍於一九四二年推崇蘇聯政府——當時他呼籲同盟國「以敬意結合這個偉大的國家和軍隊，和我們並肩為自由的勝利作戰。」——而一九四五年於舊金山舉行的第一次聯合國會議，更喚起了希望。波羅斯基輕笑一下說道，「政治是由錯誤的承諾和現實的結果組合而成」。

其他關於過去的誤解在弗拉格諾一一被挖掘出來。舉個例子來說，左翼起初認為好萊塢十人檢舉事件的當事人會勝訴。雖然那十位人士知道自己會被舉證羞辱——因拒絕確定或否定其黨員身份——，而且也明白可能會在初等法院和二審法院敗訴，同時也有被監禁一年的危險，可是他們還是相信高等法院會還他們的清白。他們的律師預測至少是五比四的裁定，這樣一來他們必須有所行動將此案延宕至一九四八年選舉過後，推測若華萊士表現好的話——假如他能贏得五百到七百萬的選票——就能影響高等法院的動向。（華萊士後來只得到一百多萬票。）不過高等法院最開明的兩位法官法蘭克・墨菲（Frank Murphy）和威利・魯利吉（Wiley B. Rutledge）於一九四九年的夏天，也就是第二輪聽證會前夕去世——這改變了高等法院的結構，十位人士的審理請願被駁回。一九五〇年這十位都被監禁。他們入獄的消息傳開之後，全國的激進改革人士無不大吃一驚。

一九四七年舊事重演，左派人士沒有預見黑名單已逐步成形。他們沒料到非美國活動委員會會告訴製片家例如傑克・華納，片廠應該將「意識形態的白蟻」驅逐出去，同時他們也接受電影協會會長艾利克・強森（Eric Johnson）的保證，絕對不會有黑名單。拒絕雇用不良份子所持的原因以不牽扯政治為原則：演員被通知說他們不是太矮、太高就是太老，要不就是不符合角色的形象等等。約翰・藍多夫（John Randolph）後來告訴我，「突然會有人告訴你這個角色已經改寫成侏儒了。」因為他們不能以像作家一樣用藝名工作——李・考柏（Lee J. Cobb）說，「這是我僅有的一張臉」——有些演員就此離開他們的演藝生涯至少十五年。

作家被回絕的情況也相當多：我聽說瓦杜索特被雷電華電影公司炒魷魚後被告知這與他的政治立場無關，而是他的作品實在不怎麼樣。自然地，那些被說成天賦不佳，才能不足的人，有時候總會懷疑自己是否真的是個庸才：他們對自己的天職不再有信心。演員知道片廠不敢用他時，不免思索自己終究是個二流演員。導演和作家不斷努力地和企業體與自我懷疑搏鬥。亞伯特・馬茲告訴我他被列入黑名單後，對自己製作的電影總是沒有把握；想起當初自己洩氣的情景，他以棒球賽來描繪：「就像投手說，我失去我的節奏了。」

＊＊＊

在弗拉格諾，告密者會遭到嘲諷和鄙視。那些出於恐懼而違背自身原則的人——或顯然沒有原則的人——在這裡所受到的藐視一點一滴，會在午茶時間煙霧瀰漫的氣氛當中釋放出來。此外，弗拉格諾對亞瑟・米勒於一九五八年在倫敦開演的「橋的視野」（A View from the Bridge）很感興趣。有些人認為這部劇作是在呼應「岸上風雲」（On the Waterfront）——此齣戲激起抵制告密者的熱度，由伊莉莎・卡贊執導，並由巴德・舒柏格編劇；這兩位前共產黨黨員都是見證人。在他自己的戲中；米勒這位非共產黨主義者因拒絕提供委員會名單，卻被塑造成告密者的形象，而遭到周遭朋友的不屑：這個男人並非以惡棍流氓的形象出現，但是不被原諒的行為卻毀了他的一生。他現在重新擴大並製作這齣戲，寄望倫敦的觀眾或許能同情這位主角的心聲。

許久以後米勒才告訴我這部劇作並非呼應卡贊的電影，而是「企圖以不同的視野來詮釋告密的主題」，他認為告密這個主題在「岸上風雲」遭到「可怕的誤用」。然而，許多左派人事認為這兩部作品一定有相當程度的關聯，因為媒體報導在卡贊點名十六位人士後，米勒就和卡贊（他以前的導演）斷絕朋友關係。

一九五一年電影界的徹底調查行動當中，好萊塢左派每天按時聆聽廣播的聽證會實況，藉此得知哪些名字又被供出。大部分的告密者都指向約翰・霍華德・羅森（John Howard Lawson）（電影劇作家工會的首任會長和創立者），以及好萊塢共產黨的領導人物：指名他的頻率多到就像祈禱完後說句阿門一樣。這些告密者的個性有許多值得深思的地方。卡爾・弗曼告訴我特別好鬥的人——這些極端份子「容易為雞毛蒜皮的事就暴跳如雷地爭辯」——就容易走上告密一途。弗曼認為他們一定對英雄主義和殉道有所幻想，又表現出「急欲成為浴火鳳凰的渴望」，並天生具有反覆無常的特質，才能夠迅速激烈地從左派往右派靠攏。

在好萊塢「人只不過混口飯吃」經常從那些順從的證人口中說出來，也是一句最叫左派人士反胃的陳述；我聽說這句話是那個時期特有的陳腔濫調。這種告了密還將本身過失正當化的，都是些奢侈成性的人，或許他們所謂的貧窮就是哪天必須放棄比佛利山莊的豪宅、游泳池和成群的奴僕。為了保住奢華的生活方式，他們也可以厚顏無恥地說「家人是我的首要責任」。結果，在激進改革人士當中，有人同情告密者逐漸衰弱的事業和不敷使用的薪水——當然也同情那些家有病弱孩童或親戚的人。但是包括遊艇比賽這種奢侈的責任就無法得到黑名單人士的同情。他們的責任感是傳統美國人的笑柄，就像出賣兒時口令或背叛死黨一樣，會遭人鄙視。馬克・吐溫和塔金頓（Tarkington）〔編註：1869-1946，美國作家著有《偉大的安伯森斯》（The Magnificent Ambersons）。〕所塑造出來的規範是，「你絕不打小報告」：即使印第安人在你的下面升火，即使敵人牛仔丟繩圈套住你要把你吊死，你都不能洩密。波羅斯基想起但丁把背叛者打入第九層地獄。

亞瑟・米勒寫的《克拉瑟柏》（The Crucible）是這麼開頭的，「舊記錄在崇高神聖的撒旦與上帝之戰中被建立起來，」以及「悲慘者『對幸福者』的羨慕嫉妒定會引爆成報復的行動。」在好萊塢大家普遍相信，特定告密者的目的在奪取左派收入最高作家的金飯碗。達頓川柏是電影工業中收入比一般作家還多的人，相對的，馬丁・柏克萊（Martin Berkeley）——舉發一百六一人——通常得到的卻是二流動物影片的工作機會；他的代表作是《我的朋友弗利卡》（My Friend Flicka）。（據林恩・拉德尼觀察發現，柏克萊沒有能力寫人類的對白。）柏克萊舉發的人士當中包括製片家最愛的幾位作家，多斯和川柏便名列其中。原本寄望高等法院會裁定黑名單為非法行為，卻因為審理程序加快而於一九五一年落空。

沒有告密者打算公開檢舉動機，是出自於自身的貪婪汙穢，或畏懼委員會的勢力，不過他們大多提出一套意識形態的空論，來支持自己的行為：共產主義對祖國的威脅和蘇聯是一樣的。他們的評論呼應告密者對史達林和蘇聯政府的立場，這是完全可以被理解的，但是他們的誠懇受到某種程度的質疑——因為發現這些人只有在被委員會召見的時候，才表現出痛恨共產主義的態度。對於那些聲稱早年就被左派人士陷害設計的人，多斯說他依然相信「三〇年代是好萊塢的經典時期」，而且他絕對不能原諒那些否認自己過去信念，又堅稱自己是受害者的人。

舉發密友知己的舉動已經掀起勢不可擋的驚濤駭浪，因為好萊塢左派就像大家庭一樣：這彷彿就像告密者把他們最親密的家人打得鼻青臉腫。（理查・柯林斯檢舉瓦杜・索特；柯林斯是索特第一次結婚時的伴郎。）幾年後，一度被列入黑名單的女演員貝西・布雷爾告訴我告密者的行為並沒有讓她特別覺醒，但是卻對那些抵死不合作者的崇高操行感到激動不已。她補充說這或許表示只要有雄心壯志，就必定會有墮落的可能。弗拉格諾的訪客沒有人是胸無大志的。許多人到現在還因為失去天職而苦惱。不過當艾拉揮舞著大刀，威脅要將難以吞嚥的蛋糕切成丁（多斯說她像馬克白女士），或有人說了笨拙的雙關語而遭到眾人噓聲以待時，抗議的笑聲打破了煩惱的氣氛，我感到這群彼此嘲弄的人士——當他們的尊嚴與價值遭受四面八方的抨擊時，他們卻緊密地彼此認定——已經凝聚出某種特別的情義。

＊＊＊

羅斯福總統在弗拉格諾得到不少溫暖的評語，特別是出自多斯之口。或許三〇年代激進人士的過度保證——迫使他們毫無準備面對冷戰——部分原因是他們依賴羅斯福總統：他榮登白宮寶座，讓自覺欲振乏力的他們又感到威力十足。然而還是有人反對他「保住資本主義」：社會主義綱領的種子好不容易埋入新經濟政策當中，卻被他的政府給悶死，如此的妥協必定阻礙社會主義的蓬勃發展。五〇年代守舊派人士彼得・威瑞克（Peter Viereck）贊揚新經濟政策「預防劇變的社會改革」——因此和那些認為羅斯福暗中破壞其目標的激進人士合作。布加寧（Bulganin）和赫魯雪夫於一九五六年四月訪問英國時，弗拉格諾無時無刻不埋首在相關新聞快報中，女王邀他們喝茶的消息也讓我們覺得有趣。那段日子，對我這一代的人來說，實在很難明白，為何美國左派人士還是自認和蘇俄有無法割捨的關係，即使這種關係已日趨薄弱。技術上來說，三〇年代蘇聯政府對左派人士的意義是可以理解的，因為這世上第一個社會主義體制的國家，是他們全心寄望能夠成功的實驗體——他們的感情都投注在擁護蘇聯生存的權利上。我知道許多人士希望俄羅斯在赫魯雪夫執政時代能有巨幅的改變，希望不會再有鎮壓行動的發生，進而成為一個社會主義民主政體。

也因此他們還帶著賞識的想法，對蘇聯存有尚未斷氣的向性。到了五〇年代後期我發現這種想法叫人費解，因為當時我已經結識英國左派，他們對蘇俄可以說一點興趣也沒有。不過後來我在一些激進人士的心聲找到蛛絲馬跡；我聽到一位上了年紀的美國工會會員對蘇聯政府的感想：「那是我的母親。她或許是妓女，她或許是小偷，她或許吸毒，但是她是我的母親。我不會丟棄她，也不會讓她流落街頭……。」

弗拉格諾熱烈討論赫魯雪夫在第二十次代表大會中被揭發的消息時，我並不在場，不過我可以想像多斯必定非常不悅。但是俄國人在秋天入侵匈牙利時，我人就在弗拉格諾的討論現場。國際社會的目光原本集中在蘇伊士運河的危機上。但是後來蘇維埃的坦克車駛入了布達佩斯，我聽說多斯一反過去的態度，轉而極度厭惡蘇聯政府。此時此刻，他和訪客們因新蘇維埃政府——一般相信應該相當開明——殘暴如前任暴君的行為而感到震驚莫名。他們提到史達林的次數，勝過一九五六年所有的蘇維埃領導。多斯苦澀無奈地回憶那些不得不替史達林行為辯護的歪曲事實。多斯告訴我他依然信仰馬克斯主義，總有一天馬克斯之夢一定能實現——雖然不能在他的有生之年就完成。

不過也有一些抗議的聲音出現，他們爭辯說美國國務卿杜勒斯和中情局，必須為操控匈牙利叛亂負起部分責任。（畢竟，艾森豪在一九五二年便起誓「擊垮」鐵幕，以「解放」東歐「被奴役的人民」。但那只不過是競選口號罷了；他不會冒險陷入匈牙利之戰。）有些左派人士懷疑匈牙利總理納奇（Imre Nagy）對美國和英國發出的求救請願，顯示反革命是可能的——因此迫切需要蘇維埃軍隊進駐。但也有其他人悲哀地回應，假如莫斯科沒有繼續獨裁十一年的話，中情局根本沒有任何進入的許可。

整整五十年以後，關於自由歐洲之聲電台的聯邦調查局檔案重新開啟，顯示這個廣播讓匈牙利人民相信，西方政府和聯合國會派遣部隊支持這些革命份子。這些檔案文件並沒有指出局外人激發這場革命——但是許多匈牙利人為了永遠不會到來的希望而奮鬥，卻遭到殘忍的殺害。

＊＊＊

幾年後，一位前共產黨黨員告訴我，史達林的暴行對她的同志所造成的痛苦，遠勝那些黑名單人士。最後他們才知道自己崇拜景仰的，是一個屠殺幾百萬同胞的政體，就連那些抵抗希特勒的反法西斯主義者，也變成恐怖份子。有些左派人士藉著揭露史達林的卑劣作為，來強調赫魯雪夫的勇氣。不過某些長期的美國激進改革人士，則深感憂慮不安，因為蘇維埃並不能消除馬克斯主義，以及革命本身可能腐化墮落的過程。

多斯與艾拉於一九八〇年去世後，他們在紐約的朋友聚集在上西城的某間大公寓，悼念他們夫妻。在追思儀式中，愛德華・艾比（Edward Albee）稱他們「被歷史所背叛」。這種情況在當代的左派人士身上發生過兩次：一次是史達林手中的蘇俄露出殘暴的原形，另一次是自己的國家說他們不是美國人。多斯和艾拉對犧牲沒有興趣；早先他們未能預料到，懲罰正虎視眈眈地等著他們。不過我知道他們對自己的努力感到自傲，也記得他們如何在黑名單的人生中熬過去，所以我衷心希望甜美快樂果實的價值，遠遠超過那些苦難。

***

查理和歐娜．卓別林在拍攝「國王看紐約」（A King in New York）的期間，也經常出現在弗拉格諾。對這個周日聚會來說，卓別林最近的經歷和他身為藝人的特質是一樣重要的。一九四四年的生父確認審判所產生的可怕附帶結果——眾議員約翰．藍金後來指他為「是大不列顛的反常對象，因強迫引誘白人少女而惡名昭彰，建議應予以驅逐出境——；來自右派人士的謾罵，就因為他早在珍珠港事變前，就已經懇求同盟國加入第二次世界大戰；美國退伍軍人協會的抗議示威，在放映「維達先生」（Monsieur Verdoux）的戲院前遊行，直到這部電影被撤下為止，再加上退伍軍人協會和退役軍人成功勸阻電影院老闆和某些電視台重播他的默片——；這些事件徹底影響一九五二首席大法官的裁定，判卓別林（當時正在往英國途中，準備參加「聚光燈」（Limelight）的首映）在被控以「道德墮落和同情共產主義」的聽證會結束前，不能回到美國。移民局也被禁止承認他的身份，除非他的「信仰和社團」經過全盤徹底的調查過後。卓別林只好退的遠遠的，反覆重申他並非共產黨黨員，只不過是個「和事佬」。當退伍軍人協會保證一定對「聚光燈」抵制到底時，二十世紀影業——福斯的西岸劇院連鎖——只好取消這部電影的放映，並採納藍金的勸告，將卓別林「那令人厭惡的電影，跟美國青年之間徹底隔離。」其他電影院也紛紛跟進，以致於「聚光燈」就這樣在好萊塢被禁演二十年。美國政府要求他繳付一百萬美元的回國稅金這個事實，在弗拉格諾這被認定是懲罰。有時候爭論點似乎是相互混合的：無法辨別被控告的是「道德價值」問題，還是政治立場或稅務問題，是他最為生氣的原因。在流亡多年後，他似乎完全和美國斷了關係。然而雖然他糊裡糊塗地，但沒有人不知道他的怒氣依舊。他曾被當作殺雞儆猴的榜樣，好像他的作品和意見都是羞恥的化身。

卓別林需要的是專注的觀眾，所以身為客人的責任，就是以觀眾的角度給予適當回應，即使只有三個人在現場。（羅伯特・瓦蕭（Robert Warshow）曾寫道，所有卓別林的表演包含「一個顯著的個人訊息」：那就是需要被愛，而我想那就是我們在弗拉格諾所看到的。）顯然地，他不只渴望得到陌生人的崇拜，也希望朋友能欣賞他。雙腳跳躍捻手指、用顫音唱著《國王看紐約》的主題曲——「先生，你還不快點／拿出你的錢／放一枚五分錢到投幣口，我愈來愈興奮了——或演出他剛剛接受「時代雜誌」的訪問過程：「我對那個年輕人說，你可以告訴他們查理卓別林唯一喜歡的美國東西就是芒茲糖果棒（Mounds candy bar）！只要他們願意，可以拿去打廣告，或放在廣告刊板上（又更大聲）查理・卓別林『唯一』喜歡的美國東西就是『芒茲糖果棒』——被國家拋棄的怒氣造成他異常衝動，經常在談話的當兒突然就搖身一變成為一棵樹或雞尾酒會女主人。

你可以為他的憤怒喝采，又著迷於他的啞劇，一方面還是懷疑百萬富翁究竟需要多少錢。他顯然熱愛財富和資產，所以他會被稱為共產主義者實在是相當諷刺的事情。（哈洛克・魯曼曾告訴卓別林・奧德茲，他應該去拍一部「關於《淘金記》（The Gold Rush）裡那個後來變富有的『小老百姓』，和他後來必須苦熬的窮困不幸。『那不對，』查理厲聲責罵，「我喜歡富有。」重點是卓別林藉著錢的力量滿足自己，而奧德茲並非如此。」）偶爾卓別林的行為舉止可愛又做作。一個十歲的小朋友就提過，「昨天我們去看查理的『淘金記』，他真好笑。今天我們又在弗拉格諾看到他。他一點也不好笑。」

當然，對一個因政治因素而被懲罰的天才抱以矛盾的看法是相當令人困擾的事。不過能夠領悟偉大的藝術家同時具有天真和專制的個性，也不失其啟發意義。卓別林經常以第三者身份談論自己，而且總愛提起一九一六年他到紐約造訪時，百老匯的交通為之中斷的事蹟，當時有一家報紙的頭條僅僅寫著「他來了！」弗拉格諾的訪客們禮貌性地聆聽這個故事，雖然大部分的人早已聽過數遍了，而卓別林還是會興致高昂問大家是否能想像那熱烈的喝采歡呼有多叫人興奮——一你碰過這種事嗎？有嗎？有嗎？」——只聽見一些頗有名聲的人會咕噥附和說沒有。

別人開的玩笑，卓別林是吝於給予笑聲的。當他侃侃而談時，與其說他像個學者，不如說他是個無政府主義份子；我記得他談過，理想的社會是人們可以隨意走進店裡，自行挑選拿取想要的商品；他們不需要錢，因為所有的東西都是免費的。格雷安・葛林曾發表一篇強而有力的聲明支持卓別林的看法，當時移民局又再度找他麻煩。這位小說家盛讚卓別林的電影同情憐憫「弱者和下層階級」。可是葛林在某個星期天下午稍早因為「我無法忍受聽卓別林說的那些政治混話」而逃離弗拉格諾時，我就在現場目睹一切。不過卓別林的聽眾大多心胸寬大，因為他們了解被驅逐的痛苦依舊深埋在他的心中。

一位前編輯後來告訴我一九五〇年發生在好萊塢的救濟金故事；當時卓別林捐了一筆錢給國際碼頭工人暨倉庫管理人工會的理事長哈利・布里吉，因為他面對服刑判決的勇氣。卓別林說，倘若有人拿監禁威脅他，他會立刻離開美國，因為就算只待在獄中一個晚上，他都無法忍受，當監獄的門關上的那一刻他便會痛苦而死，他會無法呼吸而窒息，他會活不下去。他談到這種事情的時候情緒愈來愈激動，不斷地重複同樣的用字。

一九五六年夏天珍・哈沃和一對朋友為卓別林安排慶功宴，打算慶祝他拍完「國王看紐約」的殺青戲。可是當天晚上卻相當倉促草率：一個小小的鏡頭始終拍不好，那就是卓別林走出電影院的畫面。本來就預期這場戲可以迅速拍完，歐娜・卓別林便邀請賓客到列斯特廣場（Leicester Square），而且還當起臨時演員，混進買票的行列裡。我們全都擠進車裡——驚險萬分地準時抵達。

攝影機就藏在電影院門外的計程車底下並用被單蓋著：所有的步驟都經過嚴密的策劃，如此才不會讓人發現這是在拍電影。沒想到遮蓋攝影機的床單掉了下來。那個星期六夜晚氣候溫和，有一大群人突然聚集過來：卓別林就在電影院裡的消息就這樣迅速蔓延開來，很快地幾百人就將電影院門口團團圍住。我們發現卓別林在大廳大發脾氣：他對著每個看到的人狂叫，而且發誓要放火燒死那些技術人員。同時他也拒絕拍完那天晚上的場景。

歐娜不疾不徐地安撫他，說現在唯一要做的就是要求旁觀者退開，並強調他們都非常樂意幫忙——當時他卻在外頭譏笑那些「蠢蛋」和「雜種」，藐視那些聚集在街上和列斯特廣場的影迷們。這些引領而盼的群眾相當友善，大多操著倫敦東區的方言；一波波輕拍著玻璃門——「哈囉，查理！」「流浪漢！看這裡！」——他們以為這個演員跟自己是同一世界的人：因為他拍的電影和在公眾場合發表的言論，都透露出這樣的訊息。可是他卻臉色陰霾地走出來，粗魯地推開人群往他的車走去：對他來說向這些笑容滿面、快樂無比的觀眾致謝，或甚至只要點個頭，都好像是極為不當的。

現在他們才真正懂了。我和朋友分開後，陷在人行道上擁擠不堪的人群當中，那是我首次目睹原本和善可親的群眾當下就變得激憤不已：抱怨他的傲慢、「他的高尚」，他們知道自己被侮辱。大眾的情緒變得急躁而懷有敵意，我立刻感到緊張。偽善的面具多不勝數，但想到他否定自己出身的階級，竟然還口口聲聲要成為這個階級的代言人，我實在無法忍受再聽到卓別林溫柔體貼地談論那些「市井小民」。

晚餐過後的氣氛是陰沈沮喪；每個人都因為卓別林的行為而氣憤難消，那種義憤填膺的情緒都表現在臉上，誰也不想隱藏。意識到他江郎才盡和他的年紀，所以當他破口大罵那些靠不住又無能的工作人員以及愚蠢的影迷時，我們默不作聲地盯著食物看。那天晚上簡直就是度日如年，直到詩人勞瑞・李（Laurie Lee）彈著吉他唱起西班牙民謠和《On Top of Old Smokey》，氣氛才緩和下來。李是個聰明幽默的吟遊詩人，具有卓別林缺乏的個人魅力。李的歌曲給了卓別林模仿日本歌舞伎的靈感，至少把我們給逗笑了。

一九五七年「國王看紐約」上映，這部原本要諷刺委員會的電影卻表現的相當笨拙；穿插誇張動作的情節中，卓別林試圖將自己的信念變得誇大可笑。這位不知名國家的國王因為反對為了和平而使用核子武器及核能的計劃，而丟了王位。他千辛萬苦逃到曼哈頓，卻發現美國人都荒謬瘋狂。聽到美國人為了賺錢而削價販售時，他震驚不已。這部電影多少滲漏出卓別林對富者的敬畏：鏡頭不斷地向財富拋媚眼。他十歲的兒子麥克在片中飾演一個激進天才，當憤慨的國王試著跟他說道理時，他卻滔滔不絕地談起馬克斯，而這個孩子的辯才轉變成抵制所有形式政府的誹謗惡罵。

卓別林強將自己的觀點輸入男孩的腦中——這自然讓他們顯得十分愚蠢。將這個孩子塑造成可憐兮兮的怪物，很難刮起自由寬容之風。結果反而顯現出怪異性的反動風格，因為公然反抗委員會的國王，竟以荒謬又無能的角色出現。然而即使卓別林無法藉由滑稽誇張的方式定他人之罪，但此舉對五〇年代的歷史還是相當重要的。

幾年來電影工業稱「國王看紐約」是「喜劇禁片」；美國主要的經銷商都不願意代理這部電影，而引發爭論的內容不得不謹慎處理。卓別林一直不允許這部電影在美國上映，直到一九七三年為止；他以前說獨立經銷商只能賺點小錢而已。

只有一次我覺得卓別林像極了卓別林。當時我和多斯的兒子唐恩・史都華（Don Stewart）沿著畢卡第利（Piccadilly）走著，原本繁忙的交通突然停頓下來，我們看見一輛加長型轎車和我們平行而走；有個孤獨的身軀捲縮在轎車後座，一隻手托著臉頰休息——在如此高貴的汽車裡，從他的姿勢卻可以看出，他的電影無時無刻不在透露的疲憊沮喪。此刻的他就和流浪漢沒有兩樣：在華麗高貴的環境中顯得異常的孤獨。然後他看到我們，神色立刻活潑起來，對我們咧嘴而笑又瘋狂地招手。第二天再度見到他時，他解釋說他的牙痛得很嚴重，當時正要去看牙醫。他似乎非常介意被別人看見自己沮喪又無精打采的模樣，所以顯得相當防備。所以我覺得將昨天他讓我感動的那一幕告訴他的話，不太妥當。

＊＊＊

在弗拉格諾，富有的激進人士的態度有時候非常複雜。在這個考古寶物和克利畫作環繞的環境下，秉持資本主義制度會腐化人性的馬克斯思想，似乎很難在此占有一席之地——即使多斯在他的幾部劇作中，對資本主義份子的性格予以攻擊和嘲笑。我並不懷疑他對社會主義的尊重。只不過弗拉格諾不會把砲火對準有錢人。

多斯想起自己和另一位左派電影劇作家留給好萊塢一個好處；他們步出華麗的豪宅時都同意「我們除了錢之外，沒有損失任何東西。」（艾拉並不理會馬克斯主義的圖像，插嘴道：「你知道是什麼殺死美國左派嗎?他們做任何事情都要求索費。他們要人們去資助那些無法供應他們所需的人。」我也記得某次艾拉稱讚中國人「用湯匙挖水壩」，褒獎他們簡樸生活，然後突然中斷轉而責備一個小孩自己吃著一顆大西洋梨。不過多斯夫婦還是繼續為國際左派人士籌措基金，就像他們在好萊塢做的一樣，在那裡反納粹聯盟或支援西班牙民主之北美委員會，都是激進社會年曆的重要組織。

弗拉格諾的食物難以下嚥：老掉的牧羊人肉餅、潮濕的茄片夾肉和灰色的鵝肝醬等等。有些孩子面對一盤霉味四溢的豆子忍不住哭叫，「我們兩個星期前就吃過這個啦！」凝神往冰箱一望會看見殘羹剩餚上的黏液，對此愛琳・歐克西「認為我們全都會被毒死」。喝了剩一半的葡萄酒，通常會被倒進另一個有軟木塞的酒瓶，佯裝尚未開封的新酒；艾拉很少喝酒，所以她以為沒有人會注意到。「活得好」的意義似乎並不代表吃得好。

***

我在弗拉格諾的所見所聞，得花上幾年的時間才能完全消化領悟。在這期間我開始研究英國社會福利政策。當我得到急性肝炎而病倒時我沒去看醫生，因為我以為自己負擔不起醫療費用；而家鄉的父母又因為母親身心方面的疾病問題而債台高築。後來有個倫敦朋友送我去看他的醫生，才首次聽到醫生詳細解釋英國國民健康保險制度。離開醫生的辦公室後，驚訝莫名的我走進濃厚的霧裡，心中還在反覆思索原來醫療保健竟然可以是權利，而不是特權。我在美國醫療體制下累積的怨氣，因為在這裡得到可以負擔的治療而煙消雲散。

在我的母親最後那幾年的生命中，因為經常不斷的發病和意外，不時會有救護車將她送到貝樂弗醫院治療。她曾因為有暴力行為而在特殊房待過一次，後來是精神病房，不過大多住在普通病房。貝樂弗醫院簡直成為我的大學，就像哈佛一樣：這裡給了我大部分的教育。我見識過醫院如何藐視窮人的態度——以及中收入家庭因為龐大的醫療費用，而耗盡所有的收入和積蓄。在這裡病人沒有尊嚴，他們像物品一樣被對待。走進貝樂弗醫院時會先看到一個大刊板寫著：死傷患者在此分類；有時候我不禁懷疑巴士或火車意外而死傷的人，是否就在此刊板下處理截肢和身體的問題。在醫院待的愈久，便能分辨不同病房裡傳出的臭味：碗豆湯和四溢的尿味瀰漫在迷宮似的長廊裡，我總是知道哪裡該往右或往左——醚味、阿摩尼亞或令人費解的臭氣。有時候我搭電梯時，會碰上呻吟不已的病人，他們的身體簡單地用皮繩綁在推車上——那幅景象讓我懷疑他剛剛是否被電擊了——，看起來似乎因為痛苦而呈現半呆滯的狀態，而他們上方的醫護人員卻談笑風生。在某些特定醫院，病人的哭叫和傷口是私人的事，但是在貝樂弗醫院病人截肢時的喊叫聲可以傳遍各病房；你會聽到病人可憐兮兮地要求延誤許久的止痛藥。如果哪位病人突然嘔吐出來，醫護人員會機伶地相互爭執到底是誰該去清理——視弄髒的視床鋪還是地板而定。有個朋友告訴我，隱私對窮人來說是非常奢侈的東西。貝樂弗病患的悲慘待遇實在是有增無減。

當然醫院裡面也有好醫生，其中有些更可以說仁心仁術。但其餘的醫生都對病患家屬的質疑感到生氣，而且他們的不耐也顯示那些在貝樂弗結束的人並不值得花心思：他們就像破片碎石，雖然是死傷病患，但除了加以分類之外並不值得為他們做任何事。窮人內疚不已——那些沒有足夠金錢負擔私人醫護的人，也會面對這種情緒。到了五〇年代，大家都以為貧窮問題應該屬於過去那段經濟大蕭條的時期。不小心傷及自己生命的人，也同時失去擁有尊嚴的權利——甚至是失去健康（或生存）能力：這就是貝樂弗教給我的。在我出生前，我的母親在二〇年代和三〇年代早期，是相當活躍的記者；為「紐約世界日報」（The New York World）工作時，曾報導過一九二六年的哈爾・米爾斯謀殺審判，以及其他很少指派給女性的主題。五〇年代時，她不再是原來的自己，而活在現實對她來說，是叫人無法忍受的；她唯一所望便是終結痛苦。後來我已經無法形容她的「個性」了，因為她步入中年後，嚴重的憂鬱症掌控她所有的行為。所以我們母女倆不再親密如昔：她間隔性的發病和暴力行為，慢慢築起我們難以跨越的障礙。親情和親密到了貝樂弗也不算重要的東西。你深愛的，或不太認識的，或你根本不愛的人：當他們身在這些病房時，全都是一樣的價值。將病患帶到醫院的緊急狀況，以及醫院的苛待，都會徹底擊敗任何人類的關係。朋友或陌生人，摯愛的兄弟姊妹或家族的麻煩人物：到了這裡全都失去自尊，只剩下呼吸的力量或做垂死的掙扎。我並不期望母親的病會治好。她最後被診斷出躁鬱症，醫生們對如何治療亦是束手無策。她在其它醫院間待了很長的時間，後來又回到貝樂弗——哥倫比亞長老教會醫院（Columbia

Presbyterian）、懷特・普來恩斯（White Plains）的布魯明戴（Bloomindale's）醫院以及福利島（Welfare Island）的金水紀念醫院（Goldwater Memorial Hospital）——，直到她的「遺體」被送往貝樂弗的陳屍間解剖化驗時，我才知道這種病是無藥可醫，除非投入無限的資金研究。

我當時並不知道自己的怒氣，和政治或社會制度有任何的關係；從來沒有人說過個人是可以有政治觀的。然而在英國，我才明白某些平等權利是經過立法的。我經常聽到某位弗拉格諾的訪客說，英國的社會福利制度只是在練習改革運動而已，工黨並沒有提升社會主義的境界。然而這些批評，都不能削減我對這為病弱國民而設計的福利計劃的尊敬之情。

貝樂弗和國家健康保險計劃之間的強烈對比啟發了我；唯美主義者不能脫離政治而自力更生，人類身體所遭遇的和心智及靈魂有很大的關係。我的觀點到了六〇年代才具體成形，但我在弗拉格諾聆聽的知識，卻給我未來與過去最好的背景。

***

流亡人士聚在一起時不免快樂興奮地提起提姆・寇斯德洛（Tim Costello）在第三街的的沙龍，在艾迪・康敦（Eddie Condon）住處聽爵士樂，以及多斯在美國大使館聽美國職棒大賽實況廣播時的高昂情緒。我想他們或許都和我一樣得了思鄉病——因為想和其他美國人相處的渴求，讓我們每個星期忍不住回到弗拉格諾。我興致勃勃地聆聽更多俄亥俄州哥倫布的故事（那是我父親和多斯成長的地方），還有曼哈頓及好萊塢的軼事；在弗拉格諾我知道自己對家鄉的思念愈來愈深。

倫敦這個充滿詼諧妙語的城市，沒有所謂的怪人，所以很容易就得人喜愛。但就像我那些世世代代的同胞一樣，居住在國外後才讓我首度發掘自己的身份定位。在倫敦兩年後我就極度想家，直到我對紐約一草一木的渴望到了荒謬可笑的境界。我盼望看到復活節時第五街櫥窗擺放的難看的巧克力兔子。在離家鄉如此遙遠的地方，我試著想像康恩・艾迪森高煙囪的景象，那是坐在紐約公共圖書館的階梯上可以看見的東西。人行道上即興出現的易傳播的活力；我住的約克威勒（Yorkville）街區，時時可聞到的香味——這裡正好介於啤酒廠和尼可威化餅製造廠——，當風向改變的時候，可以嗅到啤酒味轉成餅乾味；這所有不協調的範圍，便是這個城市的特色，還有許多好友：種種回憶讓喉嚨不由自主地收緊而哭了起來。反覆夢想夏天時走在第三街，看著火車從頭上呼嘯而過時冒出的煤煙，在陽光裡旋轉出去；我不禁為這已經拆毀的景致哀悼，卻又將這種悲歎哀悼占為己有，因為英國人是不會體會的。

因為太渴望看看柴波拉夫橋（Triborough Bridge）或一群鮮黃色的計程車，我去看了三流的美國電影，就因為這部電影是在紐約拍攝的。若是好看的美國電影我會一再捧場。當我想聽聽家鄉的口音時，馬龍・白蘭度在「岸上風雲」歎著氣說話的模樣最叫我心動；還有湯尼・克提斯（Tony Curtis）在「成功滋味」（Sweet Smell of Success）吼著，「人家對我好，我就對他好！」。我嚮往自己還沒見過的美國風景，而以前覺得無聊的西部電影，現在卻看得津津有味。有天晚上，我發現詩人兼劇作家威廉・艾夫列德（William Alfred）——也是哈佛教師的他當時正在休假——獨自排隊買票看「奧克拉荷馬！」（Oklahoma!）：他待在倫敦的時間不到一個月，可是卻跟我一樣覺得這裡不是自己的世界。當英國霧氣瀰漫的秋天來臨，溼氣濃重的落葉堆慢慢變黑，在濕漉漉的樹枝下腐爛時，我總會想起紐約州北部鮮豔的橘色、紅色和黃色交織的美景。看見英國演員演出尤金・歐尼爾（Eugene O'Neill）和田納西・威廉斯的劇作時，試著模仿美國人的口音和特色，又像個傻子般拖長聲調說話，實在叫我坐立難安。我堅守自己的口音：沒有任何方式可以逼我減弱自己的發音。我也不會把電梯叫做升降梯，或稱點心是甜點：我固執地死守自己的母語，碰到說「奇里歐」（Cheerio）卻不說「再見」（Good—bye）的美國人真叫我覺得羞恥。

在倫敦的生活結束前我住在卻恩步道的公寓，從牆上的鏡子就可以看見泰晤士河的倒影，而我的書桌正是面對著這條河。不過河水似乎像死水一般：只見到像房屋的平底船和幾隻無精打采的天鵝在灰黑色的水流上搖晃；這又不禁讓我想起家鄉東河（East River）洶湧奔流的生命力，汽船、拖船、貨輪以及垃圾平底駁船絡繹不絕地通過約翰芬利步道（John Finley Walk）。那是「我專屬」的河：我曾經每天沿著這條河走路去上學，看著對面河岸的燈光時有了初吻；我知道它夏天的時候穿著藍色的衣裳，冬天換成銀色，無時無刻不在變化、翻湧和奔流，只有一次下了一場暴風雪後，這條河才部分結冰。

心中峰迴路轉想著東河景致和曼哈頓與皇后區之間擺動的橋樑時，人在倫敦的我重讀《浪費之地》（The Waste Land）時，發現對於艾略特選擇泰晤士河作為英國個性逐漸滅絕的象徵——虛假的城市，冬天黃昏的棕色霧氣裡，群眾淹沒倫敦橋，我從沒想過死亡可以破壞如此之多——，我有了新的看法。當然艾略特以倫敦和泰晤士河暗指當代所有文化的貧瘠。不過我私心以為那晦暗呆滯的河水，

其實就是象徵英國人長久以來對自己國家的批評，特別是苟延殘喘的既定常規。事實上到了五〇年代後期可說是英國的活躍時期：藝術和經濟開始興旺茁壯，各種不同的看法觀點也一一出現。然而對我這個極度欣賞自己祖國和家鄉的人來說，我認為倫敦能給予外國人的東西並不多。

紐約的移民文化叫人懷念不已，我發現聽不到意地緒語是很怪異的。紐約是個猶太人聚居的城市——猶太人人口之多，已經到了非猶太人也能多少吸收猶太的傳統文化。雖然倫敦

歡迎世界各地的人才，但是從平里口（Pimlico）到漢普斯特間的行政區，似乎全都是英國本地人，即使在這些英國人當中，還可以看見猶太男人戴著小圓帽以及女人纏著頭巾的身影。可是我卻早已習慣各種文化的特質、像猶太人的硬麵包圈和魚餅凍，像墨西哥人的烹調和炸玉蜀黍餅，還有莫特街（Mott Street）餃子等等。家鄉的波蘭人、俄國人、西班牙人和義大利人——他們的習慣用語讓城裡的語言變得更加豐富又有活力——都是主流的一部分；相對的，五〇年代居住在倫敦的印第安人、牙買加人和塞浦路斯人，對當地的語言和習俗就無法產生明顯的變化；當時的倫敦還不算是個多種族城市，直到八〇年代才轉變。

阿佛列・卡金寫說費玆傑羅「把美國歷史當作『他』的歷史」，而我也是如此：我覺得自己和時事，以及年長我許多的人有密不可分的關係，即使我的人走在泰晤士河的河邊。第一次世界大戰結束之時美國人的興奮之情、成功獨立於歐洲的勝利感、二〇年代的崇高精神、經濟大蕭條時期的苦惱：這些都屬於我的一部分——以某種方式將我和認識的英國人區隔開來。所以我同情愛爾蘭人、威爾斯人和蘇格蘭人拒絕被同化的主張，而以藝術風格抵制英國人。

雖然我住在國外，但我不是一個會放棄自己出身而被同化的人；只是因為我嫁給了英國人所以無法隨心所欲地走到約克大道（York Avenue）或穿越八十六街。不過當我隨著歷史的變動認識愈多的流亡人士後，我願意和那些因為被驅逐而離開自己的國家或必須逃離的人為伍。無論是在德國受到殘害的猶太人或被沒收護照的美國人，我會認同這些離鄉背井，在此地人生地不熟，無法自在地到熟食店享受食物，或在書報攤前和別人說說笑話，或聽到自己國家的本土語言的人。《高加索灰欄記》裡的某個角色——這是布萊西特住在美國時所寫的——說，「為什麼人要愛自己的國家？因為祖國的麵包嚐起來更美味，天空更高遠、空氣更芬芳、聲音聽起來更清晰，地面踩起來更舒適。」我的英國朋友大多認為這種情感是荒唐可笑的。但是要將這種依附自己的情感熱度傳播出去或把那種感傷合理化，對移居國外的人來說是相當困難的。幾年後我聽說戰爭時期從柏林、布拉格和布達佩斯來的流亡人士經常在薩拉托加（Saratoga）藝術文化區的亞杜餐廳（Yaddo）喜極而泣，因為餐廳巴伐利亞主廚會特別為他們製作家鄉的果仁蛋糕或蛋白牛奶酥。已步入中年的作家和作曲家為了生奶油掩面而泣的奇觀，可叫原本以為他們的自制力特別堅強的旁人驚訝萬分。

弗拉格諾的聚會比其他團體幸運許多：他們之間的密切關係延續到倫敦；他們的行囊裝滿了彼此的痛苦和行話。不過我也注意到他們經常沈浸在過去，但還算活在現實當中，只是對未來似乎沒有意識——或許這是因為他們並不知道自己是否還有機會再次回到祖國懷抱：五〇年代中期的時勢也不容他們有任何的想望，當時有些人士已經快六十歲了。亞瑟・米勒改編自易卜生的《人民之敵》（An Enemy of the People）於一九五七年在英國電視上演時，這位處處受限的「革命鬥士」說，「我們將前進美國」——因為美國的環境比他這個新法西斯主義充斥的城市更為自由——，弗拉格諾的訪客激動地大聲叫好，猛拍自己的大腿。在此同時大多數訪客，都認為自己是「不折不扣的美國人」：為自己在三〇年代的熱情參與和不願容忍冷戰審訊的行為而感到驕傲，他們更主張美國人都有權利發表任何意見，將選票頭給自己心目中的人選，也可以自由表達不見得會受到歡迎的觀點。對他們來說委員會才是反美——甚至可以說是叛逆不忠，因為這個組織違背國家最偉大的遺產——，他們則是真正的愛國人士。

＊＊＊

「你拿到這本綠色的小冊子了嗎？」：那段時期美國的護照是綠色的，而一九五八年時流亡人士開始急切地詢問彼此這個問題，然後興奮地揮舞著手上那本失而復得的護照——通常經過漫長的法律追討才如願以償。當連納德・包定在一九五七年的重大案件裡，贏回藝術家洛克威爾・肯特（Rockwell Kent）的護照，再加上最高法院也裁定不可因政治理由沒收護照後，其他人更群起效尤，透過類似的訴訟拿回自己的護照。多斯在他六十三歲生日的前夕開心地把他的護照給我看。難以入睡的他坐美國大使館的吧台上，舉杯慶祝自己終於可以向筆名吉勃特・赫蘭道別。再度造訪美國或甚至住在美國的心願又重燃希望。興高采烈的氣氛迅速瀰漫倫敦。護照上的照片很少像他們那樣看起來充滿了勝利的笑容。

羅勃森拿回護照後，立刻在弗拉格諾的花園受到黑名單人士的簇擁歡呼，現場喜氣洋洋，另外W. E. B. Du Bois被允許出國後，也致電告知多斯和艾拉夫婦。但是在歡樂的氣氛之後，鮮少人預見黑名單的威力將持續到六〇年代。雖然奧圖・普里明傑在一九六〇年公開雇用達頓・川柏寫「出埃及記」（Exodus），不過沒有聽說還有哪個人有多大的進展。亞伯特・馬茲直到一九六四年才又名列電影致謝幕——在被列入黑名單十六年之後。亞柏拉罕・波羅斯基以筆名寫作的生涯過了將近二十年。林恩・拉德尼的名字直到一九六五年才又出現在螢光幕上。同年，好萊塢十人事件當中的萊斯特・科爾（Lester Cole）還是得用筆名寫「天生自由」（Born Free）：即便如此，當哥倫比亞的行政主管知道誰是作者後，還是猶豫是否留住他的劇本。（他們最後的決定所得卡爾・弗曼的堅持。）科爾被列入黑名單後當過服務生、快餐廚師和倉庫員工。演員尼德利克・揚恩（Nedrick Young）也是業餘電影編劇，曾與別人合寫「目空一切」（The Defiant Ones），後來當起酒保。伊里亞德・蘇利文（Elliott Sullivan）和安妮・瑞維爾（Anne Revere）——《君子協定》中葛雷哥萊・畢克（Gregory Peck）的母親，以及「天鵝絨」（National Velvet）中的伊莉莎白・泰勒——直到一九六九年才又再度在電影演出。皮特・西格爾（Peter Seeger）在一九五〇至一九六七年間無法出現在贊助性質的電視網路，而賴瑞・阿德勒直到七〇年代還是無法在任何贊助性的節目當中表演。還有許許多多的人不是太老就是因為脫離演藝圈太久，而難以再踏入這個圈子；有些人的演藝事業就此無疾而終。

因此有些流亡人士，像多斯和艾拉・溫特還是繼續居住在國外；只有孫子出生或他們的回憶錄出版的時候，才會回美國作短暫停留。可是貫串五〇年代的痛苦、恐懼和憤怒也已經摧毀了許多親密的友誼，而無法再彌補：在這種情況下，極少流亡人士還能重拾黑名單之前的生活。查理・卓別林認為自己無法再回美國。左派憎惡的情緒依舊在無數的美國自由派人士身上徘徊不去，他們持續非難死去的麥卡錫現象，但是同時又輕視那些曾被誹謗之人。所以這本綠色的小冊子提供的進入許可，只針對某些特定的人士，或特定的地區——若要前往匈牙利、保加利亞或美國過去歷史的衰敗篇章是不可行的。

第六章

一個李子布丁得為我的姻緣負責。兩年前，也就是我和牛津大學那位年輕美國人分手前的十二月中旬，他的父親和弟弟來到倫敦。這位正在談離婚而處境淒涼的父親，似乎相當希望聽到我倆的訂婚消息；沒想到聽到的卻是我們準備分手的事實。原本是來看看我們也可藉此讓自己開心，現在卻反而情緒沮喪低落。到了聖誕節他送我一個佛特努恩&曼森（Fortnum & Manson）的巨大葡萄乾布丁；因為我們在布朗飯店（Brown's Hotel）享用聖誕節大餐，他期望我的招待。但是他將葡萄乾布丁帶來才知道他的兒子和我即將分手。

每次我搬家時，這個布丁都會跟著我。那紅色的大箱子立在架子上或櫥櫃的底部：望著它我會難過。有人相信我可以讓某個男人幸福；他和我都背叛了這種信任。我並不後悔我們走上分手之途，但我就是無法捨棄那個布丁——如果把它丟棄的話，我會覺得好像再度傷了他的父親。

隨著年紀的增長這種情緒已逐漸獲得調適，對我來說，這個布丁已慢慢脫離感傷的氣息轉變成為單純的美食，所以我決定試著將它送給倫敦的朋友。不過都被他們拒絕了。他們不是討厭濃重的甜點便是很少下廚，要不就是厭惡聖誕節，或純粹鄙視英國傳統觀念中認定布丁象徵：皇室家族和英國國教。後來梅的丹麥朋友們來到肯辛頓，熱情地接收這個一直都送不出去的禮物。可是他們走的時候又忘了把它一起帶走；一個朋友火速駕車載我前往機場，大布丁在車子後座劇烈地彈上彈下。我們終於趕上他們，可是他們的行李已經超重，所以不得不將布丁交還給我。從此那個紅色的箱子就像《古老船長》（The Ancient Mariner）中揮之不去的信天翁。

一年過去了。我把布丁給了約翰・戴分波特，他說這是聖誕節第二天給他的家人最好的禮物。當我在他最喜歡的酒館感激地將布丁遞給他時，他邀請我跟他們一起過節。我很期待去他家看看：羅塞蒂（Rossetti）位於芙拉德街（Flood Street）的工作室。亨利・詹姆斯稱它是「卻爾西最最美味而憂傷的老房子」）。可是後來再也沒有聽到他的消息，於是在聖誕節的第二天我打電話詢問一個他也認識的朋友，他說戴分波特的太太生病了，所以無法見客。我非常失望；在參加過柴特林和包爾的狂歡聖誕節後，我希望能延續那種歡樂的氣氛。我的室友們已經離開倫敦；撒滿金色紙片和銀緞帶的公寓裡只剩我孤獨一人。天氣冷的不得了：寒流從街角那兒滲透進來。搖曳不定的燈光顯得有些微弱，也沒有多餘的蠟燭可用。此時，我接到一個陌生人打來的電話；這位「每日電訊報」（The Daily Telegraph）的編輯作家聽說戴分波特的事，所以想邀請我到他家參加晚宴。我高興地唱起「齊來歡頌」（Jubilate Deo），歡天喜地穿起大紅色的衣裳，飛奔出去攔計程車：現在，聖誕節將會一直延續下去了。

在主人溫暖舒適的家中，我遇見一位「紐約時報」歐洲版的時髦記者；就叫她瑪麗亞。她有一雙狹長的眼睛，骨感的鼻子，深色的頭髮在後腦勺上捲成髮髻，身上穿著高雅簡單的羊毛衣搭配毛皮衣領。她大概三十出頭，談起話來八面玲瓏又果斷；她交叉著腿和抽煙的精準動作真叫人嫉妒。我一聽她開口就嚇了一跳，原來她是美國人。她滿口頑固的洋基口音和濃重的鼻音，帶點挑釁傲慢的感覺。偶爾她會倒抽一口氣，顯得有些粗野。瀟灑脫俗的她有時候說起話來像沙林傑（Salinger）《麥田捕手》中的荷頓（Holden Caulfield），或是一貧如洗的小孩。（她會用誇張的英國口音說話，取代原來強悍的街頭風格。）

很快地她就逗得大家樂不可支。她宣稱英國人無法說出正確的英語，並舉例說某次宴會坐在「一個乏味得像外交部那類的人」身邊；他問起，「有人願意從五月到十二月間過禁慾的生活嗎？」他那愛炫耀的行為舉止令人感到煩躁，於是她給了一個又長又猥褻的答案——包括把純潔的處女丟進海裡等等——，只見他的表情愈來愈驚恐。他提到他聽說她曾住過緬甸，這次他收斂許多而膽怯地重覆他的問題——「一袋米可以從五月吃到十二月嗎？」——

因為他的姊姊最近從緬甸寄了一袋米給他，所以他想知道這袋米可以吃多久。

當我們離開時，她說她會打電話給我：「有個人我想讓你見見。」這實在讓我苦惱不已——並非只是因為媒人總是有控制欲的傾向，而且有些媒人老是介紹我無趣煩人卻又很難逃避的對象。所以我通常試著用迂迴又不著痕跡的方式對付這些媒人；如果立刻給予明確拒絕，反而會招來媒人更緊迫的施壓。我喜歡瑪麗亞，但是她很快露出嘮叨的本性，經常打電給我談到那個經濟學者（呸），在推托近三個月之後，我同意去她家和他們一起吃晚飯，算是有個交代。我本來預期會見到一個拳頭特別大，尖嘴猴腮、油腔滑調之人；呼氣時或許透著酸腐味，搞不好沒有下巴呢。

萬萬沒想到他是個相當具有吸引力的人——他笑起來時，那挺直的前額會起皺紋，笑容燦爛，上唇短而薄——不過我又覺得事有蹊蹺：很明顯的他和瑪麗亞兩人十分熟稔，而且她似乎很想要他，那我在這裡扮演什麼樣的角色呢？難道她安排一場二對一的競賽？他的眉毛非常濃密；當她順手拔了他一兩根眉毛下來時，引來他的抗議：這似乎是他們之間的習慣動作。從他們的對話我大概可以分析出他過去交過許多女朋友；她不時奚落嘲笑他的前女友們，連那些倒追他的年長女性也不放過；「躺下來吧，年輕人。」她又模仿他們兩個都認識的朋友優雅的轉音，學她莊嚴地引用梅蘭妮・克萊關於好乳房與壞乳房的理論；兩個人咯咯地笑個不停。

瑪麗亞抱怨因為患了耳疾的緣故，自己好像身處風洞裡，並要求他提高音量，他當然照辦，但只是適度提高聲音。真是體貼，我心想。我們在卻爾西的某家餐廳簡單用餐的短短時間內，他倆忙著跟對方說話，我則在一旁禮貌地聆聽，希望這個飯局早早結束。不過，我相當喜歡他修長的手指拿著蘆筍沾醬吃的模樣。我也喜歡他走路時肩膀移動的方式。他曾直接跟我說話，問我如果不在那裡的話會做些什麼事。我說我會在倫敦巴哈團；通常我們會排練聖歌在巴哈音樂節時演出，不過已經取消排練了。他似乎認為那很怪異。

我們開車送他到機場飛去瑞士渡假滑雪，中途停了下來接一位跟他一同前去的女士。瑪麗亞的汗毛似乎都豎了起來。我鬆了一口氣：情況真是愈來愈有趣了。我知道自己是所有人當中最輕鬆自在，而且總該有人開啟話題，於是我提議旅遊前應該來碗燜牡蠣。那位剛見面的女士——天性應該是活潑愉悅的，此時卻顯得極不自在——感激地轉向我說：「我也這麼認為！」但這怎麼可能成行呢？我說的可是以前我回佛特蒙州的寄宿學校之前，父母在中央車站裡的牡蠣小吃店買給我吃的燜牡蠣。嗯，或許她曾到過紐約；或許認識我學校的學生。瑪麗亞輕蔑地哼了一聲。「她很年輕吧！」這激怒了我。在那之後他就保持緘默。可是在機場時他突然對我說，「繼續去練唱吧，直到我回來！」我覺得這句話實在太放肆了。

回家的路上瑪麗亞告訴我，他們兩個同居了差不多兩年而且論及婚嫁，但是她為了一個哲學家而離開他——一個爽朗的實證哲學家，而且擅於跳森巴舞，據說是個萬人迷，終身都在嗅聞其他女性的氣味。瑪麗亞沈思後說，「你得用一條非常長的繩子來拴住男人」，我為那個畫面不由自主地瑟縮起來：聽起來像是束縛或箝制男人。對那位我們順道接往機場的女性來說，這只不過是「解脫的愛情」。瑪麗亞語氣留戀地談起她的前愛人，我不禁懷疑她是否利用我當餌：以便成功引誘他到她的屋簷底下。我很慶幸擺脫他們兩位，安然回到肯辛頓的家。我想起福斯特（E. M. Forster）的「瘴癘之氣」：這兩個人似乎渾身冒著麻煩的臭煙。

我整整兩個星期的時間我都沒空再想起他們，忙著閱讀季洛杜和莫拉爾（Molnar）的劇作。泰隆・包爾遠赴墨西哥拍片，而梅還陷在「薩瓦奇」冗長的巡迴演出；我想念這個大家庭。有天路易斯和艾提安爭吵不休的聲音把我一大早吵醒，然後他們又把砂糖都撒在廚房的油布地板上，赤腳走在上面時腳底變得黏黏的，鞋子踩在上面又會發出黏嗒嗒的聲音：這一天就這樣從走在砂糖滿布的地板上開始。我口氣嚴厲地跟他們說話，說他們不顧別人，他們聽了開始哽咽起來。在他們嗚咽個不停的當兒我接了一通電話；是那個剛從瑞士回來的經濟學者打來的：今晚有沒有空一起吃個晚餐呢？若是其他時候我必定推托自己很忙，可是我現在對那兩個啜泣的孩子有罪惡感，於是我便答應他的邀約。把電話掛上後，看他們兩個還在哭，我便立刻道歉——可是他們為什麼這麼難過呢？路易斯喘著氣說，「你說我們『不顧別人』——我們不知道那是什麼意思。」

那天晚上我和他將先前彼此防備而避免見面的心情互相坦白之後，我的人生篇章因而翻至嶄新的一頁。不過瑪麗亞倒是猜對我們兩人之間的敵意和抵抗，會私底下迎刃而解。不過當她聽到我們共度復活節周末時還是震怒不已，盛氣凌人地衝進賽文公寓找我算帳。那時我正開始準備早餐，咖啡壺破了個洞，我又想裝滿整壺咖啡，於是我開始和六小杯濾滴咖啡掙扎：我這滑稽的模樣觸怒了她。我身上穿著飄逸的法蘭絨長袍睡衣，像極了教皇穿的衣服；瑪麗亞滿眼怒火地瞪著我看，並說我穿得好像要去什麼大場面似的。

臉部表情已經扭曲的她，命令我立刻停下動作看她——她顯然被嫉妒沖昏了頭，急著要回他——而且還跟著我回臥室去。我在臥室打開行李箱的時候，她在一旁斥責，「你是很年輕，像個青春期的小丫頭，你就只不過是如此罷了。」（我把她說的話詳實記錄下來，警惕自己別讓她的話成真。不過我還是認為年輕是缺點，二十四歲的我希望自己更老成些。）盛怒之中她哭了起來，將火柴盒撕成碎片，然後把自己摔在我的床鋪上並威脅要自殺。她的前任丈夫得了重病，她說；如果她的小女兒變成孤兒的話我會怎麼想？

但是她哽咽吼叫的模樣，讓我相信她絕不會自殺。（有句話「脾氣壞的人死不了」突然竄進我的腦海裡，不過我試著趕走它。）她為自己的受苦受難耀武揚威，這實在讓我憤怒不已。我以為她已經呈現半瘋狂狀態，不過她愛虛張聲勢也是事實——她那種暫時性的瘋狂具有相當大的傳染力，會將別人也逼瘋。最叫我震驚的是她似乎沒有自尊可言。

可是她猛烈批評我們兩個，在我們愛情的路上投擲情緒炸彈的方式，只有讓我們兩個彼此更接近。這個滿腹狐疑的男人冷靜地和她打交道之餘，也適度和她保持距離；她具有迷人和嚇人的雙重特質，而我很難將她想成過去的歷史。我記得蕾貝佳這位影響力依舊強大的人物，雖然她已經不再被他所愛。當我無時無刻不聽到瑪莉亞說了什麼或做了什麼，我覺得自己好像被她龐大的陰影征服，好像她還活在我們之間一樣——她那閃爍不定的眼神、活潑生動的笑話，和她的高尚優雅和暴力，總是埋伏在我們身邊。我認為過去的種種，不但會將現在的生活消耗殆盡，甚至會威脅未來的發展：暗示未來生活或許會不同重複過去。

可是那個大我八歲、幽默外向的男人不停地帶著幸福的感覺向我逼近；他挑戰我的隱私和自由的主張：他說隱私和自由是可以彼此分享的。在賽文公寓離地高四層樓的凸窗，我可以看見他白色的輪子衝進肯新頓，聽見他的車猛踩煞車的尖銳叫聲，然後見他穿越街頭跑上樓跟我相聚。我們舞遍全倫敦，時時流連加歌爾這個位於蘇活區的破舊俱樂部，裡面有一面由古董鏡子瓷磚作成的馬賽克感光牆面，吹著口哨哼「薩瓦奇」的開幕華爾滋曲，在我們方便的任何時候任何地方盡情做愛：比如說在借來的公寓（這樣才不會被路易斯和艾提安聽見——因為我們在床上太吵了）、鄉下的田野，還有一次在公路旁的排水溝裡。

我想到最棒的性高潮可以讓你把想看的東西看得更清晰，就像伸縮鏡頭一樣。我們兩個會取笑海明威書中描寫的性愛畫面：《戰地春夢》（A Farewell to Arms）中愛人的牙牙學語，以及《戰地鐘聲》（For Whom the Bell Tolls）的地球移動等等。不過在這局勢不穩又不安全的世界——至少我是這麼認為的——只要有他在我身旁，一切事物都是那麼穩固而充滿快樂。有天下午一隻鴿子從煙囪口飛了進來，跑到我們當時正在做愛的房間；這實在是不可思議現象，但不是我們信仰聖靈的那種。我們恢復鎮靜後又開始說話、打瞌睡，然後又開始做愛，我們並不想整晚熬夜，但有時候看到窗戶外頭的建築物邊緣，沈浸在模糊的粉紅色調裡，我們也搞不清楚現在是黎明還是黃昏。

我們交往的第一個月真是快樂無比。我們在布萊頓騎自行車通過一條狹小的恐怖隧道，裡面會有骷髏跳出來嚇我們，錄音的尖叫聲則相當模糊。有天晚上我們在路邊找到一個空著的旋轉木馬遊樂區，我們騎在馬上繞了又繞直到音樂停止。他愛死了牡蠣，所以我們走遍蘇活區和整個倫敦的海鮮店和法國餐廳大快朵頤。他推薦我喝萊茵白葡萄酒，我們通常會加些冰塊和蘇打一起喝，就像奧斯卡・懷德（Oscar Wilder）在卡多根飯店（Cadogan Hotel）被逮捕前所做的一樣。我倆也會將自己國家的幽默笑話拿出來交流一番；他向我解釋許多倫敦東區人常說的押韻俚語；而我則告訴他敲敲門的笑話。在他那輛白色的車子我們經常唱著綜藝節目裡的老歌：「我常常想他是我的小男人／他常常說我是他的小瑪麗安／直到老媽吸引他的目光，然後偷偷摸摸地結婚／現在我卻得叫他老爸。」

活在此時此刻，我倆的生活因期盼而獨具滋味：明天或下星期我們要做些什麼呢？在里奇蒙（Richmond）騎馬？——每個人只要十先令。到下議院聆聽辯論？（通常他考慮支持英國國會，所以他有些朋友喜歡將他想像成財政大臣，不過他對政治生活敬謝不敏。）還是去看卡贊的「群眾之臉」（Face in the Crowd）或卓別林的「國王看紐約」？在國王路的餐廳吃中國肉餡湯圓還是去平里克的拜塞雷特餐廳（La Bicyclette）吃蝸牛？（卻爾西最棒的印度餐廳，我們在這裡吃過由咖哩粉烹調的貓食，真是美味極了。）整晚留在家裡讀互相交換的書？我給他費兹傑羅，他則給我歐威爾的短文。去希臘玩玩如何？

雖然他的專業是經濟領域，但是他對金錢似乎不怎麼有興趣；他的家境富有，再加上二十幾歲時就輕鬆賺進不少錢，所以他可以做些他喜歡但薪水卻不多的工作。如果他的朋友請他給點理財方向，他會建議投資防銹漆（許多新式的都會建築所使用的）和剛出生一天的小雞（因為烤肉生意正欣欣向榮）。這些生意的股票行情極好，他半開玩笑的強調他從不費心去執行自己的建議。在這段期間我發現和某人出外旅行會讓對方的習慣變成自己的。每天晚上他會將口袋裡所有的東西都倒在桌子上；硬幣、鑰匙、名片、香煙或迷你象牙豬等等，但到了第二天早上又會無聲無息地消失於桌面上。我們交往的第一季回憶充滿生蠔的美味、威爾特郡丘陵（Wiltshire hill）上迎著夏風搖曳的芬芳長草、他帶來肯辛頓的紅紫色銀蓮花束等等。

他的個性相當果決——我非常欣賞這點，但也猶豫這點——，而過目不忘的他，也是個說故事高手。他說起在認識我之前在財政部工作的情形；那裡雇用許多盲胞打字：倫敦起大霧的時候，財政部大廳裡便瀰漫著灰色的濃霧，視力正常的人都得摸著牆壁走；不過當他們聽到耳邊傳來輕快流暢的腳步聲時，就知道那是盲胞在走路。瞧他現在這副活力充沛的模樣，很難想像他罹患過嚴重的疾病：二十歲時醫生告訴他頂多只能再活一個星期；有一顆早在幼年時期便有障礙的腎，到了戰爭末期便嚴重惡化，當時他正在皇家空軍服役。聽聞噩耗後他獨自坐在山丘上，想到沒有未來可言，不禁悲從中來掉下眼淚。這個時候有一名少女騎著馬經過，當她盯著他看的時候，他趕緊把眼淚吞下。沒想到好幾個星期過去了，他還是活得好好的，軍醫們都震驚莫名。（幾年後這枚腎臟被割除；在他隔壁病床上躺著一個男人不停地呻吟著，「我叫迪亞斯（De'ath）」，這是劍橋常見的姓氏。很快地我變得跟他一樣討厭腰子類的食物，而且當周末聚會主人驕傲地談到咖哩、烘烤、嫩煎的腰子時，盡量學著別發抖，然後聰明地將這種食物偷偷丟掉：迅速丟往窗外，或不著痕跡地遺落在花床裡。他拒絕讓任何東西使自己有尷尬的機會，這種舉止似乎更擴張他的彈性和自信。他期待別人像他一樣，大多數的人都做得到。

葡萄乾布丁引發的一連串效應都讓我們覺得很有趣：假如我沒收過這個布丁，或是我去了戴芬波特的聖誕節晚宴，我們兩個就不可能見面。我們可能就像河裡的兩條魚彼此擦身而過卻不自知——猶如身處兩股對立的水流，永遠無法待在同一個水域裡。不過這種假設性的問題對他來說，只不過是曲解事實：身為極端理性主義者的他常說，「你絕對不能用『假如』這種詞彙來寫歷史」（這卻是大多數作家經常做的事）。我們也談到試金石和音叉的話題：讓我們想到其他人的正直形象——漫長的倫敦春季可以欣賞公園裡盛開的栗子樹花，聆聽廣場上迎風飄逸的紫丁香沙沙作響，牆壁和籬笆上攀附的紫藤花也爭相怒放。

短暫造訪紐約時，我們在第五街的奧利弗提辦公室外固定於柱腳上的打字機上互相留言。我們到威尼斯和威欽查（Vicenza）、芝加哥和西康瓦爾（West Cornwall）、康乃迪克州。有人警告八月最好別去威尼斯，這個時節的里杜（Lido）也會變得噁心至極，不過我們在威尼斯的美景陪伴下大作日光浴，又對里杜海灘上冉冉上升的熱流著迷不已。在威欽查時，我們漫步走過義大利建築師帕拉底奧（Palladio）的羅敦達別墅（Villa Rotunda），那裡什麼人也沒有，只見到一個打哈欠的工友；當我們爬上大階梯時，幾隻雞繞著我們咯咯地叫。芝加哥之旅就比較掃興了：我那位尖刻的阿姨和她那位臉色陰霾的已婚情夫，要我們兩個晚上分開睡，而且帶我們到一家位於室內溜冰場旁的牛排館用餐：大顆的髒冰塊不斷地從溜冰場上飛過來掉進我們的盤裡。康乃迪克州則修復了我們的品行：站在水深僅及小腿的胡塞塔尼可河，我們用女主人的舊帽子和面紗作成的魚網抓螯蝦。在英國我們到得文（Devon）河口邊的房子渡假，或者到威爾特郡的艾弗貝瑞（Avebury）欣賞特異風格的環形石柱。這些石柱可追溯至西元前兩千五百年，猶可聽見雲雀在上頭喧鬧的鳴叫聲。我們首次看到這些石柱時，它們上方和透過它們所看到的天空是透著銀白光彩的藍色。這是我頭一次真正享受年輕，而不是後悔——因為生命有這麼多東西等著我去探索。

他說的故事總是叫我忍不住全神貫注，而且我們的話匣子一打開便停不下來。但是我們真的認真傾聽對方在說些什麼嗎？我想答案是否定的。他絕對不是個善解人意的傾聽者，我認真聆聽他的經驗，但是當他毫不鬆懈地唱著獨腳戲時總會讓我的注意力在別處神遊：比如說避孕、戴水肺潛水、考古、聯合國的性藝術、歐洲共同體、威尼斯玻璃、安東尼・艾登（Anthony Eden；他相當鄙視的人）、法國女性、木工、維多莉亞女王的新娘睡衣（他說其中包括有一件胯部可以解開鈕扣的三角內褲）、南斯拉夫、滑雪等等任何主題。話題雖然有趣，但總是連喘口氣的機會都沒有。他擅於述說複雜的笑話，還會依需要轉換好幾種口音。天生就是個雄辯奇才的他喜愛插入任何談話，而且總是能夠以快速切入的方式，控制對話的發展。所以說他活在不屬於自己也永遠沒有結束的句子世界當中。

他時常擺出大恩人的姿態，以「理智」作為衡量標準將別人的想法意見定義成荒謬可笑：他的座右銘就是反證論法。（如果我經常說想念紐約的話，他會回答我去想石頭比較好）幾乎任何一種宗教——從基督教到禪宗——都會遭他強烈排斥，而且毫不留情嘲笑他的家人是「空想改良社會的該死教友」。宗教信仰是徹頭徹尾的蠢事，特別是對那些受過教育的人來說。最糟的是他又經常讓別人覺得自己是個蠢蛋。不過他的邏輯風格顯示他不能陷入自己的圈套裡。他跟瑪麗亞交往時學會詢問的習慣，「你愛我勝過生命嗎？」我不喜歡這種問題，也向他抗議這是沒有答案的。他會說應該是沒有答案的。

他和她在一起時的模式似乎還眷戀不去。他的魅力足以吸引各式各樣的女性，所以他總是自吹自擂地重覆自己可以輕易地和X小姐或Y小姐做愛，另外還有Z小姐在對他擠眉弄眼，就連前任女友都頻送秋波，想跟他再共度春宵。他有一個男性朋友宣稱，「你絕對不能結婚——你可是我們的長程飛彈啊！」一個性感十足的男人實在不需要自誇，但是他告訴我嫉妒會使瑪麗亞興奮起來，當其他人爭相要他時，她會變得更喜歡他。所以他養成了加油添醋的習慣。我並不是天生占有欲或嫉妒心強的女人，所以我並不會因為這樣而受到影響。只是覺得隨時會被取代，特別是因為他自己本身就是愛情的俘虜。

再者，雙方國家的差異性，也在我們之間挖出一條難以跨越的鴻溝。後來我們為了梭羅（Thoreau）反對奴役，以及他抵制美國侵略墨西哥之戰的問題而大吵一架。我們站在各自文化的角度處理衝突對立——他支持社會主義的社會福利制度，而我則認同強悍的揚基個人主義和對政府的不信任感，兩個人想法的差異應該不會大到足以分開我們。（事實上如果我多些了解的話，必定會欣賞英國的社會主義。）但是他憤怒地說梭羅是個笨蛋，這真是把我惹毛了。我們之間的衝突似乎源自於各自的國籍，但國籍問題又是深度不協調的徵兆。這個理性主義至上的男人，以為自己比任何跟他意見不和的人都要聰明；因為別人的頭腦就是比不上他，所以他經常在爭執不休，對方還在說話的時候就轉過身去不予理會。當他不屑的時候眼睛會眯起來，嘴唇也會緊閉。如果是我們兩個起衝突的話，做愛是化解爭端的方法：有誰在被單裡快活過後還想吵架呢？

愛情的思緒是紛亂無比的。我發現陷入情網的時候，會一連好幾個小時（或好幾天）見到陌生人都像那個對你來說最重要的人：一次又一次看到他越過街頭朝自己走來，就連人行道上的其他人，看起來也比平常的他們要有生氣。這幾乎不算是婚姻的主要成分，但是當他不斷地重複「嫁給我要不然就分手」這句話時，我便讓步了。這是他犯下最大的錯誤。因為我害怕對別人做出錯誤的決定。那也是我的錯。

我並不想嫁給任何人；因為目睹過許多下場悲慘的婚姻，所以我相信結婚代表的就是不幸，同時那也是愛情的墳墓。我滿心希望愛情是永恆不變的，但是幾乎從沒出現過這種事，所以我不禁開始假想我們兩個總有一天會分手。我認為分裂是人生必經的過程，然而卻渴望永遠繼續下去，只是心裡非常明白這是不可能做到的。我容易受到別人經驗的影響，或許是太容易了。我所知道的婚姻生活——我父母親以及他們朋友，和許多倫敦的朋友——都非常具有毀滅性；我看到這些婚姻不如意的人不斷生活被毀，而且心裡的傷疤也會存在一輩子。我不願同意叔本華說過的「每個生命的歷史都是受苦受難的歷史」，但是我卻見到許多丈夫和妻子最後反目成仇的畫面：他們根本沒有信賴對方的基礎。

我害怕被禁錮的感覺，擔心婚姻會是個不見天日的地牢。我的未婚夫也曾逃婚過；現在我的心不甘情不願卻更加刺激他的慾望。想到自己即將步入婚姻這條路，我不禁感到恐懼；我試著釐清理性的畏懼和不理性的恐怖源，可是並不怎麼成功。我的人生又要徹底的改變，但是我並沒有領悟自己其實可以控制情況，決定本身會比機會更加重要。而且我也不願意定居英國，當然更不想變成英國人。倫敦不知怎麼地就是少了點人情味：我要嫁的是這個城市最受歡迎的單身漢，這自然激怒了那些要他保持單身的女士們。而且陌生人都期望妻子——即使是年輕的妻子——是無聊的。想到紐約的各種挑戰和興奮之事，我立刻了解那裡事可以敞開自己奔向未來的地方。要不就是重新開創自己——這並非我想做的，只是喜歡知道許多紐約人都可以這麼想而且也成功。所以我明白自己可以在那裡過著各式各樣完全不同的生活——一次做好幾樣事情，要不就是循序漸進——而不是在倫敦和某個男人過著一樣平淡的生活。

紐約的磁性愈來愈強，我不斷聽到有人說，在曼哈頓我最喜歡的角落看見某位長相像我又穿著像我的人：沿著東河散步，在華盛頓廣場的噴泉旁聆聽民謠歌手的歌曲，在某個百老匯街以外的劇院，或現代藝術博物館的花園等等。大學同學也不時打電話到我父母的住處，要跟我說話——他們遠遠地看到我的身影，但是沒能趕上我的腳步——，但是聽到我根本沒有出現在那些地方，他們都嚇了一大跳。人在倫敦的我雖然經常拿我在紐約的分身開玩笑，不過心裡卻暗自讚賞這位未知的自己——她去了我想去的地方，迷惑那些好心的人，而且卻沒有人弄得清楚她的來歷。我的根似乎更陷入家鄉堅硬的泥土深處，在我應該將自己貢獻給英國的時候。

我即將下嫁的這個男人支持男女平等，而且似乎相信這個目標已經達成；他說數量不多的現代女性主義者「把自己綁在早已不存在的柵欄上」。女性運動好像只在遙遠的地方有進展，我認識的人當中卻沒有人認為男女平等的時代已經來到。他常常接手我討厭的洗碗工作。我想我們並沒有談過為人妻子的角色問題——或談到女人和男人，或家庭生活該是如何等等。但許久以後，我才知道他覺得妻子所作所為應以丈夫的生活為重心，至於丈夫自己的工作則算是「額外之物」。這些事情我們從來都沒有討論過，雖然我持續寫作，而且對於首次新聞報導工作及其附帶的冒險需要而感到興致勃勃。

泰隆・包爾的結婚禮物，就是他到加州時出借他位於亞賓頓路（Abing Road）上的漂亮房子，讓我們住兩個月。身處於這個處處掛著包爾祖父劇作的表框海報的空間中，我們實在是怪異的家庭：包爾並不知道他那位極度崇拜自己，又有嚴重神經質，臉部表情總是悲慘地皺縮成一團又滿臉強烈慾望的女秘書，會跟著搬進這間被她視為神聖之地的房子，防範我們的侵入會褻瀆了它。（她要每樣東西都保持最完美的狀態等著他回來，還曾經因為擅自丟掉他極少使用的牙膏和刮鬍膏並換上新的，而惹他生氣。他說他的浴室對她來說，不是個安全的地方。）她陰森森地稱我的未婚夫「你那朋友」，我的父親則是——來參加婚禮——「你另一個朋友」。我父親得了重感冒，所以他也搬了進來。這位秘書每次淋浴就拖上很長的時間，以致於我們極少有多餘的時間可以淋浴。水管流出來的水不分日夜嘩啦嘩啦地流，我父親說她是個「流水份子」。她盛怒又讓水到處流的形象，讓我們這段婚姻的開始充滿的超現實感。當我聽到水在建築物牆壁裡奔流的聲音，五味雜陳的情緒立刻翻湧上來：浪漫的愛情、婚姻恐懼、凶猛的怒氣（被逼迫結婚）、自我輕視（為自己吼叫又沒骨氣的行為）、想逃跑的孩子氣想法、強烈留在丈夫身邊的衝動，希望挽救我們之間的親密。想跟他在一起又希望逃離他的心情同時出現時，我的腦袋不斷地閃過這句話：「總有一天你得放我走！」

包爾和梅壓抑自己的直覺，試著別問我到底知不知道自己在做什麼，但我看他們兩個都一副快脫口說出的模樣。如果他們真的問了，我是不會原諒他們的。梅最近和大衛・修伊（David Hughes）在一起，即將和這位英國小說家結婚。本來她正在拍攝史特林柏反女性主義的瑞典諷刺片《娃娃屋》，不過特地從斯德哥爾摩飛回來，到卻爾西註冊局參加我們的婚禮。先前我在包爾陽光滿室的房間裡著裝，面對三面鏡子凝視自己時，我想到新娘在祭壇前被卡萊・葛倫或妨礙婚禮的暴發戶拯救的電影情節。我穿著以草莓為底深紅玫瑰圖案的無袖天鵝絨衣裳，搭配鮮紅色的麂皮細高跟鞋，紅色透明絲襪還看得出日晒過的皮膚。我一直喜歡紅色，但是那天從頭到腳穿上紅色只是為了壯膽。

婚宴設在貝斯華特（Bayswater）的某間房子，在接待櫃台前，主人的老父問我幾個來賓的名字，然後帶著恍惚的笑容說道，「真可惜這不是廚房派對。要不然一定會知道所有客人的名字，也會知道該給誰小費。」在來婚宴前，我們先回到肯辛頓喝了幾杯俄羅斯茶，然後當路易斯和艾提安對著我們撒米粒時，我懷疑有誰會知道河流的下個轉彎在哪裡；我腦海不停地思索泳客如何才能被潮汐載走。倘若這潮汐就是愛會怎麼樣呢？愛的潮汐會將你運送到——最終——海邊的安全之處嗎？

後記

有時候我醒過來時發現周遭的空間都消失了。在尚未能意識自己究竟身處何地的那一刻，那種感覺好像夢境倒退一般。我經常想起年輕時白天醒過來看到的東西——都是我再也不會去的地方。我在女王街那個臥室兼起居室裡，一個輕便煤氣爐擱在盥洗台旁；我盯著它們看時心中暗自盤算找工作的事。布隆菲爾德路攝政時期風格的房間牆上貼著青白條紋相間的壁紙；適度的裝潢讓我想到亞瑟・克斯勒的印花棉布和克爾柏乳牛：以他粗暴的脾氣來看，這是最刻板正式的背景。偶爾我也會焦慮地醒來，因為想到他日後可能會突然爆發的脾氣。至於柏恩街的地下室房間，我的床面對著狹窄的窗戶，那扇窗就是我的天氣報告站：我的精神高低起伏，就看窗玻璃片上顯現的是黃棕色的霧氣還是明亮的藍天。我的期望通常很低，但是——無論起霧與否——無論如何我的人生都會改善。在肯辛頓醒來，第一眼看見的便是傷痕累累的飛標靶；路易斯九歲的時候，就對射飛標失去興趣，但這個靶還是掛在他原來的臥房裡。待在孩童的房間讓我有一種奇怪的安定感，好像還有許許多多年可活。躺在卻爾西步道的新人床，我們可以看到從洛茲路發電廠的排氣煙囪冒出來的煙霧——惡名昭彰的污染源——飄過泰晤士河；看起來好像屬於惠斯勒〔編註：1834-1903，美國畫家。擅長人物、風景、版畫。〕所繪製的泰晤士河景象之一。就像賴伯寧一樣，我有過許多的家，而且經常在我的睡夢中出現，鮮明地像現實一樣。

這些意識彷彿就像一場正在進行的人生編年史。我認為二十出頭的年紀，跟兒童時期一樣在塑造個人個性、未來、本能反應、快樂或恐懼上具有相當大的影響力。桃樂斯萊辛在她的自傳裡寫道，「我相信學習的需求，是我們最具爆發力的熱情」，所以當我覺得自己無法走到那麼遠的境界時，我知道一個求知者的慾望是多麼強烈。就是這種慾望促使我前往國外的原因，也是在許久以前刺激並引導亨利・詹姆斯反覆寫著關於「蔑視命運天注定的年輕女性」。我想我的宿命便是我所學的——而非教育所侷限的東西。

熱愛冒險刺激的美國人會發現在陌生文化的漫遊上，比歐洲人來得更沒有束縛；無論身處世界的哪個角落，我們很容易就有賓至如歸的感受——甚至覺得這世界就是屬於我們的。部分舊世界畏懼改變的同時，年輕美國人卻將改變當作刺激品；我們喜歡最新流行歌曲和抽象藝術，也愛特異風格的音樂和古埃及雕刻品；我們不像老一代的歐洲人，在我們眼裡喜愛這些東西是沒有衝突的。再者，美國人也是「觀察力敏銳的陌生人」，這也是詹姆斯的目標：

做個「徹頭徹尾的局外人」，盡情享受特別的見識。我訓練自己用眼睛仔細觀察，用耳朵專心聆聽，全力吸收五花八門的文化背景，直到有一天我做出決定朝寫作之路邁進。

在國外過了五年的生活，我看遍泰德美術館惠斯勒夜景畫裡黑漆漆的天空和金黃色燦爛的煙火，又到國家藝廊欣賞西恩那畫派的作品和委拉斯・貴茲畫的四肢纖長的維納斯，看佩姬艾希克拉特（Peggy Ashcroft）扮演致命的海達・加柏（Hedda Gabler）以及「都是男人惹的禍」（Much Ado About Mothing）的吉爾古德（John Gielgud）真是過癮極了，還有法國喜劇的莫利爾（Moliere）和翰馬瑞瓦（Marivaux），在威尼斯看夕陽，在巴黎迎接黎明，種種的經歷徹底滿足了我那唯美主義的自我。聖馬可廣場上盤旋飛翔的鴿子縈繞我心，留戀雙手浸在愛克桑噴泉裡的沁涼感，還有信步走在羅馬市場上的輕鬆自在。我也到格林德堡（Glyndebourne）看歌劇「魔笛」（The Magic Flute），親眼看到班哲明・布里頓執導「拴緊螺絲釘」（Turn of the Screw），還在畢卡第利的聖詹姆斯教堂唱了六首聖歌。又隨著一大群反核武的抗議遊行隊伍走到特拉法加廣場；看到陽光在聖馬丁的高雅尖頂。

亨利・格林認為「我們極少直接學習；除非災難降臨，否則生命對人的衝擊是間接的。」或許是這樣吧。不過我還是覺得自己所得到的指導（不經意的）都是相當直接的。從珍・哈沃那兒我學到背叛是常見的事，自虐傾向也具有危險性——生命可以優雅地在廢墟上重新來過。克斯勒的自傳證明邪惡的存在，以及它如何在二十世紀發揚光大，而他個人歷史背景則教導我生存的決心毅力——直到疾病開始對他進行致命摧殘，遠勝佛朗歌、希特勒和史達林對他的折磨；這個不知死裡逃生多少次的男人，最後決定自己出馬迎戰死神。賴伯寧讓我知道報導是迷人的事，幾乎就像戀愛一樣叫人陶醉，特別是自己居住城市的街頭巷尾，所有熟悉的事物都變得鮮明而迷人。戴分波特和西瑞爾・寇諾尼將英國語文、音樂和散文的美發揮到極致。我也從西瑞爾・寇諾尼學到提防那些有門徒的食人魔；橫行霸道之人也有擦槍走火的一天。戴芬波特的短論和寇諾尼的文章為我建立文學標準，而弗拉格諾的流亡人士讓我徹底了解將美國歷史的重要性。（在這些新批評者的教育之下，我本來以為藝術和歷史或政治之間是相互獨立的，不可能同時兼顧兩者，我很高興發現那是錯誤的。）梅證明只要能好好支配翱翔的意志，就可以完成天命，而且視覺影像可以跟文字一樣扣人心弦；生在語言環境下的我並不知道這一點。泰隆・包爾則顯示生活是可以改變的——即使所做的改變並不能持久，但卻賦予人生豐富的營養。而肯辛頓的生活對剛出道的作家來說是神奇的溫床，也是振翅待飛的好地方；後來我發現這裡更是具有增強能力的效果。回顧過去我看到自己不停地被風格迴異的探險家所吸引——他們見證過許多我從未而未來也不會去做的事情。

我在想這些人的某些特質是否也代表我某些方面的個性：我是否有珍的多愁善感、克斯勒和艾拉・溫特的任性、賴伯寧強悍的自尊心、戴芬波特和寇諾尼紳士架子和自我放縱、包爾的逃避、唐諾・歐格登・史都華的天真和對不公事情的敏銳等等。並不像他們所有的人那樣，我時時可以清楚分辨他們。那些引起我們的好奇心或吸引我們的人，是否也反應出我們自己並不感到光榮——卻還是選擇擁有的特質呢？另外從其他人身上，我知道自己並非擅於做決定，雖然人生就是不斷地做出決定。從那些被列入黑名單的人我知道國內的冷戰如何蹂躪我的國家——這是第一次碰到這種以國家興亡為己任的人士。和他們相處的過程中，我對美國左派有了啟蒙的發展；當我聽到其他人以為激進改革人士就是毀滅民主或引發暴動的不良份子時，覺得這真是愚蠢。大多數的左派人士對蘇俄都抱持錯得離譜的假象，但是對於美國這塊土地他們倒是在許多方面有正確的看法。身處英國的我才知道祖國對我有多重要，不過我也從媒體得知國內致命的種族歧視問題，以及它所釋放出來的恐怖氣氛：學校種族差別待遇廢止後，引發的暴力攻擊事件層出不窮；孩子們往小岩石中央高級中學走去時，被成群結隊的的學生揶揄嘲笑又吐口水，威脅要「吊死這些黑鬼」；美國黑人被毆打和謀殺的消息在美國最南部經常發生，這裡的黑人若想去投票就要有丟掉性命的心理準備。倫敦的諾丁丘地區的貧民窟也有「種族暴動」事件，年輕的白人幫派份子用破牛奶瓶襲擊黑人移民，但絕對比不上美國三K黨的所作所為。

同時我也知道我的國家充斥著令人窒息的順從主義，特別容易寄生在年輕人身上。所以當我的美國意識逐漸升溫之際，卻不會有任何優越感。（追求個人特質是當時年輕人最重要的課題，我們的文學作品也一再探討這個主題。）越戰的前幾年，我們尚未將自己視為國際摧殘殺手。不過還是有許多美國人知道，我們正在輸出大眾文化中粗劣的部分——電視遊戲節目，以及各類型的迂腐和庸才——，向國外推銷我們的商業主義。所以我在英國愈是待不住的時候，卻又無法大聲宣稱還是自己的家比較好——只知道自己的家在哪裡。

離開倫敦許久，驚喜還是會從回憶當中跳出來。我以前並不知道有些弗拉格諾的訪客曾是共產黨；在五〇年代後期他們若是照實說必定引來更進一步的調查。我所知道的大多數前共產黨黨員的歷程都極為相似：他們在三〇年代加入入黨，並在四〇年代退黨，然後在五〇受到懲罰。許多人在七〇年代時將他們過去的身份開誠布公，特別是在水門事件和尼克森總統辭職之後。不過有些獨立左派人士的轉變就無法預期了。比如說查理・卓別林得付出回國稅金後才能重訪美國——一九七二年他在林肯中心接受眾人喝采歡呼，喜極而泣的他告訴觀眾，「我又重生了」——、金斯利・艾米斯和約翰・奧斯朋變成右翼反動人士，這些在艾森豪／哈洛・麥克米倫時代是無法想像的。當然我的教育的其中一部分，便是學會認清自己錯的有多離譜——還有我是個百分之百的美國人。

此外，我學到信念是可以迅速沈寂消退的——並不是擁有它們的個人予以放棄，而是受到國家氣氛的影響。到了五〇年代，那些三〇年代出身的激進改革人士打算進行社會改革的理念顯得曲高和寡，除了他們自己圈內的人，局外人並不了解他們的意圖；若是我沒去弗拉格諾喝茶的話，這輩子只能在教科書上邂逅他們。幾年後，我追隨美國左派的腳步，試圖揭發隨時會流失而且不為人知的歷史。我想克斯勒必定會為一九八九年東歐政局的劇變和蘇聯瓦解而歡喜不已。或者他會想念某個和他的恨意旗鼓相當的敵人呢？他和弗拉格諾的訪客一定會對九〇年代蘇俄的百萬富翁嗤之以鼻——開著高級轎車橫行莫斯科，四處賄賂、幹盡惡徒的勾當。不過可以確定的是，克斯勒必定對舊蘇維埃腐化新資本主義份子的羞恥行徑幸災樂禍。他和美國左翼人士共同為反抗壓抑打拼，雖然他們對壓抑的定義有所不同，甚至視彼此為難以理解的怪物。就是這樣的熱情！就是這種憤怒！存在於那些遠離前線的人。可是有幾百萬的人在遠處死去：意識形態的覺醒將他們推向死亡。我並非對這些信條和抗爭存著不敬之意。只是歷史瞬息萬變，堅持不走回頭路。

***

在卻爾西步道的公寓我放滿了會讓人想起紐約的物品：「西城故事」的唱片、紐約的旅遊指南、周圍地帶的地圖，曼哈頓的日本商店買的色彩鮮豔的魚型大風箏。我穿布魯明戴的衣服、坐在浴缸裡唱著「布隆克斯在北邊砲台公園在南邊」和「克拉普長官」；受到伊莉莎白・大衛烹調祕訣的啟發，準備一道充滿濃重大蒜味的普羅旺斯菜，再加上烤碎肉團和洋基悶燒牛肉。我心中暗自衛英國人對梭羅、惠特曼（Whiteman）和梅爾維爾的無知感到竊喜；假如我的創作裡有某部分是他們無法理解的，那麼我的傳統自主必會顯得更有價值。

我變得愈來愈難相處，有些希望我的丈夫別指望將我放在原位。那時我並不知道自己其實就像個調皮的小孩，但不是被寵壞的那種——我的成長過程在許多方面是相當嚴格的——，而是像反叛的年輕準備反抗所有的事。好幾次他嚴肅地要求我做出「犧牲」：把我對紐約和國家的依戀斬斷。我的心有一種被撕裂的強烈痛楚。於是我像個詭計多端的牢犯策劃逃跑計劃，當真以為自己被關在真正的監牢裡。我確定我們的婚姻不合，也確定我們是彼此相愛的。他說我經常在睡夢中喃喃地喊著他的名字，甚至在我們吵架過後。不過我肯定婚姻——幾乎是任何一場婚姻——都會摧毀愛情，而且我也肯定自己必定得住在自己的城市裡。一旦不相信愛情可以持久，我便開始祈禱我們的婚姻盡速做個了斷。假如我們早點分開，那麼痛苦不就可以少一些嗎？對他來說我的心情沒有道理可言；他並不尊重我的心情，但是又希望我留下，想盡一切辦法挽留我。我的心中同時存在被禁錮的害怕和拋棄對方的恐懼。我以為我會很快的就被另一個更「理性」的女人所取代——無論我留下或離開。那個取我代之的女人不會是瑪麗亞，而是她致勝的方式，好像她對我們下了詛咒似的：她和我不可能永遠在一起的。

***

罪惡感和傷心都是不能避免的情緒——因為我們的親密關係被毀，我們的愛情被連根拔起。我會想如果我走上錯誤的路：選擇離去的人幾乎都會這麼想。但是一如我的期待，紐約給予我熱情的歡迎和回饋。我的根滑進人行道，終於我覺得自己真的到家了：就好像我從未離開過一樣。有時候只是沿著某條曼哈頓街道散步，就可以讓我覺得幸福無比：藍金色交織的秋日正午跨步走著，或慢慢地在大而鬆散的人群中漫步；即使我心情低落，只要在紐約的任何一個角落散散步就能振奮我的精神。

特別的景物——東河邊卡爾舒茲公園的漸盈石階、中央廣場黃道十二宮下方的中心、畢士大噴泉旁的廣場——讓我不禁為這個擁有它們的城市感到驕傲。我和這個城市的關係是非常私密的，所以無時無刻不和它分享我的心情：熱浪來襲或聖誕節前生悶氣、黃昏時分的鬱鬱寡歡、我們的棒球隊贏了世界聯賽，滿天彩色碎紙條飛舞時的歡天喜地。我對我的城市有強烈的占有欲，即使我知道某個角落必定有殘酷和腐化的行為，也明白還會有許多更糟的事情會被挖掘出來。但是在強烈感情的衝擊下，我還是再度感激能夠回到這裡，在堡壘般的廉價公寓和炮塔般的高級住宅中繼續成長。有時候我會覺得自己擁有紐約，有時候又覺得是紐約擁有我——無論如何，從今以後它不會在讓我離開到別處去了。

愛情和痛苦也在這裡等著我：也有幾位男士深得我的好感，其中一個更是讓我墜入情網。不過那個時代對我人生的影響，遠勝這些男人或這個城市所做的。六〇年代的新鮮主題在向我招手，我也準備適時將這幾年的經驗好好寫下來。一九六三年三月我和兩百五十萬的人一起在華盛頓聆聽金恩博士（Martin Luther King Jr.）描繪他身處於歡喜之海的夢境。我開始覺得自己是個小螺絲釘，我的生命會和那些與我有相同感覺的人緊緊相繫。公民權運動、抗議政治、黑人好鬥份子和白人激進份子，還有越戰議題，刺激我在一九六八年到芝加哥的民主黨代表大會，和眾人一起抗議而遭催淚瓦斯攻擊，又去包圍五角大廈參加抗爭。也曾在國慶周末和約翰・柏奇會到波士頓跳方塊舞，到北卡羅萊納的福特・布萊格（Fort Bragg）旅行並聆聽從越戰返國的士兵演講，又到加州公園的奧克蘭和費城的某大學體育館參加黑豹黨會議。我跟著紐約毒品顧問去拜訪輔導時，聽吸食海洛因成癮的母親比喻她們兒子的不幸，也分享她們對治療計劃的嘲諷。我去了華茲（Watts），看到那裡因貧民街暴動而被燒燬殆盡的街道，那次災難造成三十四人死亡，九百多人受傷；我也去罷課的校園抗議戰爭，焚燒入伍單冒出的煙和咖啡壺的的蒸汽融為一體。在華盛頓我看見穿著破舊制服、戴著鋼盔而且身心受創的越戰老兵，拔掉榮譽紫色勳章和青銅星獎章，把它們丟在國會大廈的階梯；老兵們將袖子撕成碎片丟在白色大理石上，當他們丟掉自己的勳章時，大聲喊叫著死去同袍的名字。（他們隨身帶著退伍令，這樣就沒有人可以質疑他們的兵役問題。）我目睹組織精良的基督聯盟先鋒說服民眾去投票。我還去現場觀賞某部關於「學生革命」的電影拍攝衝突對立的畫面：演員和臨時演員們不斷地在某些議題上爭論不休，而且隨時準備在鏡頭前推打攻擊對方。

一九六〇至一九七〇年的代年輕人的反傳統文化，引我流連跟百老匯毫無相關的閣樓或教堂地下室，欣賞幻覺風格的表演——閃光燈中齊聲尖喊吼叫、同時各自說自己的對白、裸著身軀昂首闊步走下觀眾席、瞬間發生事情以及不斷改變的場景——，詮釋當時那個時期碎片般的特質。一九六七年夏天，許多年輕人脫離中產階級的生活方式，表示自己對金錢不屑一顧，而且不喜歡傳統工作，所以此時此刻海灘男孩所唱的「良好感應」也似乎顯得更誘人。（有預言說到了二〇〇〇年，感覺將取代語言，人們捨棄說話改用電腦和別人溝通自己的感受。）在如此錯綜複雜的社會網路裡，嘲諷被稱為「有束縛力的實體」，有些人說嘲諷讓他們更有耐心和包容度；其他人則談到偏執狂。我也造訪過東村的部落群，那裡的湯肯斯廣場公園裡每天都有街舞和諷刺劇表演，而且可以享用免費的燉菜（有時候供應草莓優格）；迷幻藥、塗鴉和善解人意的小丑則退位由毒品濫用接手：許多愛珠被扯毀滾落裂縫深處，無法再拿回來；占星術也錯誤扭曲，月亮背叛處女座。

在邁阿密海灘我看見尼克森總統被提名競選連任時笑容滿面、興高采烈的表情，也看到艾倫・金斯柏（Allen Ginsberg）安排的「神秘婚禮」儀式，在長者和年輕來賓的見證下，吟唱「世代之戰已告結束」。我在曼哈頓聆聽艾恩・藍德（Ayn Rand）對著台下如痴如醉的觀眾大罵美國被利他主義和「濫用自我犧牲」（這點造成「奴役」和「犧牲試煉」）所毀，並主張支持資本主義是「合乎道德的議題」；並聽提摩西・賴瑞（Timothy Leary）懇求他的支持者「超越理智」（「開始、行動、放下」）；以及總統候選人華萊士在一萬六千名觀眾聚集的麥迪遜廣場花園，狂喊半成品的種族差別言論。在某個警察進修學校，我聆聽中年的警察討論鮑爾溫的「火」（The Fire Next Time）、米爾頓（Milton）「目鱿」（Lycidas）裡水的意象，以及佛洛伊德（「老古董的見識」，他們說）的理論。談到自由派人士的定義，同學們一致認為他們是「妨礙議事進行的人」。在肯特，四名學生意外被國民兵射殺身亡後此年，我聽到教授們的惋惜以及大學部學生對這件事情的冷淡反應，對他們來說這場殺戮似乎像柏羅奔尼撒戰爭一樣遙遠。

國家和文化的衝突告訴我該寫什麼：那就好像是主題選擇了我，反之亦然。但是當我在卻爾西步道的住處打包書籍和一放再放的唱片，將衣服塞進行囊，買好單程機票，請某個非常擔心我和他自己未來的朋友開車送我到機場時，我並沒有預見未來會是如此。前方的路上當然會有岩石橫亙、裂縫埋伏，但他其實不必擔心這些問題。

***

海豚托著我慢慢地來到愈來愈閃亮的海岸邊。重複的夢消失後，我知道自己已經在往紐約的飛機上睡著了。當飛機開始下降時，腳下的地板開始震動不斷：我帶著當初出國那種忐忑和急切的心情，靠著小而圓的機窗，伸長我的脖子等著看曼哈頓的塔。

致謝＆資料來源

十分感激格蘭德街基金會的贊助，使我得以重遊倫敦驗證我的回憶，同時又讓我有充裕的時間完成這本書：特別感謝班恩・桑能柏格。

我第一份原稿有部分是在亞杜餐廳完成，這裡不但是工作之餘最佳的休息場所，也能充分擁有個人隱私：這表示有權利不去理會任何事，除了來電之外。

本書大部分的細節和引言出自我在二十幾歲記錄的筆記和信件：我由衷感激願意將那些被墨水弄髒的信件退回來給我參考的朋友。

我要再次向艾瑞克・溫斯柏（Erik Wensberg）獻上十二萬分的謝意，感謝他給予我許多方面的編輯指導。還要謝謝麥爾斯・哈德斯頓（Miles Huddleston）和伊蓮・史密斯（Ileene Smith）耗費心力研讀過去的草稿，並感激詹姆斯・哈維（James Harvey）和大衛・修伊閱讀特定篇章。馬文・瓊斯（Mervyn Jones）提供無價的歷史背景資訊。艾倫・史瑞克（Ellen Schrecker）和馬爾文・蓋特曼（Marvin Gettleman）在這方面也貢獻相當多的幫助。米榭・史朗（Michele Slung）則給予我精選又有用的建議。

此外在黑名單時期的回憶記事方面，我要感謝亞瑟・米勒、凱倫・墨瑞（Karen Morley）、約翰・藍多夫、威瑪・蕭爾・所羅門（Wilma Shore Solomon）、葛洛麗亞・史都華（Gloria Stuart）、保羅・史威玆（Paul Sweezy）和瑪麗・約哈那（Mary Yohalem）。

感謝「耶爾評論」（The Yale Review）的麥克拉奇（J. D. McClatchy）和蘇珊・碧安寇尼（Susan Bianconi），和智慧家庭基金會以及「拉麗坦」（Raritan）的理查・派利爾（Richard Poirier）。

在這裡要特別感謝我的經紀人墨利・弗德利西（Molly Friedrich），以及保羅・賽隆（Paul Cirone）。